Domenico Losurdo

Der Kommunismus

Domenico Losurdo

Der Kommunismus

Geschichte, Erbe und Zukunft

Eingeleitet und herausgegeben von Giorgio Grimaldi

Aus dem Italienischen von Christel Buchinger

PapyRossa Verlag

Titel der Originalausgabe:
La questione comunista. Storia e futuro di un'idea

Luxemburger Str. 202, 50937 Köln
Tel.: +49 (0) 221 – 44 85 45
Fax: +49 (0) 221 – 44 43 05
E-Mail: mail@papyrossa.de
Internet: www.papyrossa.de

Umschlag: Verlag, unter Verwendung einer Grafik © by Checha, iStock (1365880133); Autorenfoto: privat
Druck: Interpress

Die Deutsche Nationalbibliothek verzeichnet diese Publikation in der Deutschen Nationalbibliografie; detaillierte bibliografische Daten sind im Internet über http://dnb.d-nb.de abrufbar

ISBN 978-3-89438-815-7

Inhalt

Editorische Notiz

Der hier vorgestellte Text ist die letzte Version des Dokuments mit dem Arbeitstitel *La questione comunista a cent'anni dalla rivoluzione d'ottobre*: Es ist das Werk, das Domenico Losurdo beabsichtigte, nach der Veröffentlichung von *Der Westliche Marxismus* in Druck zu geben. Wenn man von der Streichung des vierten Kapitels und der Kürze der Schlussfolgerungen absieht, weist das Dokument sehr wenige Lücken auf (auf die jedes Mal im Text hingewiesen wird): Man kann ihn also mit Sicherheit als eine weitestgehend abgeschlossene Version des Werks ansehen.

Die Eingriffe und Ergänzungen des Herausgebers im Text werden durch spitze Klammern <> angezeigt. Hinzugefügte Fußnoten sind mit Sigle »A. d. Hg.« (= Anmerkung der Herausgebers) bzw. »A. d. Ü.« (=Anmerkung der Übersetzerin) ausgewiesen. Die wichtigsten Eingriffe sind vom Herausgeber zusammen mit Erdmute Brielmayer und Federico Losurdo im Rahmen einer einvernehmlichen Arbeit diskutiert worden, in der über das methodische Herangehen auch bei Detailfragen (Interpunktion, sehr seltene Fälle einer Auflösung der Syntax etc., die nicht jedes Mal kenntlich gemacht wird, um die Lektüre nicht unnötig zu belasten) entschieden wurde, um einen philologischen Standard festzulegen. Zitierte Passagen, die für die hier vorliegende Ausgabe aus dem Italienischen übersetzt wurden, sind mit Sternchen hinter der jeweiligen Quellenangabe gekennzeichnet.

Das Werk beinhaltet auch eine Bibliografie, die durchgesehen wurde vom Herausgeber. Ebenso hat dieser auch ein bis dahin fehlendes Personenverzeichnis abgefasst, welches wiederum vom Verlag durchgesehen wurde.

Einleitung von Giorgio Grimaldi

Den Marxismus erneut zur Debatte stellen – die postkapitalistische Gesellschaft planen

Warum dieses Werk?

Bei der Entstehung eines Werkes treten die Fragen und Erfordernisse in den Vordergrund, die dem Autor als das erscheinen, was seine Zeit bewegt. Sie können einen mehr oder weniger zentralen oder auffälligen Platz in den Debatten bestimmter kultureller Zirkel oder auch der öffentlichen Meinung einnehmen. Und die Aufgabe des Autors ist es in erster Linie, sie zu erkennen und sie von dem Material zu trennen, das, der Logik des Zeitgeists folgend, als Gegenstand »des Augenblicks« wahrgenommen wird, ein Gegenstand sozusagen, der sich eben »im Augenblick« erschöpft. Das Werk, das vom Zeitgeist (oder rein von den waltenden Umständen) diktiert wird, setzt keine Analyse der entscheidenden Aspekte der eigenen Zeit voraus, sondern es reflektiert, auf mehr oder weniger elegante Art, deren Entscheidungen.

Für einen Philosophen wie Domenico Losurdo, der nie Moden gefolgt ist oder sich daran beteiligt hat, sondern der immer den freien und konsequenten Blick auf das Ziel gerichtet hat – nämlich »die politische und soziale Emanzipation der gesamten Menschheit«[1] – ist die erste Frage, die man sich im Hinblick auf diesen posthum veröffentlichten Text stellen muss (die erste Monografie, die nach seinem Tod am 28. Juni 2018 veröffentlicht wird) jene, warum er sich entschieden hat, das Projekt, den Marxismus zu überdenken, das die

---

1 Vgl. unten Kapitel 4, *Unvorhersehbarkeit des historischen Prozesses und …*

letzte Phase seines Denkens wesentlich bestimmt hat, weiterzuverfolgen. Es handelt sich nicht, wie der Arbeitstitel des Bandes (*Die kommunistische Frage 100 Jahre nach der Oktoberrevolution*) vermuten lassen könnte, um einen Text, der seinen Ausgang von einem bestimmten Anlass, einer Zufälligkeit nimmt. Gewiss fügt er sich ein in die Diskussionen, die mit Beginn des hundertsten Jahrestages der Revolution von 1917 anheben, doch jenseits jeglicher feierlicher oder apologetischer Absichten möchte das vorliegende Werk eine historische Bilanz der sowjetischen Erfahrungen und des Marxismus in seiner Gesamtheit ziehen. Und nicht nur das: Losurdo betrachtet den Marxismus hinsichtlich der Elemente, die in ihm zusammenfließen, und im Hinblick darauf, was er in näherer oder fernerer Zukunft zu schaffen in der Lage ist.

Der erste, in die Vergangenheit gerichtete Blick, breitet die Erfahrung des Marxismus des 20. Jahrhunderts aus, immer in enger Tuchfühlung mit dem vorangegangenen Jahrhundert, dem Jahrhundert seiner Begründung, und in kritischer, aber tiefgreifender und wesentlicher Verbindung mit Hegel und der klassischen deutschen Philosophie als Ganzes. Losurdo untersucht auch das problematische und schwierige Verhältnis zum Judentum und zum Christentum, von denen einige konstitutive Merkmale (hier vor allem dasjenige des Messianismus) von erstrangiger Bedeutung sind, will man Wesen und Grenzen des Marxismus selbst, der kommunistischen Bewegung und des Projekts einer »postkapitalistischen Gesellschaft«[2] verstehen. Der zweite, in die Zukunft gerichtete Blick, bleibt dabei nicht stehen, und dies nicht etwa aus Gründen einer thematischen Kohärenz, sondern wegen einer Frage theoretischer Natur: Der Marxismus von Losurdo verwirft die Elemente utopistischen oder messianischen Charakters, das heißt all das, was auf eine Zukunft verweist, die die Wesensmerkmale eines völlig Anderen hinsichtlich der aktuellen Gegebenheiten, des gegenwärtigen Stands der Dinge, aufweist, und das sich in unmittelbarer Form, mit der Einfachheit und der Kraft der Ankunft des Messias verwirklicht.

2 Vgl. unten Kapitel 4, *Wie der Messianismus zum Kapitulantentum wird.*

Die Unmittelbarkeit der Ankunft der befreiten Welt und die eigentümliche Vorstellung, die diese Denkweise von ihr hat – nämlich die völlige Abwesenheit von Konflikten und Widersprüchen –, sind die zentralen Elemente eines utopistisch-messianischen Entwurfs, der (Losurdo besteht darauf mit großer Klarheit) in einer Anfangsphase des Kampfes um Befreiung eine positive, mobilisierende Funktion haben kann, der aber in einem zweiten Moment nicht fortbestehen und den konkreten Aufgaben der Machtausübung Platz machen muss, ohne die »der Aufbau« einer »postkapitalistischen Gesellschaft« nicht möglich ist.[3]

Kommen wir also zu einem Punkt, der eine strategische Position im Denken Losurdos und in seinem Neudenken des Marxismus hat, und der in diesem Text zu maßgebenden theoretischen Ergebnissen führt: Es handelt sich um die Frage der Macht. Gerade die Formulierung dieser Frage zeigt uns ein zentrales Motiv auf – die Machtfrage nämlich –, welche uns eine Antwort auf unsere Ausgangsfrage zu geben in der Lage ist: Warum sollte man dem Verfassen und der Veröffentlichung eines Werkes, das beabsichtigt, den Marxismus wieder zur Debatte zu stellen, den Vorrang einräumen – und das in der heutigen Zeit?

Ein neuer Abschnitt des Projekts eines erneuten Nachdenkens über den Marxismus

In der Tat befand sich eine Druckversion des Dokuments der *Questione comunista* auf dem Schreibtisch von Losurdo, Hinweis auf die Absicht einer nahen Veröffentlichung. Als wir, dank des Archivs, das uns die Familie Losurdo zur Verfügung stellte, die einzelnen Schritte, aus denen das Werk entstanden ist, zu rekonstruieren versuchten, stellte sich heraus, dass es sich um einen spezifischen Teil eines großangelegten Projekts handelt, dessen Ausarbeitung einen Zeitraum abdeckt, der sich von 2014 bis 2018 erstreckt und der das Material des *Westlichen Marxismus. Wie er entstand, verschied und auferstehen könnte* (in der italienischen Originalausgabe im Jahre

3 Vgl. ebd.

2017 veröffentlicht)[4] umfasst, den hier herausgegebenen Text und, perspektivisch, einen Band über China und die Probleme, die mit der Ausarbeitung und der Verwirklichung einer postkapitalistischen Ordnung verbunden sind. Von diesen drei Abteilungen des Projekts stellen sich der *Westliche Marxismus* und *Der Kommunismus. Geschichte, Erbe und Zukunft* als zwei äußerst wesensverwandte Teile dar; der dritte, im Entstehen begriffene, entwickelt eine spezifische Frage, die, laut Losurdo, einen eigenen Rahmen verdiente. Das beweist auch die Tatsache, dass, wie man einem ersten Index entnehmen kann, den wir hier im *Anhang* wiedergeben, ein ganzes Kapitel (das vierte) gestrichen worden ist: Es handelt sich um das Kapitel, welches den Titel *Über China nachdenken, den Postkapitalismus neu denken* trägt, und welches in keiner der beiden uns verbliebenen Textversionen erscheint (eine als Ausdruck, wie eben gesagt, und die andere als Dokument, das am 26. Juli 2014 eingerichtet wurde und dessen letzte Änderung auf den 17. Januar 2017 zurückgeht: Es handelt sich um eine aktuellere Version als die erste).

Ausgehend vom herausgegebenen Material und dem, was im Archiv vorhanden ist, kann man an diesem Punkt behaupten, dass, vom Gesamtprojekt über den westlichen Marxismus, Teile eines Plans des Nachdenkens und Überdenkens des Marxismus im Allgemeinen, nämlich *Der Westliche Marxismus* und *Der Kommunismus. Geschichte, Erbe und Zukunft*, ein regelrechtes Dyptichon bilden, eine schlüssige, kritische, offene Auseinandersetzung mit dem westlichen Marxismus. Ein weiterer Teil hingegen beabsichtigt, anstatt China – den großen, zeitgenössischen Protagonisten des östlichen Marxismus – in Bezug auf den Westen zu betrachten, sich auf dieses selbst zu konzentrieren, ohne natürlich dessen Erfahrungen isoliert zu betrachten. Mit *Der Kommunismus. Geschichte, Erbe und Zukunft* wird nun der Gesamtrahmen, der mit dem *Westlichen Marxismus* eröffnet wurde, vervollständigt.

Was vervollständigt sich demnach, und welcher Weg ist es, der Losurdo zu diesem Text führt?

---

4 Die deutsche Fassung erschien 2021. (A. d. Ü.)

Der Westliche Marxismus *und* Der Kommunismus. Geschichte, Erbe und Zukunft

Im *Westlichen Marxismus* lässt Losurdo noch einmal die Geschichte des Marxismus des 20. Jahrhunderts vorüberziehen, um die Trennung und die Brüche zwischen dem westlichen und dem östlichen Marxismus zu rekonstruieren und zu verstehen, zwei Kategorien, die auf ihre Art unmittelbar auf eine spezifische Verortung hindeuten, aber letztendlich Ausdruck zweier unterschiedlicher Konzepte ein und derselben Bewegung sind – jenseits der effektiven geografischen Zuordnung. Der westliche Marxismus steht dabei stellvertretend für den Flügel, der, sowohl aus politisch-historischen als auch aus theoretischen Gründen, die Perspektive einer Revolution für obsolet hält, welche sich im Westen als immer weniger wahrscheinlich herausstellt. Angesichts der enormen Schwierigkeiten und der tragischen Konflikte, die die komplexe Ausarbeitung und den konkreten Aufbau des *Realen* Sozialismus begleiteten, brandmarkt der westliche den östlichen Marxismus als Degeneration und Verrat am Marxismus, der in seinen Augen zu einem reinen Machtinstrument im Zeichen der Unfreiheit verwandelt wurde. Diese eurozentristische Perspektive, die den oft schlecht verhüllten, oft expliziten Atlantismus beschwichtigt, und die daraus resultierende Unfähigkeit zur vollen Anerkennung der Legitimität der Befreiungskämpfe der Kolonialvölker sowie das Gewicht der christlich-jüdischen Tradition des Messianismus hindern den westlichen Marxismus nicht nur daran, mit Erfolg im Westen voranzuschreiten, sondern auch daran, sich kritisch mit dem zu verbinden, was außerhalb der eigenen Grenzen geschieht, oder wenigstens die Komplexität insbesondere der sowjetischen und chinesischen Erfahrungen anzuerkennen.

Statt in dieser Richtung voranzuschreiten, hat der westliche Marxismus den östlichen als nicht authentisch abgetan und es vorgezogen, sich selbst als Bewegung zu feiern, die, weit entfernt von der Macht und der daraus resultierenden Korrumpierung, die eigene moralische Vollkommenheit gegenüber den Dramen des »realisierten« Sozialismus bewahrt. Indem er den unterschiedlichen Ausformungen des Marxismus auf den Grund geht, der sich in Abgrenzung zum

»östlichen« gerne als den »westlichen« darstellt, kehrt Losurdo das Urteil um. Jener fehlende Bezug zur Macht, vom westlichen Marxismus geradezu zelebriert – ein Fehlen, das dabei ist, zum Programm erhoben zu werden – sowie die fehlende vollständige Würdigung der antikolonialen Revolutionen und die Weigerung, diese voll und ganz zu bejahen, haben einen theoretischen und in der Folge auch praktischen Stillstand bewirkt. Einerseits hat man, nachdem die Macht als solche abgetan war, von vornherein auf die theoretische Arbeit an der Frage nach dem Umgang mit ihr und den daraus resultierenden Problemen verzichtet. Andererseits hat sich sogar im marxistischen Lager der Westen auf die Verteidigung der eigenen »Interessen« zurückgezogen, wobei damit mehr oder weniger bewusst imperialistische und neokoloniale Politiken bestätigt werden. Daraus folgte sicher nicht das Ende des Marxismus als solchem (man denke nur an China), wohl aber das Ende des westlichen Marxismus. Losurdos Werk *Der Westliche Marxismus* forderte eine Überwindung der Spaltung, des Bruchs zwischen den beiden Marxismen, indem er an die Kontinuität der Linie Gramsci-Togliatti anknüpfte (die gewiss keine »östlichen« Marxisten waren, aber – und das ist einer der zentralen Punkte – die aufgeschlossen hinsichtlich der Lektion Lenins waren) und indem er diese, ausgehend von den Erfahrungen des Marxismus des 20. Jahrhunderts und der aktuellen Erfahrungen und Probleme, ausarbeitete.

Die Perspektive Losurdos wies im Grundsatz in zwei Richtungen. Die eine bestand in der Notwendigkeit, sich mit der Frage der konkreten Handhabung der Macht auseinanderzusetzen; die andere entsprach der Aneignung einer Gesamtsicht auf die Situation im Weltmaßstab – eine *Totalität*, die nie aus dem Blick geraten sollte. Eine solche Erfassung als Ganzes implizierte einen Blick, der sich nicht nur auf den Westen konzentriert, sondern der aufmerksam insbesondere gegenüber der kolonialen und heute der neokolonialen Frage ist. Sich der Notwendigkeit bewusst zu werden, dass es zu verstehen gilt, wie die Macht gehandhabt werden soll, und sich dieser Frage nicht im Namen der bevorstehenden Abschaffung des Staates zu entledigen, sowie die uneingeschränkte Würdigung und

Aufmerksamkeit für die antikolonialen Revolutionen, das waren die Ausgangspunkte der Überlegungen des *Westlichen Marxismus*. Dieses Werk zeigte die genannten Elemente als notwendige Voraussetzungen auf, die eine Wiedergeburt des Marxismus im Westen möglich machen würden.

Nachdem er einige wesentliche Modalitäten ausgearbeitet hatte, die den Marxismus von innen prägen, betrachtet Losurdo das Problem in *Der Kommunismus. Geschichte, Erbe und Zukunft* aus einem anderen Blickwinkel, wobei das Problem das gleiche bleibt: das Überdenken des Marxismus nach dem 20. Jahrhundert. Er ändert den Blickwinkel, weil er nun in seiner Betrachtung des Marxismus diesem gewissermaßen auch Autoren gegenüberstellt, die sich auf ihn beziehen (die Auseinandersetzung mit Badiou, Hardt, Negri, Žižek, schon im *Westlichen Marxismus*, aber nicht nur dort vorhanden, wird fortgeführt), aber er wird auch betrachtet und verglichen mit den Traditionen des Sozialismus, des Liberalsozialismus oder liberalen Sozialismus (also Carlo Rosselli, Bobbio, Hobson, Hobhouse) in ihren unterschiedlichen Formen, auch jenen, die besonders empfänglich für die ökologische Frage sind (Caillé). Der Brennpunkt, von dem die Analyse ausstrahlt und der von innen den Marxismus als Gegenstand der Überlegung beleuchtet, ist hier die kommunistische Bewegung.

Die Geschichte dieser Bewegung wird von Losurdo anhand der Erfolge, der Niederlagen, der Dilemmata, der inneren Konflikte, der offenen Fragen analysiert, wobei er das im *Westlichen Marxismus* gewonnene Ergebnis bewahrt und es auf das gesamte Feld ausdehnt: die größte Aufmerksamkeit sowohl für die konkrete Handhabung der Macht in einer bestimmten historischen Situation, die von Mal zu Mal bestimmt wird, als auch für die Gesamtsicht – das Ganze. Wir wissen schon, dass nicht das ganze marxistische Lager die Aufmerksamkeit oder wenigstens die Berücksichtigung für geboten hält, die hinsichtlich dieser beiden Elemente notwendig wäre, welche, nachdem sie im *Westlichen Marxismus* bestimmt wurden, das ganze Werk Losurdos während der Spanne seiner gesamten Entwicklung antreiben und durchziehen. Nun also verknüpft Losurdo in *Der Kommunismus. Geschichte, Erbe und Zukunft* seine Überlegungen über Marxismus, über Liberalismus, über Sozialismus und ihre Kombinationen, um eine Bilanz der Ergebnisse der kommunistischen Arbeiterbewegung zu erstellen (daher im Arbeitstitel, wie wir schon wissen, der Bezug auf die Perspektive der *hundert Jahre Oktoberrevolution*) und davon einerseits die positiven Resultate aufzuzeigen, zu denen es sich zu bekennen gilt, und andererseits die Lücken, die Grenzen, die es dank der kritischen Aneignung der Lektionen des Liberalismus und des liberalen Sozialismus zu überwinden gilt. In *Der Kommunismus. Geschichte, Erbe und Zukunft* fließen Themen zusammen, dabei eine neue Gestalt annehmend, die die gesamte Reflexion Losurdos begleitet und darin wichtige Etappen markiert haben: Deshalb setzt dieser Text den *Westlichen Marxismus* nicht nur fort und vervollständigt ihn, sondern er nimmt im Rahmen eines Überdenkens des Marxismus, dabei entscheidende Inhalte fixierend, grundlegende Elemente seines Denkens wieder auf, wobei er sie neu bestimmt und artikuliert.

Sowohl die Machtfrage als auch jene nach der Gesamtsicht, wie wir sie nannten, erscheinen in einer bestimmten Perspektive sowohl im *Westlichen Marxismus* als auch in *Der Kommunismus. Geschichte, Erbe und Zukunft*, wo sie weiter abgewandelt und vertieft werden, aber sie haben im Denken Losurdos eine präzise theoretische Basis; er hat sie bis zu dem Punkt entwickelt, wie sie in die hier vorgelegte Arbeit Eingang fanden. Nun ist es notwendig, dass wir deren Entwicklungsprozess in großen Linien nachzeichnen.

Konzeptionelle Struktur, Geschichte, Praxis

Spätestens mit dem *Klassenkampf* hat Losurdo sich auf die Aufgabe der Neubearbeitung und des Überdenkens des Marxismus konzentriert, mit einer besonderen Aufmerksamkeit gegenüber den Erfahrungen des 20. Jahrhunderts. Die UdSSR, Vietnam, die Volksrepublik China – die im vergangenen Jahrhundert gegründet wurde und heute eine der größten Mächte der Welt ist –, darüber hinaus alle Erfahrungen des Marxismus in Lateinamerika sind in den Augen Losurdos keine unerbittliche Realität eines edlen, aber nicht zu verwirklichenden Ideals, sondern eine ungeheure Anspannung, eine gigantische Arbeit, Ausdruck einer riesigen Emanzipationsbewegung, die es sich zur Aufgabe macht, den großen Massen politische, zivile, ökonomische und soziale Rechte zu verleihen, welche ihnen bislang gänzlich unbekannt waren.

Es handelt sich um den herausragenden Moment einer tausendjährigen Bewegung, die die Weltgeschichte durchmisst: Für Jahrhunderte sind ganze Massen von Männern und Frauen von den umfassenden staatsbürgerlichen Rechten ausgeschlossen worden, und am Anfang auch ausgeschlossen worden von der vollumfänglichen, das heißt realen und effektiven Anerkennung ihrer Menschlichkeit. Indem sie auf die Bedingung fortwährender Subalternität verwiesen wurden und ähnlich (wenn nicht gleichsam) wie Tiere und Arbeitsinstrumente (*instrumentum vocale*, wie im antiken Rom) betrachtet wurden, sind sie Individuen, denen weder ihre Individualität noch ihre Menschlichkeit und ihre Freiheit zugestanden werden. Auf diesen Zustand, der im planetarischen Maßstab Jahrtausende der Geschichte durchläuft, hat man auf unterschiedliche Art und Weise, auf unterschiedlichen Ebenen, deren Gestalt jedes Mal die Mentalität und die Wahrnehmung einer Epoche widerspiegelt, reagiert. Diese Bewegungen können sich mehr oder weniger ihrer historischen Funktion oder sogar ihrer Ausstrahlung bewusst sein – also inwieweit sie in der Lage sind, andere Gruppen an die eigene heranzuziehen –, sie können eine mehr oder weniger universalistische Tragweite haben, sie können – wie Losurdo in besonderer Weise in diesem Text unterstreicht – eine religiöse oder eine vollendet politische Form annehmen (ohne diese beiden Ebenen durcheinanderzubringen). Die Geschichte der Befreiung ist somit von langer Dauer und ferner Herkunft, und sie kann in jeder bestimmten Situation unterschiedliche Formen annehmen, die man erkennen und unterscheiden können muss. Der Marxismus, der Kommunismus sind Teil dieser Geschichte und bilden, wie das 20. Jahrhundert und die Erfahrungen, auf die wir oben hingewiesen haben, einen der höchsten Augenblicke, allein schon wegen der Bandbreite dessen, was sie erschlossen und in der sie gewirkt haben.

Es ist genau das, was Losurdo gegenüber dem Liberalismus geltend macht und verteidigt, welcher in der Tat fähig ist, einen komplexen theoretischen Rahmen der politischen und bürgerlichen Rechte auszuarbeiten und in reifer und artikulierter Form die Frage der Macht zu denken, sowie, in besonderem Maße, die ihrer Begrenzung, aber der sich als grundlegend unfähig erweist, die Anwendung jener Rechte und die Begrenzung der Macht in wahrhaft universellem Maßstab entwickeln zu können: Der vom Westen ausgehende Kampf für das allgemeine (männliche und weibliche) Wahlrecht und das Fehlen der Herrschaft des Rechts, eines Rechtsstaates in den Kolonien, sind zum einen eine Auswirkung und zum anderen eine Tatsache, die dem Teiluniversalismus des Liberalismus geschuldet sind. Dieser ist gewiss ein Fortschritt hinsichtlich der feudalen Gesellschaft und ihres geschlossenen Marktes (bekannt, aber von den »orthodoxen« Marxisten wenig beachtet sind die Seiten des *Kommunistischen Manifests*, wo Marx und Engels den Aufstieg des Bürgertums nachzeichnen und dessen fortschrittlichen Charakter offenlegen), aber im Liberalismus sind die freien Menschen im eigentlichen Sinne normalerweise ausschließlich Weiße und Besitzende.

In *Freiheit als Privileg*, einem grundlegenden Text, zeigt Losurdo, dass Liberalismus und moderne Sklaverei im Gleichschritt entstanden waren und voranschritten. Aber wie ist das möglich? Der tiefere Grund dafür war, dass der Universalismus dem Liberalismus mehr oder weniger als Fassade diente. Und gleichzeitig – gleichsam als Übergang und entscheidendes theoretisches Ergebnis – arbeitete Losurdo ein Erbe heraus, welches von der marxistischen Tradition kritisch aufgenommen und angeeignet werden musste: Die Unvollständigkeit des bürgerlichen Universalismus brachte nicht das Ende des Universalismus mit sich, der politischen und zivilen Rechte (der »bürgerlichen« Rechte), und bedeutete auch nicht das selbstherrliche Hinweggehen über die Frage der Macht und ihrer Begrenzung. Im Gegenteil musste für den Marxismus die liberale Unvollständigkeit von ihren Fehlstellen befreit werden: Es war gerade der Marxismus in seinem universalistischen Wesen, der das verwirklichen konnte, was der Liberalismus nur zum Teil vollendet hatte, als er die Subalternen ausgeschlossen hielt. Und in jenem Text hob Losurdo ein anderes Element hervor, das von großer Bedeutung für das Verständnis der Geschichte des Liberalismus und seiner Bewegungsgesetze war, sowie dafür, welche Lehre daraus für den Marxismus zu ziehen sei: Weit entfernt von dem Märchen über den Automatismus, der es dem Liberalismus erlaube, nach und nach seinen Einflussbereich auszudehnen, hat dieser stattdessen von den kommunistischen und sozialistischen Bewegungen eine Erweiterung seiner universalistischen Ausstrahlung erfahren, die er sich in solchem Maße angeeignet hat, dass er dabei seine Gestalt verändert hat.

Diese Bewegung, die so komplex und reich an Wandlungen und Übergängen ist, irritiert zwei Arten von »Puristen«. Die erste ist jene der Liberalen, denen zufolge Sozialismus und Kommunismus den Liberalismus »kontaminieren«, welcher zu seinen Ursprüngen zurückkehren sollte, d.h. zu einem Universalismus, der von Beginn an durch den Ausschluss der überwältigenden Mehrheit aus der menschlichen Gemeinschaft entwertet wird. Auf der anderen Seite gibt es die Kategorie der marxistischen »Puristen«, für die es nicht nur ein Überdruss ist, dass gewisse Forderungen sich unter der Ägide des Liberalismus verwirklicht haben (wobei nicht das Ergebnis wichtig erscheint, sondern vielmehr die Farbe des Fähnchens, die es schmückt), sondern die schon beim ersten Gedanken an eine »Kontamination« der proletarischen Revolution mit bürgerlichen Inhalten Verrat an der kommunistischen Sache wittern und damit ihre glänzende Zukunftsvision beschmutzt sehen. Leider ist dies aber nur eine Vision, und nicht einmal die neoliberale Ordnung, die in der Tat zum ursprünglichen Liberalismus zurückkehren möchte, überzeugt sie davon, dass die Geschichte nicht mit »reinen« Lösungen voranschreitet. In der Tat ist der ursprüngliche Liberalismus von einem mittelalterlichen Schichtenmodell und Rechtsstatus beeinflusst, die beide auf Ungleichheit und Ausschluss basieren, und er hat sich darauf aufgepfropft und trägt ihre Spuren in sich. Der ursprüngliche Liberalismus in neoliberaler Spielart, der die Phase des Liberalismus, in der sozialistische und kommunistische Elemente aufgenommen worden waren, hinter sich gelassen hat, ist nicht fortschrittlich (wie jener ursprüngliche hinsichtlich der feudalen Ordnung), sondern regressiv (weil er sich herausbildet, indem er den vorangegangenen Fortschritt aushöhlt). In jedem Fall agiert noch nicht einmal er als »reines« System. Indem er ein System unter einer historischen Bedingung »wieder aufrichtet«, die ganz verändert ist hinsichtlich derjenigen, auf die er Bezug nimmt, begibt er sich in einen ständigen Widerspruch mit sich selbst; er kann das allgemeine Wahlrecht nicht entziehen und deswegen sucht er es zu neutralisieren; er kann nicht die Anerkennung der universalen Menschenrechte auf globaler Ebene verneinen, sondern er verhüllt sie ideologisch und betreibt deren Abschaffung; er kann nicht die Idee des freien Marktes verleugnen, sondern er muss Zölle einführen, um die Monopole zu schützen. Auf jeden Fall ist die neoliberale Ordnung, gezwungen, auch wenn die Kräfteverhältnisse nicht die gleichen sind, ihre Rechnung mit einer Welt zu machen, in der einige Ideen und einige Forderungen, und sei es nur auf kommunikativer Ebene, nicht verhandelbar sind, und das heißt wiederum, dass der Neoliberalismus noch nicht einmal im Augenblick des größten Erfolges (vielleicht in der Niedergangsphase) in seiner »reinen« Form angewendet werden kann.

Aber die große Leerstelle in beiden Positionen, die sich als »unverfälscht« und »authentisch« darstellen möchten, ist das geschichtliche Bewusstsein, worauf Losurdo aber nachhaltig besteht. Seine Aufforderung, sich von der Idee eines »authentischen«, weil »unverfälschten«, nicht von »bürgerlicher« Vergangenheit »kontaminierten« Marxismus zu befreien, liegt auf einer Linie sowohl mit Lenin und Gramsci als auch mit Marx und Engels, die – wenn auch mit bedeutenden Schwankungen (man muss es sagen, dass man die Komplexität nicht verdrängen darf, nur um sich seinerseits als »unverfälscht« darstellen zu können) – dazu auffordern, eine – im Vergleich zur bürgerlichen – fortschrittlichere Gesellschaft aufzubauen und dabei »Erbin der klassischen deutschen Philosophie zu werden« (MEW 21, S. 307), der mit Sicherheit das »bürgerliche« Element nicht fehlte.

Jener Hinweis von Engels, den Losurdo ernstgenommen hat und der uns erlaubt, die theoretische Basis zu verstehen, auf der sich die

Überlegungen über die Macht, die postkapitalistische Gesellschaft und den politischen und sozialen Gesamtzusammenhang gründet, durchzieht das Gesamtwerk von Losurdo und verknüpft sich mit dem Überdenken des Marxismus. Es kennzeichnet die letzte Phase seines Denkens, von dem dieses Buch ein wesentliches Moment darstellt. Losurdo ist in der Tat eine Ausnahmeerscheinung hinsichtlich der Auslegung von Kant und Hegel gewesen, und gerade letzterer hat sein Denken tiefgreifend geformt. In Bezug auf Hegel (unter den wichtigsten Texten verweisen wir auf *Hegel und die Freiheit der Modernen*, *Hegel und das deutsche Erbe*, *L'ipocondria dell'impolitico*[5]) hat Losurdo auf die entscheidenden Gesichtspunkte hingewiesen, die ihn mit den fortschrittlichsten Momenten der Moderne verbinden, und er hat die Gültigkeit und Aktualität der zentralen konzeptionellen Instrumente in seinem Werk aufgezeigt. Von Kant dokumentiert Losurdo (in *Immanuel Kant. Freiheit, Recht und Revolution;* dazu auch *Eine Welt ohne Krieg*), wie dessen politisches Denken in Verbindung mit der Französischen Revolution und als Verteidigung derselben wie ihrer Ergebnisse zu lesen ist (die Kritik, welche Engels an Kant im *Feuerbach* äußert, ist, wenn auch im notwendigen Kontext, als außergewöhnlich einseitig zu betrachten). Und es ist das Denken Hegels, welches die konzeptionelle Struktur bildet, von der aus Losurdo die beiden entscheidenden Gesichtspunkte von *Kommunismus. Geschichte, Erbe und Zukunft* ausarbeitet: Die *Totalität* und die Modalitäten des Übergangs zur postkapitalistischen Gesellschaft.

Der erste Aspekt – die *Totalität* – bedeutet bei Hegel die Gesamtsicht, die das *Absolute* ist (nebenbei gesagt, müsste die Betrachtung des Hegelschen *Absoluten* als Stillstand und/oder hermetische »Abschließung« des Systems, der Bewegung überdacht werden), *Totalität* die Losurdo modifiziert in politische und soziale *Totalität*, als objektiver Geist. Dies erlaubt ihm, mit Klarheit und Kohärenz, ohne Schwankungen, über die koloniale Frage nachzudenken, auf die Lenin mit Klarsicht und Entschiedenheit hingewiesen hatte, als er die Kolonialvölker aufforderte, aus der Subalternität herauszutreten, in

5 Für dieses Werk ist eine deutsche Übersetzung für Ende 2024 geplant. (A. d. Ü.)

die sie vom imperialistischen System gezwungen werden. Losurdo besteht auf diesen Punkt, auch und vor allem im vorliegenden Band: »Wie der Aufbau des Wohlfahrtsstaates, ist auch der Prozess der Entkolonisierung nicht ohne den Impuls und den Beitrag der kommunistischen Bewegung denkbar«.[6] Beide sind möglich, weil im Gesamtzusammenhang die politische und die soziale *Totalität* beachtet wird: Auf nationaler Ebene folgt daraus der Sozialstaat, auf internationaler Ebene der Kampf um Entkolonialisierung.

Der zweite Aspekt, dessen Grundlage hegelianisch ist, ist die Losurdosche Lösung für das Problem des marxistischen Schwankens (das es eigentlich seit Marx gibt) zwischen historischer und eschatologischer Vision: Dieser Aspekt ist die Dialektik. Um die postkapitalistische Welt zu denken, muss man sich »die neue Ordnung als abstrakte und undialektische Negation der bestehenden Ordnung« vorstellen.[7] Und das bedeutet, dass die Dialektik, die Bewegung ist, nicht in gegen Null gehenden Schritten voranschreitet, welche das historische *Kontinuum* unterbrechen, indem sie es zerteilen. Das bedeutet nicht nur, dass jeder Messianismus von Losurdo als abwegig begriffen wird (auch wenn das nicht bedeutet, dass dessen tiefere Beweggründe nicht erfasst würden: Glänzend in diesem Text ist die Auseinandersetzung Losurdos mit Benjamin), sondern auch, dass sich in der dialektischen Bewegung die Wahrheit der Vergangenheit mit den neuen Anforderungen verbindet, und die »neue Ordnung« nie vollkommene *Novitas* ist. Vielmehr ist sie, auf einer höheren Ebene, Gemeinsamkeit von Vergangenem und Gegenwärtigem, das in die Zukunft projiziert wird. So kann der Marxismus Erbe der Glanzpunkte des Liberalismus werden. Losurdo macht sich zu eigen, was Lucio Lombardo-Radice folgendermaßen ausgedrückt hat: »Die Welt entwickelt sich, aber die Wahrheiten der untergehenden Welt werden von der neuen Welt aufgehoben«.[8]

---

6 Vgl. unten Vorwort, *»Antitotalitarismus« und Antikommunismus als Staatsdoktrinen.*

7 Vgl. unten Kapitel 2, *Der Messianismus des vollkommen Anderen.*

8 Vgl. unten Kapitel 4, *Wie der Messianismus zum Kapitulantentum wird.*

Kommunistische Bewegung und Kampf um Anerkennung

In der Auseinandersetzung mit der klassischen deutschen Philosophie, mit dem liberalen Denken (Locke, Tocqueville), dem Marxismus, Nietzsche, Heidegger untermauert Losurdo seinen Standpunkt: Auf diesem Niveau entwirft er den Plan der Reflexion und der Debatte, und auf diesem Niveau muss man ihn verorten, um ihn zu verstehen. Die philosophische Reflexion und die historisch-politischen Betrachtungen verweisen eines auf das andere, weil eines konstitutiv für das andere ist, eines richtet sich nach dem anderen aus. Auf dieser Ebene entwickelt sich seine Lesart des Marxismus des 20. Jahrhunderts, von dem er keine Phase übergeht, auch jene schwierige und kontroverse nicht, die er in *Stalin. Kritik einer schwarzen Legende* rekonstruiert hat und damit die ausgesprochen heikle Materie nicht umgeht. Der konzeptionelle Horizont Losurdos ist der eines umfassenden Überdenkens des Marxismus, das nicht von einer Theorie ausgeht, die auf eine ursprüngliche »Reinheit« zurückgeführt werden müsste, sondern von einer – in Wirklichkeit auch tragischen – Verschränkung von Theorie und Praxis, im Sinne der Spannung, die einer Theorie innewohnt, die in einem bestimmten historischen Kontext zur Praxis wird: Man könnte auch sagen, zur *harten* Wirklichkeit.

Nur wenn man sich den Glanz und den Schrecken der Geschichte genau anschaut, kann man daraus die wirksamste Lehre ziehen. Die umfassende Rekonstruktion der Geschichte der kommunistischen Bewegung ist weder auf deren Verherrlichung noch auf ihre Ächtung aus: Beide Deutungen berücksichtigen nicht – und wieder fällt der Begriff – die *Totalität* einer Bewegung, einer historischen Phase, eines historischen Prozesses in all seiner Komplexität. Nur in der Gesamtsicht ist es wirklich möglich, eine umfassende Bilanz zu ziehen, eine historische Phase zu verstehen, sowie die Bewegungen, die in ihr agieren und die ihre Protagonisten sind.

Es ist dies eine Gesamtsicht, die die Feststellung zulässt, dass der klassische Liberalismus individuelle Rechte ausgearbeitet hat, deren Gültigkeit faktisch zunächst Männer, Weiße und Eigentümer betrifft. Es ist diese Sicht, die es ermöglicht, den Doppelstandard von

Metropole und Kolonien in all seinen unterschiedlichen Ausgestaltungen genau zu erfassen, ausgehend von jener der kolonialen und imperialistischen Epoche bis hin zum Neokolonialismus und dem zeitgenössischen Imperialismus. Und eine Gesamtsicht ist eben jene, die es erlaubt, die Tragödien und Verantwortlichkeiten des Realen Sozialismus wahrzunehmen, auf denen die herrschende Kritik ständig besteht: Es geht nicht darum, sie zu negieren, im Gegenteil, um den Marxismus zu denken und zu überdenken, muss man sie sich vergegenwärtigen und nicht im Namen der »Reinheit« der Theorie von sich weisen. Aber die Gesamtsicht bietet einen sehr viel ausdifferenzierteren Rahmen, als es der herrschende zu sein vermag, und sie gestattet es, eine ganz andere Bilanz zu ziehen: Über die Tatsache hinaus, dass er wesentlicher und entscheidender Faktor im Kampf und gegen den Nazifaschismus und bei dessen Niederlage ist, hat der Marxismus des 20. Jahrhunderts die Herausbildung eines Gewissens und eines politischen Bewusstseins in neuem Maßstab bedeutet. Er hat dem liberalen Westen mit dem Sozialstaat (den der Neoliberalismus, nicht zufällig, beabsichtigt, weitestgehend auszuhöhlen) eine politische Agenda aufgezwungen, er hat – seit Lenin – die Völker aufgefordert, sich aus der Bedingung der Unterdrückung zu befreien und für ihre politische und ökonomische Freiheit zu kämpfen.

Ohne die kommunistische Bewegung – und dies ist eine feste Größe in den Überlegungen Losurdos, worauf er entschieden besteht – ist die weltweite antikoloniale Revolution, die sich im 20. Jahrhundert entwickelt, nicht denkbar. Und ohne die kommunistische Bewegung ist es undenkbar, dass Millionen von Individuen, die bislang als *Figuren im Hintergrund* der Geschichte betrachtet wurden, eine umfassende menschliche Würde (nie wieder *instrumentum vocale* zu sein) und damit politische, bürgerliche, ökonomische und soziale Rechte erlangen. Aus *Objekten*, wie sie der Blick der Herren auf die Welt begreift, werden Massen von Individuen zu *Subjekten* mit Rechten. Es ist dies ein Kampf um die Anerkennung (der, wie wir augenblicklich sehen, noch nicht abgeschlossen ist), der im 20. Jahrhundert einen seiner intensivsten Momente erlebt. Und zu diesem Abschnitt des Kampfes hat die kommunistische Bewegung entscheidend beigetragen: Es sind *dieser* Kampf, *diese* Geschichte, *dieser* Beitrag dasjenige, welches Losurdo – vor allem im vorliegenden Text – zu behaupten beabsichtigt gegen den Versuch, sie zu verdrängen, und gegen die zersetzende Kritik, die die kommunistische Bewegung und ihre Bestrebungen zu einer schlichten Utopie herabwürdigt, zu einer Utopie, die Verbrechen und Schrecken hervorbringt. Stattdessen handelt es sich um eine edle Geschichte, die, wie alles was menschlich ist, Licht und Schatten hat: Letztere dürfen nicht instrumentalisiert werden, um Ersteres abzuschwächen, bis es vollständig verhüllt ist.

Der Marxismus heute

Dies ist das Erbe der kommunistischen Bewegung, das Losurdo vorlegt, um den Marxismus zu überdenken, um wieder eine Perspektive der konkreten Praxis zu lancieren. Außer einer Abrechnung, die der Marxismus mit anderen Traditionen vornehmen muss, die ihm mehr oder weniger nahestehen, muss er auch die Rechnung mit sich selbst machen. Sein emanzipatorischer Auftrag hat sich nicht erschöpft, ebenso wie der Kampf um die Anerkennung innerhalb und außerhalb des Westens (den man sich in einer Gesamtschau und nicht als privilegierten Raum der Freiheit denken muss) mitnichten beendet ist.

Im Augenblick, in dem ich dies schreibe, ist die Welt beschäftigt mit einer Pandemie globalen Ausmaßes: Solange man sich in dieser Phase befindet, wäre eine Analyse, die den Anspruch hat, den Dingen bis auf den Grund zu gehen, unvorsichtig. Das Mindeste, was man aber sagen kann – und das betrifft unser Thema – ist, dass das, was bislang getragen hat und noch trägt, feste und konstitutive Verbindungen mit dem Sozialstaat hat (man denke nur an das Gesundheitswesen). Der Neoliberalismus beweist gegenüber den Eckpfeilern des klassischen Liberalismus, von dem er direkt abstammt, dass er nicht in der Lage ist, ihnen vollkommen gerecht zu werden: Sicherlich schützt er die Freiheit (einer Elite) und das Eigentum (einer Elite), aber – absolut gesehen – nicht das Leben (nicht einmal das der Eliten, auch wenn diese Zugang zu Behandlungen haben, die anderen unzugänglich sind). Und das heißt, dass es dem Neoliberalismus selbst in der engsten, nämlich seiner eigenen Auslegung (einer Elite), nicht gelingt, das Leben zu verteidigen, er räumt ihm nicht den Vorrang ein, da er es faktisch dem Profit unterordnet. Unter den Bedingungen des Ausnahmezustandes, zeigt das System seine eigene Unzulänglichkeit: Die Natur reaktiviert die Geschichte.

Gegenüber dieser Reaktivierung, die niemals unmittelbar Lösung, aber unmittelbar Krise ist, kann der Marxismus nicht einfach zusehen. Die Pandemie ist nicht die Ursache der Krise (richtig ist, dass Natur und Geschichte beide dazu gehören, aber gerade deshalb ist die eine nicht mit der anderen gleichzusetzen): Diese hier, die gerade abläuft, spitzt sich mit dem Ausnahmezustand zu. Kann der Marxismus – aufmerksamer Beobachter der Mechanismen des Kapitals – einen Beitrag leisten und eine zumindest nicht geringfügige (oder zumindest keine nichtige) Rolle spielen in dem Augenblick, in dem die neoliberale Ordnung – im weltweiten Gesundheitsnotstand – ihre eigenen konstitutiven Grenzen aufzeigt? Kann man aus der Krise herauskommen, die – wir bekräftigen das – nicht aus dem Umstand von COVID-19 besteht, sondern die dem Kapital strukturell innewohnt, ohne den Beitrag des Marxismus?

In der Krise (und es ist wichtig klarzustellen, dass wir uns nun nicht mehr auf die laufende Pandemie beziehen) kann der westliche Marxismus – oder wenigstens der Marxismus, der die Charaktereigenschaften offenbart, die der Kritik von Losurdo unterzogen werden – nicht weiterhin sich Alternativen vorstellen, mögliche Welten erträumen, sich einem subjektiven Wunschdenken anheimgeben: Es ist gut, aus den Traumwelten zu erwachen, um in der Wirklichkeit anzukommen, die fest in der Hand derer ist, die das System, das man überwinden will, organisieren.

Und hier ist die Lektion Losurdos – die im Zentrum dieses Textes steht – essenziell: Die Unterdrückten sind weder an die Handhabung der Macht gewöhnt noch sind sie auf eine solche vorbereitet, und in der Gegnerschaft zu einem bestimmten System lehnen sie die Macht als solche ab. Das Ergebnis wird nicht die Auflösung der Macht sein, und noch viel weniger die Überwindung des Systems, das sich auf diese Macht stützt, sondern das Weiterbestehen der Bedingungen der Unterdrückung. Wenn Lenin die kommunistische Bewegung aufgefordert hat, den Infantilismus zu überwinden (es ist dies der Sinn seiner Schrift *Der »Linke Radikalismus«, die Kinderkrankheit im Kommunismus*), dann ist es möglich, dieser Aufforderung – im Sinne Losurdos – jene hinzuzufügen, die Phase des Heranwachsens hinter sich zu lassen – und zuallererst das Rebellentum.

Das Werk *Der Kommunismus. Geschichte, Erbe und Zukunft* – und somit heute auch das Überdenken des Marxismus – klärt und diskutiert (ja eröffnet sogar die Diskussion um) eine Reihe von bestimmten Elementen, nicht um sich eine »postkapitalistische und postimperialistische Gesellschaft« vorzustellen, zu erträumen, zu wünschen, sondern um sie »aufzubauen«.[9] Es ist nicht so, dass die Vorstellung, der Traum oder der Wunsch nicht möglich (und notwendig) wären, aber niemals als Selbstzweck. Die Vorstellungen, Träume und Sehnsüchte müssen sich ihrer eigenen Verwirklichung zuwenden: In deren Zusammentreffen mit der *Andersartigkeit* der Wirklichkeit, aus der sie auch entspringen, werden sie unweigerlich ihre Züge verändern, aber das ist der einzige Weg, damit auch die Wirklichkeit die ihren verändert.

***

Ich möchte der Witwe von Domenico Losurdo, Erdmute Brielmayer, dem Sohn Federico und Stefano Azzarà für die finanzielle Unterstützung danken, die sie mir für die Untersuchung der Materialien aus dem Archiv Domenico Losurdos zur Verfügung gestellt haben (die interuniversitäre Forschungsgruppe »Domenico Losurdo« – Dipartimento di Studi Umanistici, Università degli Studi di Urbino Carlo Bo hat mit einer Arbeit über die unveröffentlichten Schriften Losurdos begonnen). Danken möchte ich auch Gianluca Mori und Alessandra Zuccarelli vom Verlag Carocci (Rom) dafür, dass sie dieses verlegerische Projekt sofort angenommen und es für die italienische Originalfassung so einfühlsam wie gewissenhaft begleitet haben.

9 Vgl. unten Kapitel 4, *Rückkehr zum utopischen Sozialismus?*

Aber ich möchte an dieser Stelle noch einmal – es sei mir gestattet – meine tiefe Dankbarkeit gegenüber Erdmute Brielmayer und Federico Losurdo zum Ausdruck bringen, dass sie mir die Herausgeberschaft dieses Werkes anvertraut haben – dies eine Geste, die mich zutiefst ehrt.

Meine Arbeit der Herausgeberschaft widme ich dem immer lebendigen Andenken an Domenico Losurdo, dem Maestro des Denkens und der Methode.

Herbst 2020

Bibliografie

Engels, Friedrich (1888): *Ludwig Feuerbach und der Ausgang der klassischen deutschen Philosophie*, MEW 21, S. 259-307).

Lenin, Wladimir Iljitsch (1974): *Der linke Radikalismus, die Kinderkrankheit des Kommunismus*, LW 31, S. 1-105.

Losurdo, Domenico (1987): *Immanuel Kant – Freiheit, Recht und Revolution*, Köln.

Ders. (1989): *Hegel und das deutsche Erbe. Philosophie und nationale Frage zwischen Revolution und Reaktion*, Köln.

Ders. (2000): *Hegel und die Freiheit der Modernen* (1992).

Ders. (2001): *L'ipocondria dell'impolitico. La critica di Hegel ieri e oggi*, Lecce.

Ders. (2011): *Freiheit als Privileg. Eine Gegengeschichte des Liberalismus*, 2. Aufl., Köln.

Ders. (2016): *Der Klassenkampf oder die Wiederkehr des Verdrängten. Eine politische und philosophische Geschichte*, Köln.

Ders. (2017): *Stalin. Kritik einer schwarzen Legende*, 3. Aufl., Köln.

Ders. (2021): *Der Westliche Marxismus. Wie er entstand, verschied und auferstehen könnte*, Köln.

Ders. (2022): *Eine Welt ohne Krieg. Von den Verheißungen der Vergangenheit zu den Tragödien der Gegenwart*, Köln.

Marx, Karl / Engels, Friedrich (1974): *Manifest der Kommunistischen Partei*, MEW 4, S. 469-493, Berlin.

Vorwort

»Antitotalitarismus« und Antikommunismus als Staatsdoktrinen

Radikal ist der Wandel, der sich infolge des vorherrschenden ideologischen Klimas um 1989 vollzogen hat. In jenen Jahren zirkulierte eine Karikatur, auf der Marx zu sehen war, wie er ausrief: »Proletarier aller Länder, verzeiht mir!« Die Geschichte – so wurde uns versichert – sei im Wesentlichen zu Ende, sie habe mit dem Triumph des Kapitalismus aufgehört, und deshalb müsse sich jetzt nur noch der Philosoph schämen, der sich am meisten dafür eingesetzt hatte, eine Alternative zum herrschenden System zu entwerfen. Es war dies doch ein System, das als die beste aller möglichen Welten dargestellt wurde und welches nun geschützt war vor den wiederkehrenden und verheerenden Krisen, auf die Marx aufmerksam gemacht hatte. Weniger als zwanzig Jahre später, als eine Krise ausbrach, die oft mit der Großen Depression verglichen wurde, waren es im Westen dieselben Analysten der Wirtschafts- und Finanzwelt, die, um sich zu orientieren, wenn nicht den Mitverfasser (mit Engels) des *Manifests der Kommunistischen Partei*, so doch den Autor des *Kapitals* um Aufklärung baten: Im Idealfall baten sie den Philosophen um Vergebung, der zuvor als unentschuldbarer Büßer dargestellt worden war. Wer könnte besser als er die *Krise* erklären, die trotz der früheren Illusionen und Versprechungen das kapitalistische System erneut erfasste und Massenelend und Verzweiflung verursachte?

Die *Krise* hatte die der kapitalistischen Gesellschaft innewohnende soziale Polarisierung noch verschärft: Es kam zu einer kolossalen Umverteilung der Einkommen, und zwar zugunsten der privilegierten Klassen, die sich weiterhin und in beträchtlichem Maße bereicherten, wobei sie oft zu wahrlich skandalösen Methoden griffen. Wir haben es mit einem Klassenkampf von oben zu tun, der von den privilegierten Eliten geführt wird: Auch dem *Mainstream* angehörende Wissenschaftler und Analysten vertreten diese Auffassung, ja sogar Unternehmer tun dies, die *per definitionem* integraler Teil des Gesellschaftssystems sind, das von ihnen damit kritisiert wird. Und so wird das *Manifest der Kommunistischen Partei* zusammen mit dem *Kapital* in der Tat wiederentdeckt!

Zwei Jahre nach 1989 fand, zeitgleich mit der Auflösung der Sowjetunion, der zweite Golfkrieg statt: Die Militärintervention gegen den Irak von Saddam Hussein durch eine gewaltige Streitmacht unter Führung der USA wurde vom UN-Sicherheitsrat umstandslos gebilligt und von der breiten öffentlichen Meinung als Beginn der Neuen Weltordnung gefeiert. Von diesem Moment an – so versicherten uns die Führer und Ideologen des Westens – würde die Herrschaft des Rechts auch die Beziehungen zwischen den Staaten bestimmen: Die Geißel des Krieges wäre dazu bestimmt, deutlich zurückzugehen und sogar zu verschwinden. Die Geschichte steuerte tatsächlich auf ein glückliches Ende zu, auf die Verwirklichung der bestmöglichen Ordnung im Innern und in den internationalen Beziehungen!

Die zweite Illusion erwies sich als ebenso kurzlebig wie die erste. Das 20. Jahrhundert endete mit dem Krieg gegen Jugoslawien, der vom Westen und der NATO ohne Autorisierung durch den Sicherheitsrat und unter offener Verletzung des Völkerrechts entfesselt wurde und der schließlich seitens der USA in die Errichtung der riesigen Militärbasis <Camp> Bondsteel mündete, die fest auf dem Balkan implementiert wurde und bedrohlich auf Osteuropa und Russland ausgerichtet ist. Vier Jahre später war es dann der dritte Golfkrieg (2003), dem nicht nur die Legitimation durch die UNO fehlte, sondern der auch von zwei einflussreichen Staaten des Westens und der NATO, nämlich Frankreich und Deutschland, abgelehnt wurde. Es war der rücksichtslose Bruch des Versprechens einer Neuen Internationalen Ordnung, die auf der Verwirklichung der Herrschaft des Rechts auch in den Beziehungen zwischen den Staaten beruht, es war die unverblümte Durchsetzung des Rechts des Stärkeren.

Zahlreich waren in der Tat die Persönlichkeiten aus der Politik und Intellektuelle, die dazu aufriefen, die »Logik des *Imperialismus*«, des »*Neoimperialismus*« zu respektieren, oder die gar auf schamlose Weise den Triumph des »westlichen *Imperialismus*«, genauer gesagt des US-Imperialismus, verherrlichten; ein Historiker erzielte einen außerordentlichen Erfolg, indem er sich mit Blick auf die Vergangenheit zum Ruhmessänger des britischen Imperiums und mit Blick auf die Gegenwart des US-Imperiums aufspielte.[1] In Wahrheit mangelte es nicht an Stellungnahmen, die die eigentlichen Beweggründe für die US-Intervention in Afghanistan hinterfragten, welche angeblich eine Reaktion auf den Anschlag auf die Zwillingstürme in New York war: »Ich denke, es wäre richtiger, die Terroranschläge nicht als gegen die amerikanische Freiheit oder die amerikanischen Ideale gerichtet zu beschreiben, sondern gegen die amerikanische Politik, den amerikanischen *Imperialismus*, insbesondere im Nahen Osten.« So drückte sich Quentin Skinner, ein bedeutender englischer Historiker der politischen Ideengeschichte, aus (in Passarini 2001[*/2]). Es handelte sich nicht um eine vereinzelte Stimme. Lassen wir zwei andere Wissenschaftler zu Wort kommen, in diesem Fall aus den Vereinigten Staaten: »Ja, Amerikas Antiterrorkrieg ist eine Neuauflage des *Imperialismus*« (Ignatieff 2002, S. 11); was Washington bewegt, so Anatol Lieven, ist ein »immer entschiedenerer *Imperialismus*« (in Lewis 2002, S. 6*). Führende westliche Politiker kamen zu demselben Schluss: Während Ted Kennedy sich von Washingtons »neuem *Imperialismus*« distanzierte (in Molinari 2002*), prangerte der ehemalige deutsche Bundeskanzler Helmut Schmidt die »amerikanische Tendenz zum Unilateralismus oder gar zum *Imperialismus*« scharf an (Schmidt 2002).

Wiederkehrende *Krisen* des Kapitalismus, *Klassenkampf*, *Imperialismus* und damit verbundene Kriege und Kriegsgefahren: Die Entwicklung der wirtschaftlichen und der politischen Situation hat

1 Vgl. Losurdo 2016, S. 295.

2 Literaturstellen, die aus dem Italienischen übersetzt wurden, sind mit Sternchen gekennzeichnet. (A. d. Ü.)

die Aufmerksamkeit eines breiten Publikums auf drei zentrale Kategorien gelenkt, die für die Überlegungen von Marx und Lenin bedeutsam waren. Zuweilen entwickelte sich im Laufe der Debatte sogar eine problemspezifische und nicht manichäische Einschätzung der historischen Rolle jener Bewegung, die sich auf Marx und Lenin berufen hat. Bedeutende Wissenschaftler unterschiedlicher Herkunft und Ausrichtung (der US-Amerikaner Joseph E. Stiglitz, Nobelpreisträger für Wirtschaftswissenschaften, der Franzose Thomas Piketty, neomarxistischer Autor eines internationalen Bestsellers <(Piketty 2013)>, der Deutsche Jens Jessen (2011), renommierter Mitarbeiter der *liberalen* Wochenzeitung *Die Zeit*), haben in unterschiedlicher Art und Weise anerkannt, dass es der Zusammenbruch des Sozialismus in Osteuropa war, der den Weg für die »ultraliberale« Reaktion geebnet hat, die den durch die Oktoberrevolution ausgelösten »großen Sprung nach vorn für soziale Gerechtigkeit« zurückgedrängt und die unangefochtene Dominanz des Reichtums über das politische Leben sanktioniert hat. Ganz allgemein nimmt die Zahl der Stimmen zu, die die Ausgestaltung der Demokratie (im Westen und insbesondere in seinem Führungsland) als »Herrschaft der Großbanken« und des großen Reichtums, als »Plutokratie« anprangern. Aber ist dies nicht der Leitgedanke der von Marx, Engels und Lenin formulierten Kritik an der bürgerlich-liberalen Welt?[3]

Was die internationalen Beziehungen betrifft, so sind es dieselben Unterstützer und Ideologen der bestehenden Ordnung, die schließlich indirekt und ungewollt die positive historische Rolle der kommunistischen Bewegung anerkennen. Es gibt zu denken, auf welche Art und Weise ein angesehener US-Politiker und Stratege den Zusammenbruch des kolonialen Systems beschreibt: Seit dem Ende des Zweiten Weltkriegs schwenkten die Kolonialvölker das Banner der »nationalen Emanzipation« und verliehen damit ihrer »wachsenden Unruhe« Ausdruck. Und auf der anderen Seite machte die Unterstützung durch die Sowjetunion »auf ideologischer und sogar militärischer Ebene die Repression zu kostspielig«, zumal der »Volkskrieg« sich als fähig er-

3 Vgl. Losurdo 2017, S. 30-33.

wies, der technologischen Überlegenheit des Westens wirksam entgegenzutreten: Vorbei waren die Zeiten, als beim Aufeinandertreffen von Eingeborenen auf der einen und den großen Eroberungsmächten auf der anderen Seite die Verluste »im Verhältnis 100 zu 1« zu Ungunsten der ersteren ausfielen (Brzezinski 2012, S. 14 und 34*).

Das heißt: ähnlich wie der Aufbau des Wohlfahrtsstaates ist auch der Prozess der Entkolonialisierung nicht ohne den Impuls und den Beitrag der kommunistischen Bewegung denkbar. Dies sind zwei unbestreitbare Verdienste, zumindest für diejenigen, die keine Nostalgie für das Alte, das *Ancien Régime,* hegen, das durch die koloniale Vorherrschaft der weißen Rasse (die in den USA eine allgegenwärtige Diskriminierung der Schwarzen mit sich brachte) sowie durch Massenelend und die überwältigende Macht des großen Reichtums auch auf politischer Ebene gekennzeichnet war.

Damit wären die Voraussetzungen für eine neue Debatte über den »Realen Sozialismus« gegeben oder zumindest über seine geistigen Väter, auf die er sich bezog, eine nicht mehr durch die Last des Kalten Krieges belastete Debatte über Marx und Lenin. Es tritt jedoch ein unerwartetes und auf den ersten Blick überraschendes Phänomen auf: In der Europäischen Union und insbesondere in den osteuropäischen Ländern zeigt sich, obwohl das Banner der Freiheit frenetisch geschwenkt wird, immer deutlicher die Tendenz, nicht nur die kommunistische Bewegung, sondern auch die *Ideen*, die sich auf den Kommunismus beziehen, zu kriminalisieren. Am weitesten in diese Richtung ging vielleicht Polen: »Propaganda für den Kommunismus« ist verboten. Wie man sieht, ist der Tatbestand sehr vage definiert und lässt viel Raum für Interpretation und Willkür: Werden auch die Herausgeber und die allzu wohlwollenden Interpreten von Bertolt Brecht, der schon in der Überschrift eines seiner berühmten Gedichte das *Lob des Kommunismus* ausspricht, ins Visier genommen? Gerechterweise sollte die Härte des Gesetzes auch die Verleger und Bewunderer von Pablo Neruda und Nâzım Hikmet treffen, um nur die international bekanntesten kommunistischen Dichter zu nennen. Und warum sich auf Poesie beschränken? Diejenigen, die darauf bestehen, das *Manifest der Kommunistischen Partei* und seine Verfasser, Marx und Engels, nachzudrucken und öffentlich zu würdigen, sollten damit auch nicht durchkommen. An diesem Punkt besteht die Gefahr, dass der Index der verbotenen Bücher unüberschaubar wird.

In Polen, aber auch in Lettland, Litauen und anderen osteuropäischen Ländern ist das öffentliche Zeigen von kommunistischen Symbolen verboten. Der österreichische Autor, der diese Gesetzgebung sorgfältig studiert hat, kommentiert: Wenn man konsequent wäre, müsste auch die österreichische Nationalflagge betroffen sein, in der das von ganzen Generationen von Kommunisten verehrte Symbol, nämlich Hammer und Sichel, weiterhin präsent ist (Hofbauer 2011, S. 244f.).

Nicht nur Einzelpersonen oder Splittergruppen, die eine Minderheit vertreten, werden ins Visier genommen. In der Tschechischen Republik ist die Jugendorganisation einer Partei, der Kommunistischen Partei, die bei den Parlamentswahlen im Juni 2006 12,8 Prozent der Stimmen erhielt, zur Illegalität verdammt. In der Ukraine wurde die Kommunistische Partei, die bei den letzten Parlamentswahlen, an denen sie teilnehmen konnte (2012), mehr als 13 Prozent der Stimmen erhalten hatte, verboten, nachdem ihre Vertreter im Parlament eingeschüchtert oder verprügelt und einige ihrer Aktivisten entführt, gefoltert und ermordet worden waren. Antikommunistische Verfolgung macht sich auch in Litauen und Lettland bemerkbar. Und das alles, ohne dass von jenen in der Europäischen Union und im Westen, die sich gerne für die Sache der Demokratie und der Menschenrechte einsetzen, Protest erhoben würde.

Man sollte auch nicht denken, dass die Kriminalisierung des Kommunismus nur Osteuropa betrifft. In Deutschland wurden die Gesetze, mittels derer in den Jahren des Kalten Krieges Arbeiter, Angestellte und Intellektuelle in Gefängnisse gesperrt wurden, nie aufgehoben, auch nicht jene Erlasse, die nur verhinderten, dass des Kommunismus Verdächtige in Schulen, Universitäten, bei der Post oder allgemein im öffentlichen Dienst beschäftigt wurden und Karriere machten. Selbst wenn diese Regelungen durch den deutlichen Rückgang der kommunistischen Bewegung vorübergehend überflüssig geworden wären, könnten sie in einer anderen, für die herrschenden Klassen ungünstigeren Situation wieder nützlich werden. Schon jetzt steht die Fraktion *Die Linke* unter Überwachung jener Dienste, die für die »Verteidigung der Verfassung« zuständig sind: Die Staatsmacht behält sich das Recht vor, des »Extremismus« oder des Kommunismus Verdächtige zu delegitimieren und zu bekämpfen (»zu links«, *Die Welt Kompakt*, 3.6.2013).

Eines ist klar: Die antikommunistische Verfolgung ist im liberalen Westen bzw. dort, wo er sie durchsetzen kann, alles andere als neu. Wir haben es gerade im Falle Deutschlands gesehen. Aber das ist nur ein Fall von vielen. Lange Zeit förderten oder erzwangen die USA in Lateinamerika und anderen Teilen der Welt das Verbot kommunistischer Parteien, wenn sie nicht sogar Putsche initiierten, die für kommunistische Aktivisten nicht nur Gefängnis, sondern auch Folter und Tod bedeuteten. Es handelt sich dabei nicht nur um eine Angelegenheit der Dritten Welt oder von Ländern wie Griechenland, die an der Peripherie Europas liegen. Hätte die »Strategie der Spannung«, die in Italien jahrelang eine Blutspur hinterließ, alle ihre Ziele erreicht, wären die Aktivisten der stärksten kommunistischen Partei außerhalb des »sozialistischen Lagers« Ziel einer erbarmungslosen Menschenjagd geworden. All dies geschah im Namen der »nationalen Sicherheit«, die es offenbar erforderte, die potenziellen Agenten des gefürchteten Angriffs aus Moskau schon im Voraus zu neutralisieren. Die internationale Lage hat sich nun grundlegend gewandelt; die Sowjetunion ist verschwunden. Die antikommunistische Verfolgung erfolgt nun nicht mehr im Namen der Verteidigung der Sicherheit, wohl aber im Namen des Andenkens an die Opfer. Das Verbrechen des Kommunismus ist offener denn je ein Verbrechen der Meinung.

Weit davon entfernt, den Normen und Tendenzen entgegenzuwirken, die sich in Osteuropa durchsetzten, legitimiert und sanktioniert die Europäische Union sie sogar: Die Begründung für diese Verhaltensweise ist, dass die beiden Totalitarismen, der nationalsozialistische und der sowjetische, gleichermaßen moralisch und juristisch verurteilt werden müssen. Gemäß diesem Grundsatz geht die Tschechische Republik mit der Strenge des Gesetzes gegen jeden vor, der es wagt, eine »Rechtfertigung des kommunistischen Völkermords« auszusprechen, ohne sich damit aufzuhalten und zu präzisieren, was unter diesem Ausdruck zu verstehen ist; wichtig ist, auch auf dem Gebiet der Rechtsprechung, die vollkommene Gleichheit zwischen den beiden totalitären und genozidalen Ungeheuern zu bekräftigen.

Der Gipfel der Groteske wird bisher in Litauen erreicht: Jeder, der hier den nationalsozialistischen oder sowjetischen Totalitarismus gutheißt, leugnet oder verharmlost, riskiert eine zweijährige Gefängnisstrafe; und insofern haben wir es mit einer allgemeinen Regel oder Tendenz zu tun. Aber der Gerechtigkeit können sich auch diejenigen nicht entziehen, die die »sowjetische Aggression der Jahre 1990/91« billigen, leugnen oder herunterspielen. Worum geht es? Es geht um die Sezessionsbewegung, die sich Anfang 1991 in Litauen entwickelte, das damals noch ein fester Bestandteil der Sowjetunion war. Am 13. Januar jenes Jahres griffen in Vilnius, der Hauptstadt des Landes, von Gorbatschow entsandte Spezialeinheiten des Innenministeriums ein, um die Kontrolle über den Fernsehsender zurückzugewinnen. Die brutale Unterdrückung forderte vierzehn Tote. So lautet zumindest die offizielle Version über den »Blutsonntag von Vilnius«. Wer diese Version und die Art, den Ablauf und das Ausmaß der »sowjetischen Aggression von 1990/91« in Frage stellt, kann von der Justiz verfolgt werden und ist in jedem Fall der allgemeinen Verhöhnung durch die herrschende Ideologie ausgesetzt: Das wäre so, als würde man – so behaupten es hochrangige litauische Politiker – den Holocaust an den europäischen Juden leugnen oder als wolle man ihn zu einer Bagatelle herunterspielen.

Die Sinnlosigkeit dieses Vergleichs ist sofort ersichtlich. Wenn eine Repressionsmaßnahme, die den Tod von vierzehn Menschen zur Folge hat, gleichbedeutend mit dem Holocaust ist, was soll man dann über den blutigen Terror und die völkermörderischen Praktiken sagen, zu denen europäische Länder wie Frankreich und Großbritannien nach dem Zweiten Weltkrieg griffen, um die koloniale Ordnung in Vietnam, Algerien und Kenia wiederherzustellen? Die Bewahrung des Andenkens an die Opfer ist lobenswert, aber warum sollte man die Opfer des europäischen Kolonialismus, die seinerzeit fast ausschließlich von den Kommunisten verteidigt wurden, aus dem Gedenken und der Ehrerbietung ausschließen? Die Folgen einer solchen Verdrängung sind einigermaßen gravierend. Man denke nur an die neokoloniale Aggression, die 2011 gegen Libyen entfesselt wurde und deren Hauptakteure, selbstverständlich neben den USA Frankreich, Großbritannien und Italien waren. Um es mit einem berühmten Philosophen auszudrücken: »Heute wissen wir, dass der Krieg mindestens 30.000 Tote gefordert hat, verglichen mit 300 Opfern der anfänglichen Repression« durch Gaddafi (Todorov 2012*). Wenn das Infragestellen der offiziellen Version der Repression, die 1991 in Litauen zum Tod von vierzehn Menschen führte, <das Risiko einer Verurteilung> birgt, zu welcher Strafe sollten dann die Beamten der Europäischen Union und der NATO verurteilt werden, die immer noch versuchen, das <libysche> Massaker zu verheimlichen oder zu verdrängen oder sogar stolz darauf sind, dafür die Kriegsmaschinerie in Gang gesetzt zu haben?

In Wirklichkeit wirft das gegen den Vorsitzenden der litauischen »Sozialistischen Volksfront« ausgesprochene Urteil Licht auf die wahre Bedeutung des Verbots, das heilige Datum des neuen postsowjetischen Kalenders in Frage zu stellen. Dieser war schuldig befunden worden, die These zu vertreten, nach der nicht russische Agenten, sondern litauische Provokateure das Feuer auf die Demonstranten am »Blutsonntag in Vilnius« eröffnet hatten, um damit eine Welle der Empörung, den »Terror der Empörung« zu provozieren, der notwendig sein sollte, um der Sezessionsbewegung die Unterstützung der nationalen und internationalen öffentlichen Meinung und damit den Sieg zu sichern. Wie die <Maidan->Ereignisse in der Ukraine im Februar 2014 gezeigt haben, ist der Einsatz von *agents provocateurs* eine gängige Praxis bei den vom Westen durchgeführten *regime change*-Operationen;[4] in Litauen stellt die Untersuchung

4 Zum Staatsstreich und dem Regimewechsel in der Ukraine siehe unten, S. 221ff. Siehe auch Losurdo (2017, S. 152-163) für den Einsatz von *agents provocateurs* und ebd., S. 90-98 für die Kategorie des »Terrors der Empörung«.

dieser Praxis jedoch eine Straftat dar (Hofbauer 2011, S. 242-247). Antitotalitarismus und Antikommunismus sind jeweils eine staatlich verordnete und gesetzlich geschützte Doktrin; und die Kriminalisierung des Kommunismus geht nicht nur mit der Verfälschung der Geschichte, sondern auch mit der Verletzung der demokratischen Regeln und der Anwendung bestimmter Praktiken (der Inszenierung blutiger Provokationen) und einer *Realpolitik* im Zeichen eines grenzenlosen Zynismus einher.

Aber wird denn zumindest der viel beschworene Grundsatz eingehalten, die beiden Totalitarismen mit gleicher Härte bekämpfen zu wollen? Die Haltung der EU gegenüber dem *regime change*, der sich im Februar 2014 in der Ukraine abspielte, ist dabei entlarvend. Zu den Hauptakteuren des Staatsstreichs gehören politische Kreise, die von einer angesehenen italienischen Tageszeitung wie folgt beschrieben werden: Es handelt sich um Bewegungen, die auf der Straße stark präsent und auch im Parlament gut vertreten sind, deren »Wurzeln jedoch bis in den Zweiten Weltkrieg zurückreichen, als sich ukrainische Nationalisten und Nazis auf der gemeinsamen Grundlage von Antikommunismus und Antisemitismus trafen«; eine Zusammenarbeit, die zu »Massakern« und der Aufstellung einer »SS-Division« führte, der bis heute gehuldigt wird (Valli 2014*). Dank des *regime changes* oder auch Staatsstreichs der von der Europäischen Union (wie auch von den USA) unterstützt, ja gefördert wurde, konnte diese eindeutig neonazistische Bewegung zu einer wichtigen Kraft in der neuen Regierung werden.

Das Mindeste, was man sagen kann, ist, dass die beiden totalitären Ungeheuer gerade nicht gleichbehandelt werden. Die im Zuge der neoliberalen und neokolonialistischen Offensive bekräftigte antitotalitäre Staatsdoktrin zielt in erster Linie darauf ab, die kommunistischen Ideen zu bekämpfen – und damit die Bewegung, die den Kampf für den Sozialstaat und gegen die Kolonialherrschaft inspiriert und genährt hat. Diejenigen, die diesen Kampf wieder aufnehmen wollen, kommen nicht umhin, sich auf den Kommunismus zu berufen; aber ist es auf moralischer und politischer Ebene legitim, das kritische Erbe einer Bewegung zu beanspruchen, die durch einen

Antitotalitarismus kriminalisiert wird, der heute zu einer Staatsdoktrin geworden ist?

In der islamischen Welt, die dem Fundamentalismus am stärksten ausgesetzt ist, werden Normen und Verurteilungen wegen Apostasie und Blasphemie verhängt. Der Westen nimmt eine spöttische und geringschätzige Haltung gegenüber diesem Phänomen ein, ist sich aber nicht bewusst, dass er die so eloquent verurteilten Praktiken selbst nachahmt!

1. Kapitel

Der Kommunismus als »auf den Kopf gestellte Utopie«?

»Antitotalitarismus« und Selbstabsolution des liberalen Westens

Die antitotalitäre Doktrin wird tendenziell zu einem Zeitpunkt gesetzlich verankert, zu dem auf wissenschaftlicher Ebene »die Abnutzung des totalitären Paradigmas immer deutlicher wird« (Panaccione 2006, S. 369*). So sind namhafte Historiker verschiedener Richtungen gezwungen, eine solche Abnutzung schon bei der konkreten Wirklichkeit der Forschung zu registrieren. Die gängige Totalitarismustheorie fabuliert von einer liberal-demokratischen Gesellschaft, die sich in einem Rechtsstaat entwickelt hat, dann aber plötzlich und auf mysteriöse Weise zuerst vom totalitären sowjetischen und dann vom totalitären nationalsozialistischen Ungeheuer angegriffen wurde, wobei beide während ihrer gesamten Existenz durch eine terroristische und alles durchdringende Diktatur gekennzeichnet waren, und beide schließlich besiegt wurden, diese 1945 und jene 1991. Wie weit ist dieses erbauliche Märchen von der historischen Realität entfernt!

Heutzutage wird in erster Linie die Datierung in Frage gestellt. Die Kategorie des »Totalitarismus«, die an sich schon problematisch und von »streng begrenztem Wert« ist, kann auf keinen Fall »auf poststalinistische kommunistische Systeme« angewandt werden. So, »[wird] jeder Versuch dieser Art [...] schnell in Irrelevanz, wenn nicht gar in völliger Absurdität münden« (Kershaw 1995, S. 66*). Stalin starb 1953, und die Sowjetunion und die sozialistisch orientierten Länder Osteuropas existierten noch mehr als drei oder fast vier Jahrzehnte.

Ganz zu schweigen von der Tatsache, dass in Asien und Lateinamerika Länder, die von kommunistischen Parteien geführt werden, ihre Vitalität auch heute noch unter Beweis stellen oder sich mehr denn je als sehr lebendig erweisen. Schon aus diesem Grund ist der Anspruch, die Geschichte des Kommunismus insgesamt als Synonym für Totalitarismus abzutun, – um es mit den Worten des bereits zitierten bedeutenden britischen Historikers zu sagen – »blanker Unsinn«.

Wir fragen uns nun: Wann begann wohl die Geißel des Totalitarismus in Russland zu wüten? In einem Buch, das sich »Stalin an der Macht« widmet, vergleicht ein anderer bedeutender westlicher Historiker den sowjetischen Führer nicht nur mit Peter dem Großen (beide waren entschlossen, ein Land zu modernisieren und zu europäisieren, das weitgehend rückständig und daher der Gefahr einer Aggression ausgesetzt war); er beginnt seine Untersuchung mit einer Analyse jenes Moskaus, das zwei Jahrhunderte lang von den Mongolen unterjocht wurde und sich in einer geopolitischen Situation ständiger Unsicherheit befand: Auf diesem Terrain und in dieser geopolitischen Situation wurzeln die Autokratie und der »politische Absolutismus«, die die Geschichte Russlands insgesamt kennzeichnen (Tucker 1990, S. 16*).

Es handelt sich hier nicht um eine isolierte Stellungnahme. Noch bedeutsamer ist die eines US-amerikanischen Intellektuellen, der durch sein unermüdliches Anprangern des sowjetisch-kommunistischen totalitären Monstrums berühmt wurde. Doch wenn die Logik der historischen Forschung die Oberhand gewinnt, kommt er zu Schlussfolgerungen, die im krassen Gegensatz zu seiner erklärten Ideologie stehen. Die Artikel des russischen Strafgesetzbuchs von 1845 stellen »für den Totalitarismus bereits das dar, was die Magna Charta für die Freiheit gewesen ist«. Dementsprechend fährt er fort: »Anfang des 20. Jahrhunderts begann die zaristische Regierung versuchsweise mit einer Politik, die die Grenzen des Polizeistaats überschritt und in das noch finsterere Reich des Totalitarismus eintrat [...]. Alles wird politisiert und alles wird unter Kontrolle gebracht«. Der Totalitarismus in Russland entspringt nicht »den Ideen eines

Rousseau, eines Hegel oder eines Marx« (Pipes 1992, S. 422, 445 und 427*). Dies ist ein selbst für den hier zitierten Intellektuellen unerwartetes Ergebnis: Um die von ihm aufgezeigte Geißel zu verstehen, muss man nicht von der Oktoberrevolution ausgehen, sondern von dem durch sie gestürzten alten Regime.

Zu demselben unerwarteten Ergebnis kommen, wenn auch auf unterschiedlichem Wege, andere angesehene Wissenschaftler mit derselben ideologischen und politischen Ausrichtung. In einem Buch, das die Geschichte des Kommunismus als Ganzes anklagt (oder kriminalisiert), räumt François Furet (1995, S. 98*) ein: »Die Kanonen des August 1914 haben im wahrsten und im metaphorischen Sinne des Wortes die Freiheit im Namen des Vaterlandes zu Grabe getragen«. Diese Ansicht vertritt sogar einer der Herausgeber des *Schwarzbuchs des Kommunismus*: Er lädt dazu ein, die »›Matrix des Stalinismus nicht aus den Augen zu verlieren, die die Periode des Ersten Weltkrieges, der Revolutionen von 1917 und der Bürgerkriege insgesamt umfasste« (Werth 2007, S. XIV*). Die Geißel des Stalinschen Totalitarismus hatte also mit dem Krieg zu wüten begonnen, gegen den sich die Oktoberrevolution und Stalin selbst erhoben hatten.

Nunmehr ist klar: Lange Zeit haben sehr unterschiedliche Autoren auf den Ersten Weltkrieg als Ausgangspunkt der Tragödie des 20. Jahrhunderts verwiesen und tun dies manchmal noch heute. Während das Gemetzel wütete, stellte Max Weber (1968, S. 276) 1917 fest, dass in allen Ländern, die in den gigantischen Konflikt verwickelt waren, selbst in jenen mit einer gefestigten liberalen Tradition, dem Staat »eine ›legitime‹ Macht über Leben, Tod und Freiheit« der Individuen und die »schrankenloseste Verfügung über alle ihm zugänglichen Wirtschaftsgüter« zugestanden wurde. Die Oktoberrevolution war noch nicht ausgebrochen, und Hitler war noch ein notorischer Unbekannter, und doch war, wenn auch nicht *expressis verbis*, die Realität des totalen oder totalitären Staates bereits aufgetaucht. Etwa zwanzig Jahre später betonte ein französischer Autor, den der Herausgeber eines seiner posthum erschienenen Bücher zu Recht als »bis auf die Knochen liberal« bezeichnete (Bouglé 1938, S. 8*), eindringlich: Um das sich ausbreitende »totalitäre Regime« oder die »Ära der Tyranneien« zu verstehen, müsse man bei 1914 beginnen. Demnach hatte das »neue Jahrhundert«, das man später das »kurze Jahrhundert« nennen würde, seinen Anfang mit der »Ausrufung des Belagerungszustands in den großen kriegführenden Nationen des Westens« am Ende jenes Jahres genommen. Daraus ging die totale Kontrolle des Staates, nicht nur über das wirtschaftliche und politische Leben, hervor. Nein, es ist etwas noch Beunruhigenderes geschehen, nämlich die »Verstaatlichung des Denkens«. Sie hatte zwei Formen angenommen: »eine negative, mit der Unterdrückung jeder Möglichkeit, eine Meinung zu äußern, die als schädlich für das nationale Interesse beurteilt wurde; die andere positive, durch das, was wir die Organisierung der Begeisterung nennen könnten« (Halévy 1938, S. 225, 244 und 214*).

Es ist dieser tragische Prolog, der den liberalen Westen und die Verantwortlichen für das Massaker schwer belastet und den die aktuelle Totalitarismustheorie zu beseitigen versucht. Umso mehr begreift man, wie quälend jene Gedanken der herrschenden Ideologie sein müssen, angesichts der Tatsache, dass es die sozialistische und kommunistische Bewegung war, die die erste scharfe Kritik an dem aus dem Ersten Weltkrieg resultierenden Totalitarismus formulierte. Noch vor dem Ausbruch des Krieges, aber als bereits die »in geometrischer Progression steigenden Heereskosten« offensichtlich waren, warnte Engels vor der »unerhörten Greuelhaftigkeit« und dem »absolut unberechenbaren Ausgang«, die sich am Horizont abzeichneten (MEW 22, S. 517). Als Folge der kolonialen »Eroberungskonkurrenz« der großen kapitalistischen Mächte sowie des »Klassenkampfes« war ein noch nie dagewesenes und ausgesprochen monströses politisches Regime im Entstehen begriffen, eine Art gefräßiges Ungeheuer, das »die ganze Gesellschaft und selbst den Staat zu verschlingen droht« (ebd., 21, S. 166). Nach dem Kriegsausbruch wurde die Kritik an dieser Herrschaftsform ein wesentliches Element der ideologischen Vorbereitung der Oktoberrevolution. Unmittelbar vor dem Krieg prangerte Lenin in *Staat und Revolution* die verhängnisvollen Folgen des Krieges für die politische Ordnung an: An der

Front wurde eine Macht auf Leben und Tod über die gesamte waffenfähige männliche Bevölkerung ausgeübt; im »Hinterland« wurden sogar »die fortgeschrittenen Länder« (die mit liberaler Tradition) »in Militärzuchthäuser für die Arbeiter« verwandelt, die ihrerseits der Kriegsdisziplin unterworfen wurden. Insgesamt wurde die »Knechtung« durch den »Staat« immer »ungeheuerlicher«. Es waren vor allem die »werktätigen Massen«, die darunter litten, aber nicht nur sie: Es war die Gesellschaft als Ganzes, deren Kräfte von einer Art despotischem und blutrünstigem Moloch verschlungen wurden (LW 25, S. 395 und 403).

Insbesondere Nikolai Bucharin (1984, S. 130-143 und 145*, siehe Mosse 1975) entwickelte eine eingehende Analyse des aus dem Krieg hervorgehenden Herrschaftssystems. Er sieht einen »neuen Leviathan am Horizont auftauchen, gegen den die Phantasie von Thomas Hobbes wie ein Kinderspiel wirkt«. Dieser kontrolliert nicht nur die Produktion und die Arbeitskraft, die in mehr oder weniger sklavenhafte Verhältnisse gezwungen wird. Der qualitative Sprung geht weit über den rein politischen und wirtschaftlichen Bereich hinaus: »Philosophie, Medizin, Religion und Ethik, Chemie und Bakteriologie – alles ist ›mobilisiert‹ und ›militarisiert‹ worden, genau wie die Industrie und das Finanzwesen«. Die technologische Entwicklung dient nur noch dazu, die Massenproduktion von Tod und eine »schreckliche Leichenfabrik« zu nähren. Zweifellos handelt es sich hier um eine erste Analyse des Totalitarismus, auch wenn der Begriff noch nicht auftaucht. Bucharin hat auch das Phänomen, das später als »Nationalisierung der Massen« bezeichnet werden sollte, hellsichtig erfasst, als er die zahllosen Vereinigungen gewissenhaft aufzählte, die sich kapillar in der Gesellschaft (z. B. in der französischen Gesellschaft) verzweigten und sie zur einhelligen Unterstützung der kolonialen Expansion und der Militärpolitik organisierten und sie einer strengen Disziplin unterwarfen.[1] Man könnte sagen, dass dieser Super-Leviathan schließlich auch in dem Staat Gestalt annahm, dessen führendes Mitglied und späteres Opfer Bucharin war; es bleibt

1 Zur »Nationalisierung der Massen« siehe Mosse (1975*).

jedoch die Tatsache, dass die erste tiefgreifende kritische Analyse des totalitären Phänomens von der kommunistischen Bewegung aus dem Kampf gegen den Krieg heraus entwickelt wurde.

Es ist die Bestätigung dafür, dass wir hier ansetzen müssen, wenn wir über den Ursprung des Begriffs »Totalitarismus« nachdenken. Dahinter verbirgt sich ein Adjektiv, das seit 1914 obsessiv benutzt wird. Man fordert die »*totale* Mobilmachung« und einige Jahre später den »*totalen* Krieg« und sogar die »*totale* Politik«, die allein den Sieg im »*totalen* Krieg« sichern kann (Ludendorff 1935, S. 35 und passim).[2] Vom Adjektiv wechseln wir dann zum Substantiv »*Totalismus*« über: Zwei Jahre nach der Oktoberrevolution und unmittelbar nach dem gerade beendeten gigantischen Konflikt wurde in Deutschland ein Buch veröffentlicht, das den »*revolutionären Totalismus*« (Paquet 1919, S. 111)[3] kritisierte; das hier verwendete qualifizierende Adjektiv dient dazu, den »revolutionären Totalismus« von dem zu unterscheiden, was wir »Kriegstotalismus« nennen könnten. In der Folge weicht der »Totalismus« dem »Totalitarismus«.

Von der Beschwörung und Umsetzung der »totalen Mobilmachung«, des »totalen Krieges« und der »totalen Politik« muss jedenfalls ausgegangen werden. Es ist interessant, dass in unseren Tagen ein US-amerikanischer Wissenschaftler, ein Professor an einer Militärakademie, bei der Beschreibung dessen, was gemeinhin als sowjetischer »Totalitarismus« bezeichnet wird, auf die Kategorie des »Kriegsführungsstaates« zurückgreift, eines Staates, der in Erwartung eines Krieges, und zwar eines mehr oder weniger totalen Krieges, errichtet wurde: »Der sowjetische ›Kriegsführungsstaat‹ und der Stalinismus sind im Wesentlichen ein und dasselbe«; und ihre Entstehung und Durchsetzung erklären sich nicht aus ideologischen sondern aus rationalen Motiven, und zwar aus der Rationalität des Krieges (Schneider 1994, S. 2-5*).

---

2 Das Motiv der totalen Mobilmachung bezieht sich natürlich vor allem auf Ernst Jünger und seinen 1930 veröffentlichten Text (Die totale Mobilmachung).

3 Auf Paquet und seine Verwendung der Kategorie »Totalismus« machte Ernst Nolte (1987, S. 563) aufmerksam.

In principio erat bellum![4] Im Gegensatz zur kommunistischen Bewegung, die sich gerade im Zuge des Kampfes gegen ihn formierte, waren es die Großmächte der kapitalistischen und liberal-demokratischen Welt, die als Förderer und Protagonisten des Ersten Weltkriegs auftraten. Zu diesen gehörte auch das wilhelminische Deutschland, das ebenfalls »von im Wesentlichen demokratischen Institutionen regiert wurde« (Kissinger 2011, S. 425f.*) und das gewiss nicht weniger demokratisch war als die USA, wo (insbesondere im Süden) zum Schaden der Schwarzen das Regime der terroristischen weißen Vorherrschaft mehr denn je wütete. Von Churchill enthusiastisch begrüßt (»Der Krieg ist das größte Spiel der Weltgeschichte. Wir spielen um die höchsten Einsätze«; der Krieg ist »einziger Sinn und Ziel unseres Lebens«; in Schmid 1974, S. 48f.), wurde das schreckliche Gemetzel auch nach seinem Ende weiterhin in spiritualistischen, ja sogar religiösen Begriffen verklärt. Unmittelbar nach der Unterzeichnung des Waffenstillstands schrieb Herbert Hoover, ein hochrangiges Mitglied der US-Regierung und späterer Präsident, dem soeben beendeten Konflikt eine Funktion der »Läuterung der Menschen« und damit der Vorbereitung »einer neuen goldenen Epoche« zu: »Wir sind stolz darauf, an dieser Wiedergeburt der Menschheit beteiligt zu sein« (Rothbard 1974, S. 89).[5] Nachdem ein berühmter liberaler Philosoph, und zwar Benedetto Croce, den Krieg bei seinem Ausbruch als Vorbote einer »Erneuerung des gegenwärtigen sozialen Lebens« begrüßt hatte, rühmte er ihn auch noch 1928 als »Schmelzofen«[6] des Volkes und folglich als Instrument zur Überwindung des Klassenkampfes, und dies, als bereits klar war, dass Erbe und Nutznießer dieser Rhetorik der Faschismus geworden war. Stattdessen war die Ironie des Kommunisten Antonio Gramsci (1987, S. 244f.*) beißend:

> »Fünf Jahre der Reinigung, der Erneuerung, des Martyriums, eine halbe Million junger Menschenleben zerstört, eine weitere halbe Million junger Menschenleben ruiniert, das Land auf einen wi-

4 Am Anfang war der Krieg! (A. d. Ü.)

5 Vgl. Losurdo 2012a, S. 20.

6 Über Croce vgl. Losurdo 1995, S. 6-10; (A. d. Hg.)

derwärtigen Haufen von Abenteurern, Händlern, unverantwortlichen Rasenden reduziert, das nationale Erbe für immer verpfändet […]«.

Der US-amerikanische Historiker Fritz Stern definierte den Ersten Weltkrieg wie folgt: Er ist »die erste Katastrophe des 20. Jahrhunderts, der Große Krieg, aus dem sich alle folgenden Katastrophen ergaben« (in Clark 2013, S. 9). Diese »erste Katastrophe« und die von ihr hervorgerufene »Gewohnheit der absoluten Gewalt« (Furet 1995, S. 100*) zu ignorieren oder auszublenden und die Geschichte des Totalitarismus mit der Oktoberrevolution oder Stalins Machtübernahme in Sowjetrussland beginnen zu lassen, hat wenig mit der eigentlichen historischen Forschung zu tun: Wir haben es vielmehr mit einem Ritus der Selbstabsolution des kapitalistischen und liberalen Westens zu tun.

Kommunismus: das »unaussprechliche Wort«?

Nachdem wir uns nun einmal der vorgefassten ideologisch-rechtlichen Meinungen entledigt haben, welche mit der Doktrin des antitotalitären Staates begründet wurden, können wir nun diejenige Kritik am Kommunismus analysieren, die einen wissenschaftlicheren Charakter aufweist. Bevor wir uns jedoch auf dieses neue Terrain begeben, sollten wir uns zunächst mit einem Problem allgemeinerer Art befassen. Ist der Verweis auf diese politische Tradition überhaupt noch glaubwürdig? Im Oktober 2008 machte die Erklärung des damaligen Parteisekretärs einer Partei mit kommunistischer Orientierung, Fausto Bertinotti, dass der Kommunismus aufgrund seiner Geschichte ein »unaussprechliches Wort« sei, einigen Eindruck. Werfen wir also einen Blick auf das Lexikon der heutigen politischen Debatte: Gibt es Wörter, die »sagbarer« sind?

Auf den ersten Blick scheint es weniger kompromittierend, sich auf den »Sozialismus« zu berufen, dem die liberalen Sozialisten selbst Anerkennung gezollt haben. Auf diesen Begriff wirft bedauerlicherweise ein historischer Umstand einen äußerst dunklen Schatten, der nicht zu beseitigen ist: »sozialistisch« nannte sich auch Hitlers Partei, die Nationalsozialistische Deutsche Arbeiterpartei. Es war der »Sozialismus des guten Blutes«, der vor allem von Himmler theoretisiert wurde: Dieser ermöglichte es den deutschen Proletariern, Eigentümer des Landes zu werden, das den Slawen entrissen wurde, die zur Deportation und Dezimierung, beziehungsweise als Überlebende zur Sklavenarbeit im Dienste derer verurteilt waren, in deren Adern »gutes Blut« floss (in Aly 2005, S. 28f.). Und hier handelt es sich nicht nur um den Nazismus. In den Jahren unmittelbar nach dem Ersten Weltkrieg war es ein glühender Chauvinist, der sich zum »Sozialismus« bekannte, wenn auch zum »preußischen Sozialismus«, ein Chauvinist, der von dem gerade beendeten Gemetzel überhaupt nicht beeindruckt war. Der kurze Text, eine Art Manifest des »preußischen Sozialismus«, schloss mit den unmissverständlichen Worten: »Wir sind Sozialisten. Wir wollen es nicht umsonst gewesen sein« (Spengler 1921, S. 99). Einige Jahre zuvor, nur wenige Monate nach Beginn des Krieges (in den Italien noch nicht verwickelt war), hatte Croce (1950, S. 22*) in ähnlicher Weise seine Wertschätzung und Sympathie für den »Sozialismus von Staat und Nation« und die »eiserne Disziplin« des Krieges zum Ausdruck gebracht, die vom wilhelminischen Deutschland und der deutschen Sozialdemokratie umgesetzt wurden. Selbst wenn man von der Verwicklung der klassischen sozialistischen Parteien in den Ersten Weltkrieg und die Kolonialkriege absehen würde, ist »Sozialismus« wirklich ein weniger »unaussprechliches« Wort als »Kommunismus«?

Wenden wir uns nun den Begriffen zu, die die vorherrschende Ideologie artikulieren und die stets mit einem lebhaften positiven Werturteil belegt sind. Heutzutage ist die Hommage an die »Demokratie« Pflicht, aber wie hieß die Partei, die sich bis zuletzt in den USA gegen die Abschaffung der Sklaverei ausgesprochen hat? Es war die Partei, die sich selbst als »demokratisch« bezeichnete und die auch wirklich davon überzeugt war, es zu sein. Und wie hieß die Partei, die sich nach der formellen Abschaffung der Einrichtung der Sklaverei umso mehr dafür eingesetzt hat, die wirkliche Emanzipation der Afroamerikaner zu blockieren und stattdessen das terroristische Regime der *white supremacy* zu unterstützen? Schwarze waren oft Opfer von Lynchjustiz, die für den zum Tode Verurteilten eine langsame und endlose Folter bedeuteten und die wie Massenspektakel organisiert wurden; das alles geschah unter der geschickten Regie der Regierungspartei, um genauer zu sein, der »Demokratischen« Partei. Und um uns der Gegenwart zuzuwenden, wie viele Kriege wurden und werden heute noch im Namen der »Demokratie« und ihrer Verbreitung entfesselt? Wäre er mit der Geschichte einigermaßen vertraut, hätte Bertinotti ohne Weiteres erkennen können, dass der »Kommunismus« ebenso wenig »unaussprechlich« ist wie der »Sozialismus« oder die »Demokratie«.

Es bleibt noch, den Begriff zu prüfen, der vielleicht mehr als jeder andere die höchsten Weihen der herrschenden Ordnung und Macht auch auf internationaler Ebene erlangt hat: der Liberalismus. Wer jedoch denkt, es zumindest in diesem Fall mit einer mehr oder weniger unbefleckten Geschichte zu tun zu haben, täte gut daran, über einen scheinbar unbedeutenden Vorfall nachzudenken, der sich in Deutschland Ende des 19. Jahrhunderts ereignet hatte. 1888 veröffentlichte die von Karl Kautsky geleitete Zeitschrift *Die neue Zeit* einen Aufsatz von Paul Lafargue über Victor Hugo und das französische kulturelle und politische Leben. Aber hier interessiert uns weder das Thema noch der Autor. Im Originaltext taucht an einer bestimmten Stelle »*libéralisme*« auf, was der deutsche Übersetzer mit »*bürgerliche Demokratie*« wiedergibt und dann in der Anmerkung erklärt: »Der Autor verwendet den Begriff »libéralisme«. Da aber in Deutschland der Liberalismus zum Lakai des Cäsarismus, des Antisemitismus und der Junker geworden ist, erscheint uns eine Übersetzung mit »bürgerliche Demokratie« angemessener als eine wörtliche Übersetzung« (Lafargue 1888, S. 263 Anmerkung). Sicher ist dies nur eine kleine Episode, aber sie scheint doch ziemlich symptomatisch!

Es ist das Symptom einer Geschichte, die bis zu dem Punkt ignoriert und verdrängt wird, dass ein Autor wie John C. Calhoun, der noch in der Mitte des 19. Jahrhunderts die Sklaverei als »positives Gut« (1992, S. 474*) propagierte, in den USA immer noch zu den »Liberty Classics«, den Klassikern der Freiheit, gezählt und veröffentlicht wird. Und die gleiche Ehre wird John E. E. D. Acton zuteil, Verfechter der Sache des Sklavenhaltersüdens während des Sezessionskrieges. Unter Berücksichtigung dieser ignorierten und verdrängten Geschichte ist das am meisten unaussprechliche Wort: »Liberalismus«. Die beiden goldenen Jahrhunderte dieser politischen Bewegung (18. und 19. Jahrhundert) zeugen sowohl von einer prächtigen Entwicklung der Versklavung der Schwarzen in den klassischen Ländern der liberalen Tradition als auch davon, dass diese in den USA eine ganz besonders brutale Gestalt annahm: Frei von jeder politischen und moralischen Bindung und von jeder Einmischung durch Staat und Kirche kann das Privateigentum, einschließlich des Privateigentums an Menschenvieh oder an Sklaven, absolute Macht ausüben und eine vollständige Entmenschlichung und Verdinglichung des Sklaven vollziehen, bis dahin, dass einzelne Mitglieder seiner Familie wie jede andere Ware separat auf dem Markt verkauft werden können. Aus diesem Grund ist in den Augen des britischen Abolitionisten John Wesley die »amerikanische Sklaverei« »die niederträchtigste, die es je auf der Erde gegeben hat« (Wilberforce 1838, Bd. I, S. 297).[7] Um die Geschichte des Liberalismus zu vervollständigen, halte man sich vor Augen, dass zwischen dem Ende des 19. und dem Beginn des 20. Jahrhunderts gerade in dem Land, das sich anschickte, sich an die Spitze des liberalen Westens zu stellen, man in Bezug auf die Indianer und die Afroamerikaner äußerst unheilvolle Parolen zu vernehmen begann: Es wurde die »endgültige und vollständige Lösung« oder »Endlösung« der indianischen bzw. schwarzen Frage gefordert. Und tatsächlich wurden in dieser Zeit die Indianer in den USA und innerhalb des britischen Empire die Ureinwohner Australiens und Neuseelands weitgehend vom Erdboden getilgt.[8] Und dennoch wird das heute führende Land des liberalen Westens weiterhin als die erste liberale Demokratie in der Geschichte gerühmt!

---

7 Quellenangabe durch Ü. hinzugefügt.

8 Vgl. Losurdo (2011a, S. 9-17; S. 177-179) für Calhoun und Acton; ebd., S. 53 für Wesley; ebd., S. 421ff. für die Einstellung gegenüber Indianern, Afroamerikanern und Aborigines.

Selbst die Namen der Bewegungen und die Bewegungen, die von sich selbst behaupten, sich zur Ablehnung von Macht und Gewalt zu bekennen, erweisen sich als alles andere als makellos, wenn sie einer konkreten historischen Analyse unterzogen werden. »Gewaltlosigkeit«? Es ist Gandhi selbst, der stolz erklärt, dass er während des Ersten Weltkrieges die Rolle des »Hauptrekrutierers« im Dienste der britischen Armee gespielt hat (Gandhi 1969-2001, Bd. 17, S. 12*). Zur »ersten Katastrophe des zwanzigsten Jahrhunderts, der Katastrophe, aus der alle anderen Unglücke hervorgingen«, trug er nicht unerheblich bei, indem er an sein Volk folgende Worte richtete: es ist notwendig, »willige und unzweideutige Hilfe dem Empire zu leisten«; Indien muss bereit sein, »alle körperlich dazu fähigen Söhne dem Empire in seiner kritischen Stunde als Opfer«, »alle tauglichen Söhne als Opfer für das Empire in diesem kritischen Augenblick« anzubieten; »Wir (müssen) dem Empire jeden verfügbaren Mann zu seiner Verteidigung geben« (ders. 2009, S. 375f.).[9] Der Mutter aller Katastrophen versagte auch ein führender Vertreter des Anarchismus seinen Beitrag nicht, wenn auch in bescheidenerem Maße als der indische Führer. Es war Pjotr A. Kropotkin, der sich bei Ausbruch des Krieges auf die Seite des zaristischen Russlands stellte. Andererseits werden wir erleben, wie die Bewegung, die das Banner der Auflösung nicht nur des Staates, sondern der Macht als solcher schwingt, während des Spanischen Bürgerkriegs eine brutale Macht über Leben und Tod in großem Maßstab ausübt und damit für eines der tragischsten Kapitel der Geschichte des 20. Jahrhunderts verantwortlich ist.[10]

Bei genauem Hinsehen ist das seinerzeit von Bertinotti zum Ausdruck gebrachte Entsetzen über das Wort »Kommunismus« lediglich Ausdruck der Unterordnung unter die von der herrschenden Ideologie gezogene historische Bilanz des 20. Jahrhunderts. Um dies zu verdeutlichen, lohnt es sich, etwas weiter zurückzugehen. In den 1830er Jahren besuchten zwei berühmte französische Persönlichkeiten unabhängig voneinander die Vereinigten Staaten von Amerika. Es han-

9 Vgl. Losurdo 2015, S. 36-39.

10 Vgl. unten Kapitel 3, *Rückkehr zum utopischen Sozialismus.*

delt sich um Alexis de Tocqueville und Victor Schoelcher. Ersterer ist allgemein bekannt, Letzterer verdiente einen größeren Bekanntheitsgrad, als ihm bislang zuteil wurde. Nach der Februarrevolution 1848 spielt er eine herausragende Rolle bei der endgültigen Abschaffung der Sklaverei in den französischen Kolonien.

Die beiden hier angeführten Persönlichkeiten analysieren die gleiche Realität im gleichen Zeitraum, kommen aber zu völlig gegensätzlichen Schlussfolgerungen. Und doch geben beide ein Beispiel für intellektuelle Redlichkeit: Sie verweisen einerseits auf Rechtsstaatlichkeit und Demokratie innerhalb der weißen Gemeinschaft und andererseits auf die Versklavung der Schwarzen und die Dezimierung der amerikanischen Ureinwohner. Tocqueville (1836), der sich auf den ersten Aspekt konzentriert, rühmt jedoch bereits im Titel seines Buches *Über die Demokratie in Amerika*; Schoelcher (1998) hingegen prangert, unter Berufung auf das Schicksal der Völker kolonialer Herkunft, vehement den grausamen Despotismus in den Vereinigten Staaten an. Wer von den beiden miteinander verglichenen Autoren hat recht? Man könnte sagen, dass beide falsch liegen: An anderer Stelle sprach ich mit Blick auf die USA jener Zeit von »Demokratie für das Herrenvolk« und stellte damit sowohl die Kategorie der Demokratie als solche als auch die Kategorie der Despotie in Frage.[11] Man könnte jedoch hinzufügen, dass Tocquevilles Irrtum schwerwiegender ist, vor allem wenn man sich den Gegensatz vor Augen hält, den er herstellte zwischen der Freiheitsliebe der nordamerikanischen Republik einerseits (trotz ihrer Verbindung zur Institution der Sklaverei, die in einem großen Teil des amerikanischen Kontinents bereits abgeschafft war) und der Taubheit gegenüber dem Wert der Freiheit andererseits, die er Frankreich vorwarf (das durch die Jakobiner ebenfalls Protagonist im Kampf um die Abschaffung der Sklaverei in den Kolonien war).

Wenden wir uns nun dem 20. Jahrhundert zu und stellen wir uns die Welt als Ganzes vor, wie Tocqueville *redivivus* und Schoelcher *redivivus* sie besucht und analysiert haben. Ersterer hätte, wenn er

---

11 Vgl. Losurdo 2011a, S. 135-142.

sich auf die kapitalistischen Zentren konzentriert und sie mit den sozialistischen Ländern oder den jungen Nationalstaaten verglichen hätte, keine Schwierigkeiten gehabt, das bessere Funktionieren der Regierung und der repräsentativen Institutionen in den USA und in Westeuropa festzustellen und zu betonen. Der Zweite hätte, sein Auge insbesondere auf die Kolonien und auf die ehemaligen Kolonien richtend, darauf beharrt, dass die kolonialen Massaker, die grausamen Militärdiktaturen in Amerika oder in einem asiatischen Land wie Indonesien nach wie vor bestehen. Und vielleicht wäre Schoelcher nicht entgangen, dass selbst in den Vereinigten Staaten die Völker, die gegen Unterdrückung und Diskriminierung kämpften, Hilfe, Inspiration und Ermutigung suchten, indem sie den Blick auf Moskau oder Peking richteten.

Historisch segelte Hannah Arendt im Kielwasser von Tocqueville *redivivus*, als sie Ende 1967 die radikalsten Vertreter der Antivietnamkriegsbewegung kritisierte, indem sie erklärte: »Bis jetzt hat es hier keine Folter gegeben, keine Konzentrationslager, keinen Terror« (in Young-Bruehl 1990, S. 468*). Stattdessen waren die geistigen Anhänger von Schoelcher *redivivus* jene Aktivisten, die sich, so gut es ging, bemühten, die Philosophin darauf hinzuweisen, dass, auch wenn »Folter«, »Konzentrationslager« und »Terror« nicht in den Vereinigten Staaten angekommen waren, sie doch in Vietnam ausgebrochen waren, und zwar dank der Politik Washingtons.

Der Sieg, den der Westen am Ende des Kalten Krieges errungen hatte, war auch der Sieg von Tocqueville *redivivus*. Und dennoch … Nachdem Russland zum Kapitalismus konvertiert war, wozu es vom Westen angehalten und genötigt wurde, wurde es ab 1989 von einer Welle wilder Privatisierungen von oft krimineller Natur heimgesucht: Daher rührte eine drastische Polarisierung, ein dramatischer Rückgang des Lebensstandards für die Massen und das, was ein berühmter Politikwissenschaftler (Maurice Duverger 1993) als »Genozid an den Alten« bezeichnet hat. Anders die kommunistische Partei, die in dem großen asiatischen Land an der Macht war, welcher ein in der Geschichte einzigartiges Vorhaben gelang, nämlich die Befreiung von »mehr als 600 Millionen Menschen« bzw. (nach anderen

Berechnungen) »660 Millionen Menschen« aus dem Elend, indem sie die Konversion zum liberalen Kapitalismus ablehnte und an der Perspektive des »Sozialismus mit chinesischer Prägung« festhielt.[12]

Wie man sieht, gibt es wahrlich keinen Grund, das Wort »Kommunismus« als »unaussprechlich« zu bezeichnen. Ganz im Gegenteil… In den ersten Jahrzehnten des zwanzigsten Jahrhunderts bemerkte ein großer liberaler oder liberal-konservativer Autor: »Die orthodoxen Ökonomen«, die zur »Bekämpfung des Sozialismus« bisweilen

> »versucht haben, zu beweisen, dass das Privateigentum an Grund und Boden und an Kapital für das gesellschaftliche Zusammenleben nicht nur unentbehrlich oder lebensnotwendig ist, sondern auch dem absoluten Gebot der Moral und der Gerechtigkeit entspricht, hierin den heftigsten Gegenangriffen eine offenen Flanke geboten haben; und ihre These, die zu jeder Zeit als schwierig, ja fast aussichtslos hätte gelten können, erreicht in der heutigen Zeit, in der wir alle wissen, auf welche Weise große Vermögen häufig zustande kommen, den Punkt der Absurdität« (Mosca 1953, Bd. I, S. 417f.*).

Gegen Ende des 20. Jahrhunderts fasste die *Financial Times* den wilden Privatisierungsprozess im postsowjetischen Russland, der es einer Handvoll Privilegierter ermöglichte, öffentliches Vermögen buchstäblich zu stehlen, folgendermaßen zusammen: »Der Mehrheit der Öffentlichkeit wurde eine wirkungsvolle Veranschaulichung von Proudhons Maxime gegeben, wonach ›Eigentum Diebstahl ist‹« (in Boffa 1997, S. 71*).

Heutzutage richtet sich, vor allem in den USA, die Bewegung gegen die skrupellosen und räuberischen Spekulationen des Finanzkapitals gegen die *Bankster*; dabei handelt es sich um einen Neologismus, der sich aus der Verschmelzung von *Banker* und *Gangster* ergibt. Oder, mit Bezug insbesondere auf den militärisch-industriellen Komplex und die Profite, die er durch das Anheizen des Wettrüstens und richtiger Kriege angehäuft hat, verurteilt die Protestbewegung

12 Vgl. Losurdo (2016, S. 131) für Schoelcher; ebd., S. 350-364 für Chinas Flucht aus dem verzweifelten Massenelend.

sowohl die »Wall Street« als auch die »War Street«. Um all das zu verurteilen, gibt es da ein besseres Wort als »Kommunismus«?

Als Lenin beschließt, den Namen der russischen revolutionären Arbeiterpartei von »sozialdemokratisch« in »kommunistisch« zu ändern, tut er dies nicht im Hinblick auf die von Marx beschriebene letzte Phase der postkapitalistischen Gesellschaft. Es geht vielmehr darum, sich vom Sozialchauvinismus zu distanzieren, von jenen »Sozialisten«, die – nicht selten mit den Parolen des demokratischen Interventionismus – das Gemetzel des Ersten Weltkriegs legitimiert hatten: Während die Sozialisten der Länder der Entente beabsichtigten, die Demokratie nach Deutschland zu exportieren, waren die deutschen Sozialisten entschlossen, sie ins zaristische Russland zu exportieren, das mit der Entente verbündet war. Unglücklicherweise hat sich die wesentliche und manchmal sogar führende Rolle der »Sozialisten« (und Arbeiterparteien) nicht in der Förderung kolonialer oder neokolonialer Kriege erschöpft: Man denke nur an Tony Blair, einen der Initiatoren des dritten Golfkriegs (auf der Grundlage der falschen Anschuldigung, dass Saddam Hussein im Irak Massenvernichtungswaffen besaß und einzusetzen bereit war) oder an François Hollande, einen der energischsten und rücksichtslosesten Vertreter der neokolonialistischen Gegenoffensive im Nahen Osten und in Afrika. So drängt sich erneut eine Feststellung auf: Um den Kampf gegen diese Manipulationen und Schändlichkeiten zu fördern, gibt es kein besseres Wort als »Kommunismus«!

Die fließenden Grenzen zwischen Utopie und konkretem politischem Projekt

Aber beruht der Kommunismus nicht auf einer unrealistischen und zum Scheitern verurteilten Utopie? Dies sollte sorgfältig überprüft werden, denn es handelt sich um eine zentrale These der Ideologie der Herrschenden. Zunächst ist festzuhalten, dass diese These voraussetzt, dass eine klare Trennlinie zwischen einem realistischen politischen Projekt und einer Utopie besteht. Aber liegen die Dinge wirklich so? Schelling findet im Jahr 1809/10, dass die Ideen, die sich »besonders seit der Französischen Revolution« verbreitet hatten, im

Unrecht seien, wenn sie den »vollkommenen Staat« verwirklichen wollten und dabei vergäßen, »dass der wahre Staat einen Himmel auf Erden voraussetzt und dass die wahre Polytheia nur im Himmel ist« (Schelling 1856-61a, S. 461f.). Was hier als unrealistische Utopie kritisiert wird, ist der liberale und demokratische Staat, d.h. eine politische Ordnung, die heute als selbstverständlich und unverzichtbar gilt. Versetzen wir uns aber in jene Zeit, in der der große Philosoph zu dieser Schlussfolgerung kam, die uns heute so belächelnswert erscheint: Die Ideale von 1789 hatten in keinem Land Kontinentaleuropas einen Durchbruch erreicht, während in Frankreich das *Ancien Régime* zwar gestürzt worden war, aber nur um der militärischen und kriegerischen Diktatur Napoleons Platz zu machen. Und selbst in England war es nicht viel besser:

> »1794 wird die *Habeas Corpus* für acht Jahre ausgesetzt, und Truppen besetzen die meisten Industriegebiete, als wären sie erobertes Gebiet […]. Pitt, der von einem großen Teil der öffentlichen Meinung gestützt wird, verfolgt unerbittlich alle, die liberale Ideen vertreten oder jedenfalls französischen Ideen zuneigen. Unruhen, Aufstände, Streiks oder Meutereien, auch wenn sie durch Not und Leid gerechtfertigt sind, werden gnadenlos niedergeschlagen« (Poursin/Dupuy 1974, S. 61f.*).

In Schellings Augen gab es keinen Zweifel! Die Ideen von 1789 hatten sich als Utopie erwiesen, und in dieser Überzeugung wurde der deutsche Philosoph nach dem europaweiten Scheitern der Revolution von 1848 noch mehr bestärkt: Einen »*Staat des vollendeten Rechts*«, einen »*Vollkommen Staat*« anzustreben, hieße, sich einer »apokalyptischen Schwärmerei« hinzugeben, deren ruinöse Folgen für alle sichtbar seien (Schelling 1856-61b, S. 552).

Auch andere, heute offensichtliche Tatsachen wurden in der Vergangenheit als Utopien abgestempelt. Obwohl er Eigentümer von Sklaven war und sich bemühte, diesen seinen Besitz zu vergrößern, empfand Jefferson mit Blick auf die internationale Mission, die die USA vorgaben zu erfüllen, Unbehagen gegenüber der Institution der Sklaverei und wünschte sich deren Abschaffung, wenn auch erst für eine vage und ferne Zukunft. Aber auf diese Maßnahme hätte die

Deportation der ehemaligen Sklaven nach Afrika folgen müssen. Undenkbar war ein gleichberechtigtes Zusammenleben von Schwarzen und Weißen. Es hätte sonst eine verwegene Missachtung der Natur und der natürlichen Unterschiede bedeutet; die unvermeidliche Folge wäre ein umfassender Krieg zwischen den Rassen mit anschließender Ausrottung der Besiegten gewesen.[13] Auch Lincoln hielt die Idee einer interrassischen Gesellschaft für utopisch, und er pflegte nach dem Ende des Sezessionskriegs eine Zeit lang die Vorstellung, die ehemaligen Sklaven zu deportieren: die Überführung nach Afrika war zu kostspielig, und so dachte man damals an Lateinamerika. Die USA waren jedoch gezwungen, dieses Projekt wegen des Widerstands der lateinamerikanischen Länder aufzugeben.

Vor allem am Ende des 19. Jahrhunderts, mit dem Aufkommen und Wüten des Regimes der *white supremacy*, wurde die Vorstellung einer Gesellschaft des Zusammenlebens und der Rassengleichheit als unrealistische und zerstörerische Utopie gebrandmarkt. Ähnlich argumentierten, neben der gesamten weißen Gemeinschaft der USA, auch einige Besucher aus Europa. Einer von ihnen, der später als deutscher geopolitischer Theoretiker berühmt und umstritten werden sollte, beobachtete, ja stellte fest und musste feststellen, dass in der nordamerikanischen Republik die Realität der »Rassenaristokratie« die fantastischen Projekte zur Verwirklichung des Grundsatzes der »Gleichheit« verdrängt hatte: Weiße und Schwarze voneinander zu trennen und die Erstgenannten in eine Position der Macht und des Privilegs zu bringen, war eine »Colour-line«, starrer und unüberwindbarer als zur Zeit der Sklaverei und so allgegenwärtig und unausweichlich, dass sie sich »selbst durch die Blindeninstitute« zog. So waren auch die »Erziehungsfanatiker« und die Pädagogik gezwungen zu erkennen, dass die menschliche Geschicklichkeit nichts gegen die Natur und ihre unausweichlichen Gesetze ausrichten konnte (Ratzel 1893, S. 282f. und 180f.). Es ist kaum nötig zu erwähnen, dass sich das Bild in unseren Tagen dramatisch verändert hat. Der Traum oder der Albtraum (je nach Sichtweise) einer Gesellschaft, die auf dem

13 Vgl. unten Kapitel 1, *Der neue Mensch, Mythos und Realität.*

Prinzip des Zusammenlebens und der Gleichheit der verschiedenen »Rassen« beruht, wird in einem immer größeren Teil des Planeten Wirklichkeit.

Es ließen sich noch weitere Beispiele für die Umsetzung der Utopie in die Realität oder in ein konkretes politisches Projekt anführen. Man denke nur an die Stellung der Frau und das Verhältnis zwischen Männern und Frauen: Selbst mit seinen fortbestehenden Einschränkungen wäre das Bild, das wir in dieser Hinsicht vor Augen haben, noch vor einigen Jahrzehnten eine fantastische Utopie oder eine abstoßende Dystopie (je nach Sichtweise) gewesen, als es ein weit verbreiteter und fast unerschütterlicher Glaube war, dass die Segregation der Frauen und ihr Ausschluss von politischen Rechten und freier Berufsausübung von der Natur vorgegeben war.

An dieser Stelle sei auf ein Beispiel verwiesen, das aus einem Bereich stammt, der sich erheblich von dem bisher betrachteten unterscheidet. Nicht nur für Malthus, <sondern> für eine ganze Reihe von Autoren seiner Zeit oder nach ihm, ja für das, was jahrhundertelang die vorherrschende Überzeugung war, waren Not und Massenelend ein konstitutives und untrennbares Element des menschlichen Daseins. In den Augen von Tocqueville war unglücklicherweise schon die Februarrevolution von 1848 vom Sozialismus und der sozialistischen Utopie infiziert, da sie stark von »wirtschaftlichen und politischen Theorien« durchdrungen war, die, wie er in seinen Erinnerungen feststellt, »glauben lassen, dass das menschliche Elend das Werk von Gesetzen und nicht von der Vorsehung ist und dass die Armut durch eine Änderung der sozialen Ordnung beseitigt werden kann« (Tocqueville 1951, Bd. XII, S. 92-94 und 84*). Nachdem die Pariser Massen mit eiserner Faust zum Schweigen gebracht worden waren, wiederholte der französische Liberale in einer Rede am 3. April 1852, dass es Wahnsinn und ein Vorbote des Unheils sei, nach einem politischen »Heilmittel gegen dieses erbliche und unheilbare Übel der Armut und der Arbeit« zu suchen (im Zeichen der Entbehrung und der erschöpfenden Arbeit; ebd., Bd. XVI, S. 240*).

Es besteht kein Zweifel daran, dass, vor allem seit der 2008 ausgebrochenen Wirtschaftskrise, die Not auch im Westen auf dramatische Weise und weithin wahrnehmbar ist, aber der Sturz oder Rückfall in diesen Zustand wird von den breiten Massen als unerträgliche Ungerechtigkeit empfunden, auch von denen, die von den Idealen des Sozialismus weit entfernt sind; nach den im 19. und 20. Jahrhundert erreichten politischen und sozialen Errungenschaften und der Entwicklung der Produktivkräfte ist die Beseitigung des Massenelends von der Utopie zu einem konkreten politischen Projekt geworden.

Natur, künstlicher Eingriff, Sozialtechnologie (social engineering)

Bei Friedrich August von Hayek, dem unerbittlichen Kritiker des Kommunismus und, genauer gesagt, des Sozialismus in all seinen Formen und Ausprägungen, wird die Verurteilung der Utopie zur Verurteilung der Sozialtechnologie, oder besser gesagt des »Konstruktivismus«, der *Hybris*, die diejenigen unter Beweis stellten, die sich in fantasievollen und kunstfertigen Projekten radikaler sozialer Transformation ergehen, dabei aber die Grenzen der menschlichen Natur vergäßen. Ja, aber was ist »Natur«, und was ist »künstlicher Eingriff«? Wie aus seiner Verurteilung der sozialen und ökonomischen Rechte, die er auf die Rechnung der Oktoberrevolution setzte, hervorgeht, ist in den Augen des Patriarchen des Neoliberalismus der Anspruch, einen Sozialstaat aufzubauen, gleichbedeutend mit einem willkürlichen Eingriff in natürliche Gegebenheiten und in die menschliche Natur. Auf der Grundlage dieser Tradition konnte ein führender Vertreter der Republikanischen Partei in den USA Ende des letzten Jahrhunderts dem »Wohlfahrtsstaat« vorwerfen, er habe »die menschliche Natur verletzt« (Gingrich 1995*).

Nur ein philosophisch und historisch naives Bewusstsein kann jedoch glauben, dass die unangefochtene Herrschaft des Marktes gleichbedeutend mit spontaner und natürlicher Entwicklung sei. Übernimmt man stattdessen die Lesart eines Autors wie Karl Polanyi, so könnte man den völlig selbstregulierten Markt als Utopie bezeichnen, deren auch nur teilweise Verwirklichung bereits in den kapitalistischen Zentren und mehr noch in den Kolonien oder den peripheren Ländern die Zerstörung von Gemeinschaftsbindungen und der in einer jahrhundertealten Tradition verwurzelten kulturellen und gruppenspezifischen Identitäten und damit die völlige Neugestaltung ganzer Gesellschaften zur Folge hatte. Wenn wir an diesem Punkt unsere Aufmerksamkeit auf das kapitalistische Zentrum konzentrieren, sollten wir uns gewärtig sein, dass im England des Jahres 1834 die Liberalisierung des Arbeitsmarktes und die damit einhergehende Demontage der traditionellen Unterstützung aufgrund der Armengesetze (*poor laws*) mit der weiteren Ausbreitung bzw. Verallgemeinerung der Arbeitshäuser einherging – in der Tat Vorläufer der Konzentrationslager –, in denen die Armen, die Arbeitslosen, die »Landstreicher« auf Grundlage einer einfachen polizeilichen Maßnahme eingesperrt wurden.

Sehr bedeutsam für das Verständnis der Zweideutigkeit der betreffenden Kategorie ist der ideologische Kampf, der sich zur Zeit des Sezessionskrieges in den USA entwickelte. Nun, wer verkörperte in diesem Konflikt die Argumente für eine spontane gesellschaftliche Entwicklung und wer die Argumente für eine repressive Sozialtechnologie? Für die Theoretiker der Sklaverei gab es keinerlei Zweifel. Es genügte, abstrakte Spekulationen zu vermeiden und den Blick auf die Geschichte zu richten: »Die Sklaverei war universaler als die Ehe und dauerhafter als die Freiheit«; die verallgemeinerte Freiheit hingegen stellte »ein begrenztes und neues Experiment« dar; aber »wir wünschen keine neue Welt«. Wie ein namhafter US-Historiker (Eugene D. Genovese 1995a, S. 105; 1995b, S. 13) bemerkte, war die Sklaverei für diese Ideologen eine Art *Common Law*, das die Abolitionisten durch »positive Aktion des Staates« abschaffen wollten, also durch Eingriffe, die die Realität in starre und repressive Schemata zwingen wollten.[14]

Nach dem Ende des Sezessionskriegs, in den Jahren der *Reconstruction*, die nach der Abschaffung der Sklaverei vergeblich versuchte, den Schwarzen politische und bürgerliche Rechte zu verschaffen, waren die Theoretiker der *white supremacy* gleichermaßen unange-

14 Vgl. Losurdo 2007/2009, S. 90.

fochten von Zweifeln. In ihren Augen war der Versuch der Union, Rassengleichheit und Integration von oben durchzusetzen, wobei die Autonomie der Bundesstaaten aufgehoben oder drastisch beschnitten wurde, töricht. Dabei werde auf eine Erziehungsdiktatur zurückgegriffen, um die vermeintlichen rassischen »Vorurteile« der Bevölkerung des Südens hinwegzufegen, und dies im Rahmen eines wahnwitzigen Experiments des *social engineering*, das darauf abzielte, eine jahrhundertealte Tradition auszulöschen und die etablierten Werte und Bräuche der überwältigenden Mehrheit der (weißen) Bevölkerung mit Füßen zu treten, was letztlich eine Verletzung der natürlichen Ordnung selbst bedeute. Noch heute wird *affirmative action* von den rechten Kreisen letztlich als eine Form von Sozialtechnologie abgestempelt. Man kann sich leicht vorstellen, welche Einwände gegen diese ideologische Kampagne erhoben werden. Sollte der Versuch, eine auf Gleichheit und Rassenintegration basierende Gesellschaft zu schaffen, oder nicht eher die Institution der Sklaverei und später die *Apartheid* und die Gesetzgebung gegen Rassenmischung (*miscegenation*) als *social engineering* abgestempelt werden? Wo war die Natur und wo der künstliche Eingriff? Und was die *affirmative action* betrifft, ist sie nicht der Versuch, die Mängel eines Jahrhunderte andauernden *social engineerings* zum Nachteil der Schwarzen zu beheben?

Auf direkte oder indirekte Weise beriefen sich die Theoretiker des Südens auf Edmund Burke, den großen Kritiker des *social engineerings ante litteram*, demzufolge das Ideal der *Égalité*, der Anspruch auf politische Gleichheit, die »natürliche Ordnung der Dinge«, die »natürliche Gesellschaftsordnung« verletze, ja sich der »verwegensten aller Usurpationen« schuldig mache, jener, die die »Prärogative der Natur« oder das »Vorbild der Natur« mit Füßen trete (Burke 1826, S. 69 und 47). Und auf den großen englischen Kritiker der Französischen Revolution bezog sich schließlich direkt oder indirekt auch der Sozialdarwinismus: Einer seiner charakteristischen Züge war die Verurteilung des *social engineerings*, das er in Projekten zur demokratischen Umgestaltung der Beziehungen zwischen Klassen, Nationen oder Rassen zu erkennen glaubte.

Kein Zweifel: Die Kategorien, mit denen man sich einbildet, Marx und Engels und die von ihnen ausgehende Bewegung erledigen zu können, sind rein formal. Aber gerade wegen des formalen Charakters dieser Kategorien haben sich Konservativismus und Reaktion ihrer ständig bedient, um jedes Projekt einer anspruchsvollen sozialen Transformation zu konterkarieren, einschließlich der Abschaffung der feudalen Privilegien in Europa und der Abschaffung der Sklaverei und des Rassenstaates auf der anderen Seite des Atlantiks.

Die Utopie und ihre Verwirklichung

Auch aus einem anderen Grund erweist sich der Vorwurf des Utopismus, der der kommunistischen Bewegung entgegengehalten wird, als weitaus problematischer, als es sich die Gegner der Bewegung vorstellen. Marx beschwört die Entstehung einer Gesellschaft, die durch das Verschwinden der sozialen Klassen gekennzeichnet ist, sobald der Kapitalismus gestürzt ist. Zweifellos ist dies ein sehr ehrgeiziges Ziel. Aber lesen wir einmal Tocqueville (1951, Bd. I.2, S. 40, 12 und 288 Fußnote*). Sein Werk *Über die Demokratie in Amerika* bringt die Idee zum Ausdruck, dass die Kasten verschwinden [*les castes disparaissent*] und die Klassen sich annähern [*les classes se rapprochent*]; mehr noch: »Man kann sagen, es gibt keine Klassen mehr.« Wie wir sehen, besteht der Gegensatz zwischen dem Mitverfasser des *Manifests der Kommunistischen Partei* und dem liberalen Denker nicht in der Hingabe an die Utopie auf der einen und dem politischen Realismus auf der anderen Seite; allenfalls stehen sich hier Utopie und realisierte Utopie gegenüber.

Das Ideal, das Marx in die Zukunft verlegt, und zwar in eine Zukunft, die nicht nur die antikapitalistische Revolution, sondern auch eine Periode des sozialistischen Übergangs hinter sich hat, dieses Ideal ist bei Tocqueville vielmehr das Ergebnis eines Prozesses, der seit langem im Gange ist und nun kurz vor der Vollendung steht. Im Westen hat sich seit dem 11. Jahrhundert eine »doppelte Revolution im Zustande der Gesellschaft« vollzogen. So, »[sank] der Edelmann [...] tiefer auf der Stufenleiter der Gesellschaft, indes der Bürgerliche stieg. Jedes halbe Jahrhundert bringt sie einander näher, und bald werden sie sich gegenseitig berühren«. Es handelt sich nicht nur um den aristokratischen Reichtum, es ist der Reichtum als solcher, der auf allen Ebenen durch einen letztlich von der Vorsehung gewollten Prozess verliehen wird: Die »Arbeiten des Verstandes« sind »eine Quelle der Macht und der Reichtümer«, so dass »Entdeckung in den Künsten« und »Vervollkommnung des Handels und des Gewerbefleißes« zu »neuen Elementen der Gleichheit und der Menschen« werden. All die verschiedenen Faktoren der modernen Welt »arbeiten gemeinschaftlich dahin, die Reichen arm und die Armen reich zu machen«. Zusammenfassend lässt sich sagen, dass die Tendenz zur »allgemeinen Gleichmachung« unwiderstehlich ist: Sie kann nicht aufgehalten oder auch nur verlangsamt werden, zumal »die Reichen […] verstreut und machtlos« sind und somit keinen wirksamen Widerstand leisten können (1836, Teil 1, S. 3-4, 9 und 1951, Bd. I.2, S. 259*). Das »Allgemeine Gleichmachen« (*nivellement universel*): Mit der sozialen Polarisierung sind die Ungleichheiten bei der Verteilung des gesellschaftlichen Reichtums verschwunden; und wenn sie in gewissem Umfang noch bestehen, so haben sie keine Ungleichheit bei der Verteilung der politischen Macht zur Folge. Selbstverständlich erscheint dieses Bild heute ziemlich naiv. Der wesentliche Punkt ist jedoch ein anderer: Die von der herrschenden Ideologie heute an der kommunistischen Bewegung verdammte Utopie schien in den Augen des französischen Liberalen in der Tat schon Mitte des 19. Jahrhunderts verwirklicht, wenn auch nur im Hinblick auf den Westen. Es sollte hinzugefügt werden, dass die Utopie, die Marx vorgeworfen wird, ein kritisches Potenzial gegenüber der bestehenden Gesellschaft hat, während diese bei Tocqueville verklärt wird und sogar als von der Vorsehung geweiht erscheint.

Etwa ein Jahrhundert später polemisiert Karl Popper gegen die Kommunisten, indem er erklärt, dass »in den [westlichen] Demokratien die meisten« fortschrittlichen Forderungen des *Manifests der Kommunistischen Partei* bereits verwirklicht worden seien; durch »hohe Erbschaftssteuern […] weitgehend verwirklicht« sei der Punkt, der die »Abschaffung aller Erbschaftsrechte« fordert. Beredt ist vor allem die Art und Weise, in der der Theoretiker der offenen

Gesellschaft Platon verurteilt. Der Fehler dieses Letzteren bestehe nicht darin, dass er die »Beseitigung des Klassenkampfes« angestrebt hat, sondern darin, dass er die Tatsache aus den Augen verlor, dass dieses Ziel durch die »Abschaffung der Klassen« und das Streben nach einer »egalitären, klassenlosen Gesellschaft« (wie es im Westen der Fall gewesen sei) verfolgt werden muss, und nicht etwa dadurch, dass er die »herrschende Klasse« vor Kritik schützt (wie es der Autor der *Republik* tut). Das heißt, die autoritären Methoden müssen verurteilt werden; ansonsten ist es durchaus realistisch, eine Gesellschaft »ohne Klassen« und ohne »Klassenkampf« anzustreben, wie die von den westlichen Demokratien bereits erzielten Ergebnisse bestätigen (Popper 1974, Bd. II, S. 186 und Bd. I, S. 77*). Wieder einmal ist die Utopie (die Platon und den Verfassern des *Manifests der Kommunistischen Partei* vorgeworfen wird) bereits verwirklicht, und sie ist derart verwirklicht, dass Freiheit und Gleichheit in perfekter Weise miteinander verbunden sind, auf die vollständigste und strahlendste Weise! Und auch hier ist die verwirklichte Utopie durch Akrisie[15] und die unkritische Verklärung der bestehenden Gesellschaft charakterisiert; im Vergleich zu Marx ist bei Popper nicht die Utopie verschwunden, sondern nur ihr kritischer Gehalt.

Ein unabdingbarer Bestandteil der im *Manifest* beschworenen kommunistischen Gesellschaft ist die Überwindung der Arbeitsteilung, die die arbeitenden Klassen – und innerhalb der Familie die Frauen – in einen Zustand permanenter Unterordnung zwingt. Croce (1959, Bd. I, S. 267*) wendet jedoch ein, dass es in der bestehenden Gesellschaft *de facto* keine starre »soziale Hierarchie« gibt: In Wirklichkeit »ist derjenige, der in einem Teil des sozialen Lebens übergeordnet ist, in anderen Teilen untergeordnet, wer hier ein Hierarch ist, ist woanders ein Untergeordneter«. Wie man sieht, gibt es keine dominanten Klassen und keine untergeordneten Klassen. Aber das Beispiel, das zum Beweis dieser These angeführt wird, klingt geradezu karikaturistisch: »Der gebieterischste Staatsmann wird, gelinde

15 Akrisia (griech.): Fehlen kritischen Geistes, Willensschwäche oder auch Handeln wider besseren Wissens. (A. d. Ü.)

gesagt, die Hierarchie innerhalb der häuslichen Mauern oder zumindest zwischen denen der Küche und der Waschküche an seine treue Gefährtin abtreten«. Die verwirklichte Utopie, die die schon erfolgte Emanzipation der Frauen bekräftigt, verweist auf deren Eingesperrtsein in »Küche« und »Waschküche«!

Die Tendenz zur verwirklichten Utopie hat sich im modernen liberalen Denken nicht verloren, es gibt sie nach wie vor. Nehmen wir die Analyse, die ein angesehener Soziologe vor einiger Zeit über das heutige kapitalistische System unternommen hat: »Im Prozess der Zuordnung sozialer Positionen hat das Erziehungssystem die Auswahl- und Steuerungsfunktion übernommen.« Das Eigentum habe sein Gewicht völlig eingebüßt, um durch Verdienste ersetzt zu werden: »Die soziale Stellung eines Menschen [hängt jetzt] von den erreichten Bildungszielen ab«; es gebe eine »zunehmende Angleichung des sozialen Status« der Individuen, und die Tendenz zu einer »Einebnung sozialer Unterschiede« sei unbestreitbar. Es war Dahrendorf, der sich so ausdrückte; es muss jedoch hinzugefügt werden, dass seine Positionen gemäßigter waren als die jener Soziologen, gegen die er polemisieren musste und die der Meinung waren, dass wir uns spontan auf »eine Situation zubewegen, in der es weder Klassen noch Klassengegensätze mehr geben würde, aus dem einfachen Grund, dass es keine Argumente dagegen mehr gäbe« (Dahrendorf 1963, S. 112 und 120f.*).

Der junge Croce, sich des Einflusses von Marx gewahr, hatte den problematischen Charakter des gängigen Diskurses über die Utopie erkannt:

> »Ich verstehe wirklich nicht, mit welchem Eifer viele Liberale den Sozialismus mit dem Stigma der Utopie versehen. Aus einem ganz anderen Grund könnten die Sozialisten den Liberalismus mit demselben Vorwurf konfrontieren [...] Der Liberalismus wendet sich mit seinen Ermahnungen an eine Einheit, die zumindest derzeit nicht existiert, an das nationale oder allgemeine Interesse der Gesellschaft; denn die gegenwärtige Gesellschaft ist in antagonistische Gruppen gespalten und kennt das Interesse jeder dieser Gruppen, aber nicht bzw. nur sehr schwach ein allgemeines Interesse« (Croce 1973, S. 89f.*).

Hier wird nicht unterschieden zwischen der eigentlichen Utopie, die den »Sozialisten« vorgeworfen wird, und der realisierten Utopie, die der »Liberalismus« darstellt, aber genau darum geht es: Diejenigen, die angesichts des Ideals einer klassenlosen Gesellschaft Utopie schreien, sind oft diejenigen, die am Ende die Klassenwidersprüche der bestehenden bürgerlichen Gesellschaft ausblenden und sie in Wirklichkeit als eine Gesellschaft darstellen, die die Klassenspaltung und die Klassen als solche bereits überwunden hat.

Wir wissen, dass Croce selbst später auf die Positionen der verwirklichten Utopie wechselt, die in Marx ihren schärfsten Kritiker hat: Die »vulgäre Demokratie« sieht – so die Kritik am Gothaer Programm – »in der demokratischen Republik das Tausendjährige Reich«, ohne sich die Schärfe der Klassengegensätze vorzustellen, die weiter bestehen und zu neuen Umwälzungen führen (MEW 19, S. 29). Indem sie ihren Blick von der Sphäre der Produktion abwenden und sich ausschließlich auf die Sphäre der Zirkulation konzentrieren, präsentieren die bürgerlichen Ideologen – so ironisiert *Das Kapital* – die bürgerliche Gesellschaft als »ein wahres Eden der angebornen Menschenrechte« (ebd., 23, S. 189). Diejenigen, die das revolutionäre Programm verspotten, das auf den Umsturz der kapitalistischen Produktionsverhältnisse abzielt, mit dem Anspruch, eine Art irdisches Paradies zu errichten, werden wiederum von Marx bezichtigt, die bestehende bürgerliche Gesellschaft als das irdische Paradies darzustellen! Die Utopie, die Marx vorgeworfen wird, besteht darin, »eine Ordnung der Dinge« heraufzubeschwören, »wo es keine Klassen und keinen Klassengegensatz gibt« und die »gesellschaftlichen Evolutionen aufhören, politische Revolutionen zu sein« (ebd., 4, S. 182); die verwirklichte Utopie (charakteristisch für bürgerliche Ideologen) besteht darin, diese »Ordnung der Dinge« als bereits existierend darzustellen.

Utopie und ins Gegenteil verkehrte Utopie

Die schärfste Kritik an der kommunistischen »Utopie« bezieht sich jedoch nicht auf ihre Unrealisierbarkeit, sondern auf die Dialektik, durch welche die Utopie, gerade aufgrund ihres Strebens nach einer überhöhten messianischen Zukunft, mehr oder weniger zwangsläufig in der Erzeugung von Katastrophen und Schrecken endet. Indem er sich insbesondere auf die Repression auf dem Tienanmen-Platz beruft, prangert Bobbio (1990a, S. 127*) »die totale Umkehrung einer Utopie, der größten politischen Utopie der Geschichte (ich spreche hier nicht von religiösen Utopien), in ihr genaues Gegenteil« an, in eine »ins Gegenteil verkehrte Utopie«. Noch drastischer ist Popper (1992a, S. 91*): »Alle, die sich vorgenommen haben, den Himmel auf Erden zu bringen, haben nur die Hölle geschaffen«. Es handelt sich um einen Gemeinplatz, der in der herrschenden Ideologie des Westens eine wesentliche Rolle spielt.

Hier stoßen wir auf einen ersten eklatanten Widerspruch. Es ist ein Widerspruch, von dem diejenigen keine Ahnung haben, die einerseits die verheerenden Auswirkungen der Utopie betonen und andererseits die moralische und politische Vorrangstellung des Westens lobpreisen. Und gerade hier hat die literarische Gattung der Utopie das Terrain ihrer Wahl gefunden. Die Beschwörung einer strahlenden Zukunft oder auch nur einer Zukunft, die wesentlich besser ist als die Gegenwart, setzt eine undialektische Vorstellung der Geschichte voraus und bezieht sich daher vor allem auf die jüdisch-christliche Tradition. Nietzsche war sich all dessen bewusst und forderte, um dem Höllenzyklus der Utopien und Revolutionen ein Ende zu setzen, ein für alle Mal mit der jüdisch-christlichen Tradition und der einseitigen Sicht der Zeit zu brechen und stattdessen die Theorie der ewigen Wiederkehr des Gleichen anzunehmen.[16]

Die einzigen beiden großen »Utopien« und Revolutionen, die wir in der tausendjährigen Geschichte der chinesischen Zivilisation ausmachen können, beziehen sich beide auf den Einfluss des westlichen Denkens (und indirekt auf die jüdisch-christliche Tradition). Es geht dabei einerseits um den Taiping-Aufstand, dessen Protagonist davon überzeugt war, der jüngere Bruder Jesu zu sein, welcher jedenfalls tiefgehend vom Christentum und dem christlichen Messianismus beeinflusst war und sich für eine Gesellschaft der Gleichheit und Ge-

16 Losurdo 2009a, S. 456-480.

rechtigkeit sowie für das »Himmlische Reich des Großen Friedens« einsetzte. Dies gilt aber auch für die Revolution, die von Mao Zedong geführt wurde, der sich einerseits auf Marx (einen westlichen Autor und zweifellos von der jüdisch-christlichen Kultur beeinflusst) berief und gleichzeitig den Heroismus und den aufopferungsvollen Geist der Taiping würdigte, über deren »ungeheure Revolution« selbst Marx ein positives Urteil fällt (Mao Zedong 1969-75, Bd. IV, S. 469*; MEW 9, S. 96). Stattdessen zeugt es von historischer und philosophischer Naivität, wenn Bobbio (1990a, S. 128*) den Kommunismus des 20. Jahrhunderts als die einzige oder »die erste Utopie« hinstellt, »die versucht hat, [mit katastrophalen Ergebnissen] in die Geschichte einzutreten, aus dem Reich der ›Diskurse‹ in das der Tatsachen überzugehen«. Der Blick des Turiner Philosophen geht nicht über die Grenzen Europas hinaus, und selbst was diesen Kontinent betrifft, werden wichtige Kapitel der Geschichte und der Ideengeschichte ausgeblendet: Die Anhänger Thomas Müntzers im Deutschland des frühen 16. Jahrhunderts und die Anhänger der »fünften Monarchie« in England Mitte des 17. Jahrhunderts verfolgen eindeutig eine Utopie, die sie auf weltlicher und politischer Ebene zu verwirklichen gedenken. Und es handelt sich dabei um eine Utopie, die mitunter und in gewisser Weise an »kommunistisch« erscheinende Motive erinnert.

Es ist kein Zufall, dass das Motiv der Umkehrung der Utopie in eine »ins Gegenteil verkehrte Utopie« (um Bobbio zu zitieren) oder der Umkehrung des »Himmels« in eine »Hölle« (um es etwas banaler mit Popper zu formulieren) keineswegs auf die Oktoberrevolution gewartet hat, um in Erscheinung zu treten. In Wirklichkeit haben wir bereits bei Schelling gesehen, wie er die verhängnisvollen Folgen der »apokalyptischen Schwärmerei« anprangert. Wir befinden uns in den Jahren unmittelbar nach den Umwälzungen, die 1848/49 über Kontinentaleuropa hinweggegangen waren. Und die von dem deutschen Philosophen gezogene Bilanz des historischen Zyklus, der mit dem Sturz des *Ancien Régime* begann, ist einleuchtend: In Frankreich folgte eine revolutionäre Umwälzung der anderen und mit diesen waren die verheerenden Kriege der napoleonischen Ära verflochten, während eine neue Welle von Revolutionen und Kriegen ihren Ausgang im Jahr 1848 nahm. Schlimmer noch: Die Französische Revolution und der Kampf um die politische Demokratie hatten das Aufkommen der kommunistischen Bewegung begünstigt, was den Weg für neue und noch schwerere Katastrophen ebnete. Es besteht kein Zweifel: In den Augen des späten Schelling hatte sich die Utopie von 1789 in ihr Gegenteil verkehrt.

Aber die eklatanteste Ungereimtheit der gängigen herrschenden Ideologie, die ich jetzt analysiere, ist eine andere: Weder Bobbio noch Popper haben sich die Frage gestellt, ob ihr politisches Projekt nicht zufällig auch ein Element der Utopie enthält, das in sein Gegenteil umschlagen könnte. Vor allem nach dem Triumph des Westens im Kalten Krieg wurde die Theorie sehr populär, dass der Triumph des ewigen Friedens die Ausbreitung der Demokratie auf der ganzen Welt zur Voraussetzung haben würde. So hat das Streben nach dem Ideal oder der Utopie eines ewigen Friedens zu einer Reihe von Kriegen im Nahen Osten geführt, deren Ende nicht abzusehen ist und die im Gegenteil das Schlimmste befürchten lassen. Es ist gerade Popper selbst, der im Namen der endgültigen Verwirklichung der *pax civilitatis* dazu aufruft, keine Angst zu haben, »Kriege für den Frieden zu führen«, und die Möglichkeit eines letztendlichen Zusammenstoßes des Westens mit China beschwört (Popper 1992b, 1992c*). Dies wäre ein Konflikt, der sich leicht auf den ganzen Erdball ausdehnen und auch eine nukleare Dimension annehmen könnte: Im Gegensatz zu China haben sich die USA stets das Recht vorbehalten, als erste zur Atomwaffe zu greifen. Mit Blick auf die untergegangene Sowjetunion lenkte Popper die Aufmerksamkeit auf die Dialektik, mit der sich das »Paradies« in die Hölle verwandeln kann; in der Gegenwart leistete er hingegen einen wesentlichen Beitrag zur Verwandlung der *pax civilitatis* in einen nuklearen Holocaust. Obwohl er sich einer nüchternen Sprache bedient, verfällt auch Bobbio in diese eklatante Nachlässigkeit und diesen Widerspruch. Tatsächlich erweisen sich beide hier besprochenen Philosophen als unfähig, die Regeln, die sie für die Diskurse ihrer Gesprächspartner oder Gegner aufstellen, auf ihren eigenen Diskurs anzuwenden; und: das Fehlen von Selbstreflexion ist, ungeachtet der koketten Beteuerungen über das mühsame Wälzen von Problemen, ein Synonym für Dogmatismus.

Schließlich und endlich ist es richtig, darauf hinzuweisen, dass die Utopie, so faszinierend sie auch sein mag, nicht unschuldig ist und sogar fatale Folgen haben kann. Aber eine ähnliche Überlegung gilt für den Diskurs, der die sich wandelnde Utopie in eine verkehrte Utopie anprangert. Nach seiner Verurteilung der für den französischen Revolutionszyklus charakteristischen »apokalyptischen Schwärmerei« begrüßte Schelling (1856-61b, S. 552) den Staatsstreich von Louis Bonaparte und den Beginn der bonapartistischen Diktatur. Ausgehend von denselben Annahmen fasste in diesen Jahren auch die Theorie einer skrupellosen *Realpolitik* in Deutschland Fuß, die sich, indem sie den idealistischen Illusionen (oder eben den Utopien) der vorangegangenen Periode ein Ende machte, sich nicht mehr durch Mitgefühl behindern ließ, sei es für »Schwächlinge und Krüppel«, die vom Staat Hilfe fordern, oder für Rassen wie die Indianer, die beanspruchten, dem »unaufhaltsamen Verfall« zu entkommen.[17]

Es ist gerade dieses geistige Klima, aus dem der Nationalsozialismus entstanden ist: Wie der Furor des Ersten Weltkriegs zeigte, waren die »Ideen von 1789« und die damit verbundene Utopie des ewigen Friedens gescheitert; und mit der Entstehung einer auf rücksichtsloser *white supremacy* beruhenden Gesellschaft auf der anderen Seite des Atlantiks scheiterte der Anspruch noch kläglicher, mit dem Sezessionskrieg und der abolitionistischen Revolution eine multiethnische Gesellschaft unter dem Banner der Gleichheit der Menschenrassen zu gründen. Der führende Ideologe des Dritten Reiches leitete sein berüchtigtes Buch mit der Aufforderung ein, die Realität anzuerkennen: Wie die Geschichte des Abendlandes seit dem Aufkommen des Christentums zeigte, lag das »grenzenlose Absolutum«, das »friedlich oder gewaltsam« die ideologischen »Abstraktionen« der »übermenschlichen Gemeinsamkeit der Seelen Aller«, der »Humanisierung der Menschheit«, die »Humanitas« als solche durchsetzen

17 Zur Realpolitik vgl. Losurdo 1989, S. 444-449.

wollte, in Trümmern und hatte nur Ruinen hinterlassen (Rosenberg 1937, S. 21f.).

Auch in unserer Zeit kann es nicht schaden, sich die Frage zu stellen: Gibt es einen Zusammenhang zwischen der Denunziation der Geschichte der kommunistischen Bewegung insgesamt als »ins Gegenteil verkehrte Utopie« einerseits und der Demontage des Sozialstaates sowie der Entfesselung kolonialer oder neokolonialer Kriege andererseits? Aber es ist sinnlos, diese Fragestellung bei Bobbio oder Popper zu suchen.[18]

»Der Neue Mensch« – Mythos und Realität

Ein deutscher Beobachter mit nüchternem aufklärerischem Hintergrund, der in den Monaten unmittelbar nach der Revolution von 1789 Paris besucht hatte, berichtete, dass sich der Charakter der Franzosen nach der »Umwälzung ihrer Verfassung« radikal zum Besseren verändert habe: Der Anblick großer Volksversammlungen mit einer Ordnung, die nicht auf Zwang, sondern auf Selbstdisziplin beruhte, ohne dass auch nur »eine einzige unanständige oder gesetzwidrige Handlung« stattfand, rührte ihn zu Freudentränen (Campe 1977, S. 16f. und 32f.). Im Moment der allgemeinen Begeisterung, ausgelöst durch den Sturz eines *Ancien Régime*, das weithin als ungerecht und unterdrückerisch angesehen wurde, beflügelte der Schwung des Aufbaus einer neuen Gesellschaft auch die kühnsten Hoffnungen noch. Ein Phänomen, das sich in anderer Form auch auf der anderen Seite des Atlantiks während des Unabhängigkeitskrieges gegen die britische Regierung manifestierte, welcher zur Gründung der nordamerikanischen Republik führte. Vielmehr nahm die Rhetorik des neuen

18 In der Originaldatei folgt hier ein Feld mit vier Vermerken. Der erste ist ein *Memorandum* von Losurdo (2015, *Il revisionismo storico. Problemi e miti*, Laterza, Roma/Bari, S. 128) (es handelt sich hier um die ital. Ausgabe, A. d. Ü.); der zweite betrifft ein Werk von Clark, das später zitiert wird. Wir nennen hier den dritten: »Ist das zwanzigste Jahrhundert die verkehrte Utopie des Marxschen Kommunismus oder der Wilsonschen Welt ohne Krieg?« Der vierte betrifft Popper und die Umkehrung des »Paradieses des ewigen Friedens« in die »Hölle der neokolonialen Kriege«. Zur »Wilsonschen Welt ohne Krieg« siehe Losurdo (2022, S. 225-240 und S. 277-292); A. d. Hg.

Menschen gerade in diesem Falle besonders schrille Töne an. Im Jahr 1782 beschrieb ein amerikanischer Bürger französischer Herkunft die »vollkommenste Gesellschaft, die es derzeit auf der Welt gibt«, wie folgt: In ihr lebte »eine neue Rasse von Menschen«, die frei von den »alten Vorurteilen« war. Nicht nur erblicher Adel, sondern auch Elend und soziale Polarisierung fehlten; ebenso waren die Kriege des *Ancien Régime* und des alten Europa verschwunden. Und folglich: »Vereint durch die seidenen Fesseln einer milden Regierung, achten wir alle die Gesetze, und zwar nicht, weil wir ihre Macht fürchten, sondern weil sie gerecht sind«. Es ist klar: »Der Amerikaner ist ein neuer Mensch, der nach neuen Prinzipien handelt« (Crèvecoeur 1904, S. 30-33*).

Und doch sondert die herrschende Ideologie von heute die marxistisch und kommunistisch inspirierten Revolutionen von allen anderen ab, um sie und das von ihnen gepflegte und propagierte Bild des »neuen Menschen« zu verhöhnen. Gibt es eine Rechtfertigung für dieses Verhalten? Aufgrund seiner historischen (und nicht nur natürlichen) Dimension erfährt der Mensch tiefgreifende Veränderungen auch auf moralischer Ebene. Noch vor Marx und der politischen Bewegung, die sich auf ihn berief, war es Tocqueville, der auf dieses Phänomen aufmerksam gemacht hatte: Nur in einer Gesellschaft, die aus einer demokratischen Revolution hervorgegangen ist und in der sich die Idee der Gleichheit durchgesetzt hat, kann sich »ein allgemeines Mitleid für alle Mitglieder des Menschengeschlechts« (Tocqueville 1951, Bd. 1, 2. Halbbd., S. 173-179) durchsetzen; ein solches Gefühl kann jedoch dort nicht entstehen, wo die Gesellschaft durch unüberwindliche Schranken der Kaste (oder der Rasse) zerrissen ist. Im letzteren Fall bleibt das Mitgefühl, weit davon entfernt, »allgemein« zu werden, auf die Kaste (oder Rasse) beschränkt, der man angehört.[19] Der Mensch des »allgemeinen Mitleids« hat nicht immer existiert, er ist zu einem bestimmten Zeitpunkt, infolge bestimmter politischer und sozialer Veränderungen erschienen und hat sich als neuer Mensch durchgesetzt.

19 Vgl. Losurdo 2007/2009, S. 74f.

Die Vorstellung vom neuen Menschen, über die heute alle gerne spotten, verweist in Wirklichkeit auf ein wiederkehrendes historisches Phänomen, das jeder mit ein wenig Nachdenken und historischer Analyse erkennen kann. Thomas Jefferson empfand Unbehagen über die Institution der Sklaverei (aber nicht so sehr, dass er seinen Besitz an Menschenvieh aufgegeben hätte). Von da an beschwor er eine Gesellschaft, frei von dieser Einrichtung, aber auch frei von der physischen Präsenz der Schwarzen, die nach Afrika deportiert werden sollten. Und zwar deshalb, weil ein Zusammenleben auf der Grundlage der gleichen Würde von Weißen und Schwarzen eine kühne Herausforderung für die »wirklichen, von der Natur geschaffenen Unterscheidungen« gewesen wäre und schließlich »zur Ausrottung [*extermination*] der einen oder anderen Rasse« geführt hätte (Jefferson 1984, S. 264*). Ich zitiere hier eine Persönlichkeit, die ins Pantheon der nordamerikanischen Republik und des gesamten liberalen Westens aufgestiegen ist. Wer allerdings in unseren Tagen so argumentierte, würde als Rassist gebrandmarkt werden: Für den neuen Menschen, der sich inzwischen herausgebildet hat, sind die multiethnische Gesellschaft und der Grundsatz der Gleichheit aller Männer und Frauen, unabhängig von Nationalität oder ethnischer Zugehörigkeit, eine Selbstverständlichkeit oder müssten es jedenfalls sein.

Konzentrieren wir uns nun auf ein anderes soziales Verhältnis. In der *Metaphysik der Sitten* (1900, Bd. VI, S. 281f.) zögerte Kant nicht, ein »Recht der Eltern an den Kindern, als einem Stück ihres Hauses« zu theoretisieren, ein Recht der Eltern, ihre entflohenen Kinder »als Sachen«, gar als »verlaufene Haustiere«, zurückzuholen. Marx und Engels hatten also – einige Jahrzehnte später – recht, wenn sie die Tatsache anprangerten, dass in der patriarchalischen Familie jener Zeit die Kinder »Sklaven« des Vaters waren (MEW 3, S. 32). Heutzutage erweisen sich selbst die hartnäckigsten Konservativen Marx näher als Kant. Letzterer zählt zweifellos zu den größten Moralphilosophen aller Zeiten, und doch würde jeder, der heute so argumentierte, als Barbar betrachtet werden. Und wieder kommt die Wirklichkeit des neuen Menschen zum Vorschein!

Um genau zu sein, stellt die oben zitierte *Deutsche Ideologie* fest, dass in der patriarchalischen Gesellschaft der Zeit neben den Kindern auch »die Frau« zu den »Sklaven des Mannes« oder des *pater familias* gehört (ebd.). Heutzutage gibt der Horror des ständig wiederkehrenden Frauenmords Anlass zu pflichtgemäßen und bitteren Überlegungen über das Fortbestehen von Ansichten, die den Mann dazu bringen, seine Partnerin wie sein Eigentum zu behandeln, wie eine Sklavin, über die er eine Art Entscheidung über Leben und Tod beansprucht. So tritt ein paradoxes Phänomen auf: Es ist, als ob die herrschende Ideologie die Ankunft des neuen Menschen heraufbeschwört, eine Idee, die sie andererseits in ihrem eingefleischten Antikommunismus nicht müde wird, lächerlich zu machen.

Selbstverständlich darf man die natürliche Dimension des Menschen (Schwachheit, Leidenschaften usw.) nicht aus den Augen verlieren. Die mehr oder weniger einhellige Begeisterung für den Aufbau einer neuen Gesellschaft kann dazu verleiten, die natürliche Dimension des Menschen zu unterschätzen und zu vergessen, dass diese mehr oder weniger einhellige Begeisterung nur ein flüchtiger Moment in einem langwierigen, ermüdenden und von Widersprüchen und Leidenschaften geprägten Prozess des Aufbaus der neuen Ordnung ist. Es sollte jedoch nicht vergessen werden, dass der Sarkasmus gegenüber dem Motiv des neuen Menschen den roten Faden der reaktionären Denktradition und ihrer düstersten Strömungen darstellt. 1883, im Todesjahr von Marx, begründete Gumplowicz in einem Buch, das schon im Titel (*Der Rassenkampf*) gegen den Theoretiker des Klassenkampfes polemisierte, seinen Sozialdarwinismus: Es war notwendig, sich ein für alle Mal zu befreien von der »eitlen Täuschung, als ob der Mensch heutzutage – der civilisirte!! – seiner Natur, seinen Trieben und Bedürfnissen, seinen Fähigkeiten und geistigen Eigenthümlichkeiten nach, ein anderer wäre als in seinem Urzustande«; »der Mensch [ist] Mensch geblieben«, er war »nie mehr Tier als heute«; ja, »die Menschen sind immer dieselben« (Gumplowicz 1883, S. 105f. und 349). Nicht anders argumentierte dann Hitler: Angesichts der unveränderlichen Natur des Menschen war bei ihm das Gesetz des Stärkeren dazu bestimmt, sowohl die

Tierwelt als auch die Beziehungen zwischen Völkern und Rassen zu bestimmen.

Ganz entgegengesetzt verhielten sich Marx und Engels und die politische Bewegung, die sich auf sie beruft. Zwar hat der Enthusiasmus für die neu zu errichtende Welt die Urteilskraft bisweilen so getrübt, dass die Komplexität und die Dauer gewisser historischer Prozesse aus den Augen verloren wurden: Der moralische Wandel erfordert längere Zeiträume als der politische. Tatsache bleibt jedoch, dass Marx, Engels und die kommunistische Bewegung mit dem Leitbild des neuen Menschen gesellschaftliche Verhältnisse, die auf brutalster Unterdrückung beruhten und von der herrschenden Ideologie als natürlich und ewig ausgegeben wurden, radikal in Frage stellten.

Die Entwicklung der Produktivkräfte: Eine neue ins Gegenteil verkehrte Utopie?

Von einer immer breiteren öffentlichen Meinung wird der neue Mensch direkt oder indirekt heraufbeschworen und eingefordert, wenn es darum geht, ein neues Verhältnis zur Natur zu beschwören und zu fordern. Der Mensch, der sich heute für die Folgen seines Verhaltens in Bezug auf die Umwelt verantwortlich fühlt oder dazu aufgerufen ist, sich verantwortlich zu fühlen, sei es als Produzent, Konsument oder auch in der Freizeit, ist in der Tat unbestreitbar eine Neuheit: Ein rücksichtsloser und ausufernder Massentourismus kann sich in der Tat verheerend auf die Umwelt auswirken. Die eingetretene Veränderung ist dabei radikal, und sie betrifft nicht nur das Denken und die Art zu denken, sondern auch die Emotionen und die Art zu fühlen. Weit davon entfernt, von dem grandiosen Schauspiel der Berner Alpen begeistert zu sein, fand der junge Hegel sie im Grunde langweilig; jedenfalls fühlte er sich von diesem Anblick nicht dazu gedrängt, die friedvolle Schönheit zu preisen, sondern zu Überlegungen über den harten Kampf, den der Mensch gegen eine unerbittliche Natur führen musste, um sein Überleben zu sichern (in Hoffmeister 1936, S. 234-236). Madame de Staël war sogar noch radikaler und zog – laut ihrem Biografen – ihre Pariser Wohnung und »den Rinnstein der Rue de Bac« dem »Genfer See« und den »Alpen« vor (Herold 1981, S. 251*). Zweifellos gehört diese Art zu schauen und zu fühlen der Vergangenheit an. Was ist in der Zwischenzeit passiert?

Eine wesentliche Rolle spielte die erstaunliche Entwicklung der Produktivkräfte. Dank ihr erscheint es nicht mehr sinnvoll, eine alpine Landschaft als eine Welt der Armut und des Elends zu betrachten, eine Welt, die aufgrund ihrer Entfernung zu Orten der Sozialisierung und der Verbreitung von Bildung und Kultur eine Verarmung der sozialen Beziehungen zur Folge hat und die Entwicklung der menschlichen Persönlichkeit sehr erschwert oder gar unmöglich macht. Der neue Mensch, den die ökologische Bewegung beschwört und anruft, der neue Mensch, der Wälder, Wiesen und alpine Landschaften schont und achtet, anstatt sie in landwirtschaftliche Flächen für die Nahrungsmittelproduktion umzuwandeln, der die Fauna oder seltene Arten schätzt, anstatt sie zu zerstören, um seine Nahrung und seine Kleidung zu verbessern, der neue Mensch, der im Vergleich zur Vergangenheit eine völlig andere Sensibilität für die städtische und ländliche Landschaft entwickelt hat, wäre ohne die Entwicklung der Produktivkräfte gar nicht denkbar.

Dies macht sich die ökologische Bewegung nicht bewusst, die sich zuweilen den in konservativen Kreisen beliebten Vorwurf zu eigen macht, die kommunistische Utopie verwandle sich leicht oder unweigerlich in eine umgekehrte Utopie oder in eine Dystopie. Bekanntlich ruft Marx dazu auf, über das kapitalistische System hinauszugehen, um eine Ordnung zu schaffen, die sich nicht nur durch eine gerechtere Verteilung, sondern auch und vor allem durch eine umfassendere Entwicklung der Produktivkräfte und des gesellschaftlichen Reichtums auszeichnet. Doch nun zitiert und paraphrasiert ein führender Vertreter der Umweltbewegung den berühmten Anfang des *Manifests der Kommunistischen Partei*, um es gegen dieses selbst zu wenden: »Ein Gespenst geht um in der Welt, das ihres nahen Endes«, und »es ist jetzt klar, dass unser Planet einem unbegrenzten Wachstum nicht standhalten kann«. Vielmehr: Wird es gelingen, »das immer plausiblere Ende unserer Welt abzuwenden«? (Caillé 2013, S. 1, XXXII und 2*).

Unter diesen Voraussetzungen stellte sich die gewaltige Entwicklung des gesellschaftlichen Reichtums, die Marx als Ergebnis des Aufbaus einer postkapitalistischen Gesellschaft versprochen hat, als die erschreckendste aller in ihr Gegenteil verkehrten Utopien dar, bedeutete sie doch das Ende der Welt oder zumindest der Menschheit. Um die Apokalypse zu verhindern, bliebe nichts anderes übrig, als Marx und seine Theorie von der Entwicklung der Produktivkräfte und des gesellschaftlichen Reichtums zu liquidieren. Wer so argumentiert, sollte die *Kritik des Gothaer Programms* des so hart kritisierten Autors noch einmal lesen. Dieser sehr kurze Text beginnt mit einer Warnung, die heute prophetisch klingt: So groß und zunehmend die Produktivität der Arbeit auch sein mag, sie »ist *nicht die Quelle* alles Reichtums«. Ein zentraler Punkt darf nie aus den Augen verloren werden: »Die *Natur* ist ebenso sehr die Quelle der Gebrauchswerte (und aus solchen besteht doch wohl der sachliche Reichtum!) als die Arbeit, die selbst nur die Äußerung einer Naturkraft ist, der menschlichen Arbeitskraft« (MEW 19, S. 15). Das heißt, zwei scheinbar widersprüchliche Losungen stehen völlig in Einklang miteinander: die Entwicklung des sozialen Reichtums auf der einen Seite, der Respekt vor der Natur auf der anderen Seite. Und sie stehen aus zwei Gründen in vollem Einklang: Die Zerstörung oder das Versiegen der natürlichen Ressourcen ist nicht gleichbedeutend mit Vermehrung, sondern mit Verminderung des gesellschaftlichen Reichtums; zum anderen bedeutet die Verschmutzung und Schädigung der Umwelt auch eine Beeinträchtigung jener Ressource und »Naturkraft«, die »menschliche Arbeitskraft« ist, und die allein die Entwicklung der Produktivkräfte und des gesellschaftlichen Reichtums ermöglicht. Die kapitalistische Zerstörung der Produktivkräfte und die kapitalistische Destruktion der Humanressourcen sind eng miteinander verflochten, ja sie sind eins. Die »größte Produktivkraft« ist das Proletariat, die »revolutionäre Klasse selbst« (ebd., 4, S. 181); die Arbeiter, als Folge der Überlastung durch Arbeit und eines Lebens in Not oder einer degradierten Umwelt, zu einem frühen Tod zu zwingen, heißt auch, den gesellschaftlichen Reichtum zu beschädigen.

Außer auf philosophischer Ebene können wir die Übereinstimmung zwischen den beiden Losungen (Entwicklung der Produktivkräfte und Respekt für die Umwelt) auch auf historischer Ebene feststellen. Es gilt, zwei Denktraditionen miteinander zu vergleichen. Im liberalen England forderte Malthus (und in seiner Nachfolge viele andere Autoren, unter ihnen Tocqueville) die subalternen Klassen auf, sich mit ihrem Schicksal abzufinden: Elend war die unvermeidliche Folge der Knappheit der natürlichen Ressourcen, und ein von ihnen gefordertes Eingreifen der politischen Macht wäre unnötig oder kontraproduktiv gewesen. Andererseits machte sich im Jahr 1843 ein anderer liberaler Autor, Herbert Spencer (1981, S. 244*), über diejenigen lustig, die die Aufmerksamkeit auf die zunehmende Umweltverschmutzung und die Notwendigkeit einer öffentlichen Abhilfe lenkten: Wenn man dem Staat die Aufgabe übertragen will, gegen die umweltschädlichen Abfälle der Industrie vorzugehen, warum sollte ihm dann die Zuständigkeit für die »geistige Gesundheit der Nation« verweigert werden? Zwei Jahre später sehen wir, wie Engels eine eindrucksvolle Bilanz der Umweltkatastrophe zieht, die durch die kapitalistische Industrialisierung verursacht wurde, und 1848 ruft er gemeinsam mit Marx im *Manifest der Kommunistischen Partei* zum Sturz des kapitalistischen Systems auf, um ein neues Gesellschaftssystem aufzubauen, das sich durch eine nie dagewesene Entwicklung des sozialen Reichtums auszeichnet. Das heißt, auf der liberalen Seite geht die Hervorhebung der Begrenztheit der natürlichen Ressourcen keineswegs mit der Achtung der Umwelt einher; auf der anderen Seite schließt das *Pathos* der Produktivkräfte ein Verständnis der ökologischen Frage keineswegs aus.

Aber sind die natürlichen Ressourcen wirklich so begrenzt, wie es die Protagonisten und Propheten der »Wachstumskritik« behaupten? Es besteht kein Zweifel daran, dass die historische Entwicklung Malthus bisher nicht Recht gegeben hat: Die deutliche Zunahme der Bevölkerung hat eine noch deutlichere Verbesserung des Lebensstandards und eine erhebliche Verlängerung der Lebenserwartung nicht verhindert. Und es ist eine Verlängerung, die im 20. Jahrhundert[20] noch verstärkt wurde, jenem Jahrhundert, das vielleicht mehr als jedes andere durch den Wachstumsglauben gekennzeichnet war, der die Quelle des Unglücks sein sollte. Der Ökologismus, der heute das Dogma der Begrenztheit und sogar der Erschöpfung der natürlichen Ressourcen verkündet, läuft darauf hinaus, die klare Trennung zwischen Mensch und Natur, die er angeblich überwinden will, zu etablieren oder zu bekräftigen; er ignoriert die Ressource und »Naturkraft«, »die menschliche Arbeitskraft«, von der die *Kritik des Gothaer Programms* spricht. Seit jeher unentbehrlich, spielt diese Ressource nun eine wachsende und immer wichtigere Rolle, wie Marx in einem anderen Werk, genauer den *Grundrissen*, vorausgesagt hat: Das berühmte *Maschinenfragment* beschwört die Aussicht auf eine noch nie dagewesene Entwicklung der Produktivkräfte herauf, die darauf zurückzuführen ist, dass die »allgemeine wissenschaftliche Arbeit« und das »allgemeine gesellschaftliche Wissen, *knowledge*, zur unmittelbaren Produktivkraft« von ungeheurem Potenzial geworden sind (MEW 42, S. 596 und 602). Unter diesen Umständen ist es Unsinn, von der Erschöpfung der natürlichen Ressourcen zu sprechen. Diejenige natürliche Ressource, die im Rahmen der *Wissensökonomie* entscheidend geworden ist, ist definitionsgemäß unerschöpflich, und eine von »degrowth« (Schrumpfung) oder von Stagnation gekennzeichnete Gesellschaft wäre eine im Innern kranke Gesellschaft, nicht in der Lage, das Wissenspotenzial zu produzieren oder zu nutzen, das einer Gesellschaft innewohnt, in der die Verbreitung von Bildung immer mehr zur Massenerscheinung wird. Gut gefördert und geleitet, können »allgemeines gesellschaftliches Wissen, *knowledge*« der Motor für die Sanierung der Umwelt und für eine nachhaltige Entwicklung sein.

Dies alles bedeutet jedoch nicht, dass es im Verlauf des historischen Prozesses nicht zu dramatischen Umweltkrisen kommen kann: Es gibt keine Vorsehung, die eine vorherbestimmte Harmonie zwischen dem Verbrauch von Ressourcen und ihrer Erzeugung und Reproduktion gewährleistet. Es kann durchaus erforderlich sein,

20 Vgl. unten Kapitel 3, *Der Populismus als Kult des »Degrowth« und der Natur.*

dass die politische Macht eingreift, um von bestimmten Arten der Produktion und des Konsums abzuschrecken (und sie gegebenenfalls zu verbieten) und andere zu ermutigen. Aber das hat nichts mit der Erwartung eines »immer plausibleren Endes unserer Welt« zu tun. Diese Erwartung ist nichts Neues. Sie stand am Ende des 19. Jahrhunderts auf der Tagesordnung: Einigermaßen verbreitet war der Glaube an das bevorstehende Ende der Menschheit als Folge des Hereinbrechens einer verhängnisvollen neuen Eiszeit, mit der Konsequenz, dass die für die Erhaltung des Lebens notwendige Wärme nicht mehr vorhanden wäre; er wurde auch von so unterschiedlichen Persönlichkeiten wie Engels, einem Philosophen, der sich sehr für die Wissenschaft interessierte, und einem Dichter wie Giosuè Carducci geteilt. Nicht um den Ernst der heutigen Umweltkrise in Frage zu stellen, ist es gut, sich an dieses Kapitel der Ideengeschichte zu erinnern. Nein, diese Krise muss ständig im Auge behalten werden, aber gerade deswegen darf man nicht aus dem Blick verlieren, dass die Erwartung des Endes der Welt auf die Geschichte der Religionen und der immer wiederkehrenden mehr oder minder religiösen Überzeugungen verweist. Letztlich ist es die (religiöse) Erwartung vom Ende der Welt, die die These begründet, dass die Entwicklung der Produktivkräfte und des sozialen Reichtums in unseren Tagen hoffnungslos in eine katastrophale Dystopie oder eine in ihr Gegenteil verkehrte Utopie umgewandelt worden wäre.

»Postwachstumsökonomie« und »Degrowth« als ins Gegenteil verkehrte Utopien

Wie dem Liberalismus scheint auch dem heutigen Ökologismus die Fähigkeit zur Selbstreflexion zu fehlen: Er prangert die Umkehrung der Utopie in eine ins Gegenteil verkehrte Utopie an, fragt sich aber nicht, ob sich diese Dialektik nicht zufällig auch in ihm selbst manifestiert. Der unerbittliche Kritiker des »grenzenlosen Wachstums« (und in Wirklichkeit des Wachstums an sich), den wir bereits kennen, drückt eine grenzenlose <Bewunderung> für John Stuart Mill aus, der sich in den *Prinzipien der politischen Ökonomie* für eine Gesellschaft ausspricht, die endlich frei von Entwicklungsbesessenheit und glücklich in ihrem »stationären Zustand« ist (Caillé 2013, S. 31-33*). Das hier erwähnte und hochgelobte Werk erblickte 1848 das Licht der Welt. Dies sind die Jahre, in denen Irland infolge einer Seuche, die die Kartoffelernte zerstörte, von insgesamt 9 Millionen Einwohnern fast ein Drittel verliert, um genau zu sein 2,5 Millionen: Die eine Hälfte davon wanderte nach Kanada und in die USA aus, die andere starb an Hunger. Etwa zur gleichen Zeit ereignet sich in einer anderen Kolonie Großbritanniens, nämlich in Indien, eine ähnliche Tragödie, eine so schreckliche Hungersnot, dass – wie eine englische Autorin, die den Ruhm des Empire preist, naiverweise feststellt – »die britischen Bewohner [...] gezwungen sind, ihre gewohnten Abendspaziergänge wegen des Gestanks der Leichen, die zu zahlreich sind, um begraben zu werden, abzubrechen«. Und es zeichnet sich keine Aussicht auf Besserung hinsichtlich dieser Spaziergänge ab: »Cholera und Pocken haben später eine Vielzahl derer niedergemäht, die die Hungersnot überlebt hatten«; es ist eine weitere Unannehmlichkeit für die Ferien und die Freizeit der Elite (Martineau 1857, S. 297*). Nun richten wir unsere Aufmerksamkeit auf das Mutterland, jenes Land, das Irland und Indien unterworfen hat: Für die Arbeiter in London, Manchester usw., für die subalternen Klassen insgesamt, ist die Situation, auch wenn sie nicht so verzweifelt ist, wie für die Verdammten in den Kolonien, alles andere als komfortabel. In der Hoffnung, ihr Elend irgendwie zu mildern, fordert Mill (2021, Bd. 3/1, S. 432f.), dass Paaren, die nicht in der Lage sind, den »Nachweis genügender Mittel« zur Erhaltung einer Familie zu erbringen, die Ehe verboten wird. Und so können wir die Situation im britischen Empire zusammenfassen, in der der englische liberale (oder liberalsozialistische) Philosoph auf das Ideal des »stationären Zustands« hinweist: Tod durch verbreiteten Hunger in den Kolonien, entwürdigendes materielles Elend und Zwangskeuschheit für die subalternen Klassen im Mutterland! All dies ist sicherlich das Ergebnis politischer und sozialer Beziehungen der Unterdrückung (Kapitalismus und Kolonialismus), aber auch der Beschränktheit der Produktionsbasis, eine Beschränktheit, bei der unter bestimmten Umständen die (wiederkehrende) Kartoffelfäule nicht weniger verheerende Folgen zeitigt, als ein Vernichtungskrieg: Das Ideal des »stationären Zustands« war in Wirklichkeit bereits bei seiner Verkündigung eine ins Gegenteil verkehrte Utopie.

Die Bedingungen in Irland und Indien im 19. Jahrhundert unterscheiden sich nicht wesentlich von denen im heutigen subsaharischen Afrika: Auch heute ist in dieser Region der Welt eine einzige schlechte Ernte aufgrund von Dürre oder anderen Gründen ausreichend, um eine humanitäre Katastrophe großen Ausmaßes zu verursachen. Zumindest in diesem Fall ist es klar, dass das Problem nicht einfach durch die Umverteilung des sozialen Wohlstands gelöst werden kann; es ist notwendig, ihn zu vergrößern, und zwar mächtig. Und wieder erweisen sich dabei »Postwachstumsökonomie« und »Degrowth« als ins Gegenteil verkehrte Utopie.

Wenn wir genau sein wollen, haben wir es hier mit einem Problem allgemeinerer Art zu tun. Einige Monate nach Ausbruch der Krise von 2008 machte die UN-Welternährungsorganisation (FAO) folgende Angaben: »Über eine Milliarde Menschen – ein Sechstel der Menschheit, 100 Millionen mehr als im letzten Jahr – hungern. Alle drei Sekunden verhungert ein Mann, eine Frau oder ein Kind« (*La Stampa*, 20. Juni 2009*). Das Bild wäre deutlich düsterer ausgefallen, hätte die Volksrepublik China die bereits allerorten kursierenden Losungen der »Postwachstumsökonomie« oder des »Degrowth« nicht missachtet. Sie wäre demnach nicht in der Lage gewesen, eine Entwicklung zu fördern, die Hunderte und Aberhunderte von Millionen Menschen aus bitterster Armut befreit hat. Außerdem geht es nicht nur um Hunger und die Gefahr des Verhungerns. Selbst in einem Schwellenland wie dem heutigen Indien fehlt es einer unüberschaubaren Menge von Bauern nach wie vor an elektrischem Strom: Weil er weitgehend von der Welt, die ihn umgibt, sowie von der digitalen Welt abgeschnitten ist und damit von den Möglichkeiten, sich informieren und bilden zu können, ist ein beträchtlicher Teil der indischen Bevölkerung *de facto* in erbliches Elend gezwungen; die Kastentrennung wird dadurch verstärkt oder ist schwieriger zu bekämpfen. Und wieder erweisen sich »Postwachstumsökonomie« und »Degrowth« als ins Gegenteil verkehrte Utopie. Paradoxerweise betrifft das auch die rein ökologische Ebene: Eine der Hauptursachen für Umweltverschmutzung und Umweltzerstörung besteht in einer stark rückständigen Landwirtschaft und Viehzucht sowie den mit den Problemen der Subsistenz kämpfenden Bauern, die, um dem Elend zu entkommen, dazu neigen, Waldflächen in Flächen für Getreideanbau oder Weideflächen zu verwandeln.

Auch deshalb überzeugt der Vorschlag nicht, dem Kommunismus, der besessen von der Sache der Entwicklung der Produktivkräfte sei, den Rücken zu kehren, um sich – ökologisch zufrieden und glücklich über den »stationären Zustand« – in einen »Convivialismus« zu ergeben, dessen politisches Programm Caillé so zusammenfasst:

> »Kein Mensch hat das Recht, individuell mehr zu besitzen als das, was über einer bestimmten Schwelle liegt, die der allgemeine Anstand als übermäßig ansieht. Und entsprechend darf sich kein Mensch auf extreme Armut reduziert sehen, zur Erbärmlichkeit des Elends verdammt. Weder Elend noch Plutokratie« (Caillé 2013, S. 54*).

Um zu begreifen, wie ehrgeizig dieses Programm wäre, sollte man sich gewahr werden, dass der Sozialstaat in den USA von Republikanern und konservativeren Kreisen bereits als Synonym für nicht hinnehmbare Gewalt verurteilt wird. Wie würde das viel radikalere Programm, das wir gerade gesehen haben, aufgenommen werden? Und wäre die Umsetzung dieses Programms in einer Situation, die von Stagnation und Degrowth geprägt ist, nicht noch schwieriger? Schließlich: Sind wir sicher, dass ein Land, das zum »Convivialismus« und zur Ablehnung der sozialen Polarisierung zwischen Armen und Plutokraten konvertiert ist, von der gegenwärtigen internationalen wirtschaftlichen, politischen und militärischen Macht toleriert würde? Von der konkreten Analyse der objektiven Situation werden wir zu jenen Problemen zurückgeführt, die seinerzeit die kommunistische Bewegung ins Leben riefen.

2. Kapitel

Liberalsozialismus oder Kommunismus?

Marx und Lenin und die Sache der Freiheit

Wir sind umso mehr auf die Probleme zurückgeworfen, aus denen die kommunistische Bewegung zu Beginn des 20. Jahrhunderts hervorging, als deutlich wird, dass der historische Prozess in den letzten Jahren eine Beschleunigung erfahren hat: Es verdichten und verschärfen sich die Widersprüche, die in ihrer Verflechtung zu einer neuen großen historischen Krise führen könnten. Auf jeden Fall wird die objektive Lage immer schwieriger, und sie erfordert nicht nur eine gründliche Reflexion, sondern auch Entscheidungen zwischen verschiedenen theoretischen und praktischen Optionen. Die Fortdauer der Wirtschaftskrise, die 2008 ausgebrochen war, die Demontage des Wohlfahrtsstaats in Westeuropa, die zunehmende soziale Polarisierung innerhalb der fortgeschrittenen kapitalistischen Länder, die Aufeinanderfolge von Kriegen und das Sichabzeichnen von Konflikten in größerem Maßstab lassen die immer zwingendere Erfordernis einer echten Veränderung, ja einer Wende, erkennen. Aber wäre es nach der tragischen Erfahrung des 20. Jahrhunderts nicht an der Zeit, sich ein für alle Mal zum Liberalsozialismus zu bekennen und sich vom Kommunismus zu verabschieden, wobei man ihm gegebenenfalls die Ehre erweist, die einem Verstorbenen gebührt, dem auch ein gewisses Verdienst zuerkannt werden muss? Auf diese Weise könnten die Ideale der Freiheit und der Gleichheit endlich in einer unauflöslichen Synthese zusammengefasst werden. Letztlich argumentiert so eine philosophische und politische Strömung, die, nachdem sie Ende des 19. Jahrhunderts entstanden war, ihre beste Phase in einem Zeitraum erlebte, die vom Aufkommen des

Faschismus bis zu den Jahren unmittelbar nach dem Zweiten Weltkrieg reichte, aber möglicherweise jetzt als Folge der Krise des Kapitalismus und der Diskreditierung des »Realen Sozialismus« eine Wiedergeburt erfahren könnte.

In seinem Werben für die Synthese von Liberalismus und Sozialismus hat sich Bobbio (1991, S. 26f.*) mehrmals auf Mill berufen, der in seiner Autobiografie in der Tat »das soziale Problem der Zukunft« so beschrieb: »… wie die größte individuelle Freiheit des Handelns mit einem gemeinschaftlichen Eigentumsrecht an den Rohstoffen der Erde und der gleichen Teilnahme aller an den Wohltaten der vereinigten Arbeitsleistung in Verbindung zu bringen sei« (Mill 2011, S. 188f.). Doch gerade diese Quelle liefert einen Anhaltspunkt, um die Missverständnisse und Einschränkungen, die den Liberalsozialismus später kennzeichneten, zu begreifen. Der linksliberale Engländer ist ein Zeitgenosse der beiden Autoren des *Manifests der Kommunistischen Partei*, und der Hauptgrund für den Gegensatz zwischen den beiden hier gegenübergestellten Denkrichtungen ist sicherlich nicht die »individuelle Handlungsfreiheit«. Wenn überhaupt, sind gerade Marx und Engels in diesem Punkt konsequenter. Diese machen auf den Verfall der Freiheit aufmerksam, der sich in den »Arbeitshäusern« Englands jener Zeit vollzieht, wo Landstreicher und Arbeitslose, Elende und ihre Familien eingesperrt und einer willkürlichen und tyrannischen Macht unterworfen werden; es handelt sich um eine Einrichtung mit unumschränkter Macht, die von den dort Internierten als viel schlimmer als das übliche Gefängnis angesehen wird, während sie von Mill mit einer gewissen Nachsicht betrachtet wird. Zumindest in einem Falle greift Letzterer explizit die Beschränkung der Freiheit (der unteren Klassen) auf:

> »Die Gesetze, welche in vielen Ländern auf dem Kontinent die Heirat verbieten, wenn die beteiligten Parteien nicht nachweisen können, dass sie über die Mittel verfügen, eine Familie zu versorgen, überschreiten die rechtmäßigen Befugnisse des Staates nicht: […] sie sind nicht als Verletzungen der Freiheit zu beanstanden« (Mill 2021, Bd. 3/1, S. 432f.).

Wenn Malthus in den Augen von Marx ein Unrecht begeht, wenn er die »Arbeiter« auf Produktionsmittel reduzieren und sie zum »Zölibat« verurteilen will (MEW 26.2, S. 112), scheint Mill ihnen letztendlich Keuschheit und den Verzicht auf ein reicheres Familienleben durch eine zweifellos schwere Einmischung in eine wesentliche Sphäre des Privatlebens aufzwingen zu wollen.

Wie wir schon gesehen haben, will das *Manifest der Kommunistischen Partei*, über den Despotismus der politischen Macht hinaus, vor allem jenen »Despotismus« angreifen, der die kapitalistische Fabrik charakterisiert und der die verabscheuungswürdigsten Formen annehmen kann, sodass – wie der junge Engels sagt – für den Eigentümer »seine Fabrik zugleich sein Harem« ist (ebd., 2, S. 373). Und daher ist es, über den Kampf für bessere materielle Lebensbedingungen hinaus, ein Kampf für die Freiheit, den die entstehende Gewerkschaftsbewegung beginnt aufzunehmen, und der von den beiden kommunistischen Philosophen und Aktivisten ermutigt, aber von Mill mit Misstrauen betrachtet wird: In den Augen des englischen Liberalen könnte die Ausübung einer »moralische[n] Polizei ein, die gelegentlich zu einer physischen wird« (Mill 2021, Bd. 3/1, S. 408), die Freiheit des einzelnen Arbeitnehmers verletzen, während eines Streiks zu arbeiten. Der Zeitpunkt dieser Äußerung, lässt sie an sich noch einseitiger erscheinen: Noch deutlich spürbar ist 1859 in Europa die Last der Gesetzgebung, die Arbeiterzusammenschlüsse verbietet <Koalitionsverbot>, gegen die wie auch immer eine »moralische« und eine »physische« Polizei arbeitet, die um ein Vielfaches furchterregender ist, als die, vor der Mill warnt.

Auch was die politische Freiheit betrifft, so ist es Marx, der sie als Anhänger des Prinzips »ein Kopf, eine Stimme« viel konsequenter verteidigt als Mill, welcher dieses Prinzip ablehnt und sich stattdessen für das Pluralwahlrecht ausspricht, das den »Intelligenteren« (in erster Linie den »Arbeitgebern«) gewährt werden soll, womit er schließlich die Benachteiligung durch das Zensuswahlrecht durch das Fenster wieder einlässt, das durch die Tür hinausgeworfen worden war und damit letztlich die politische Freiheit der untergeordneten Klassen einschränkt.

Aber es ist ein völlig anderes Terrain, auf dem sich ein echter Gegensatz zwischen den beiden Denkrichtungen, um die es hier geht, auftut. Mill fordert ausdrücklich den »Despotismus« des Westens über noch »minderjährige«, zum »absoluten Gehorsam« verpflichtete »Rassen«: somit ist der »direkte Despotismus der fortgeschrittenen Völker« über die rückständigen bereits »der gewöhnliche Zustand«, aber er muss »allgemein« werden, ob sich die Kolonien nun außerhalb oder innerhalb Europas befinden; auch Irland hat »einen guten und soliden Despotismus« nötig. Der so nachdrücklich gerühmte Despotismus betrifft nicht nur die »minderjährigen Völker« als Ganzes, sondern auch die einzelnen Individuen, aus denen sie bestehen: Diese müssen zur »unermüdlichen Arbeit« (die die Grundlage der Zivilisation ist) erzogen werden; und um dies zu erreichen, wenn man es mit »nicht zivilisierten Rassen« zu tun hat, bleibt nur noch die Institution der Sklaverei.[1] Die politische Sklaverei der Kolonien ist zugleich die eigentliche Sklaverei der einzelnen Individuen, die sie bewohnen.

Kurz und gut: Wer wie Bobbio meint, der Sache der Freiheit ein festeres Fundament zu geben, indem er dem Stamm des marxistischen Sozialismus einen Liberalismus à la Mill aufpfropft, ist Opfer einer Verblendung: Der englische Liberale oder Liberalsozialist scheint nicht in der Lage zu sein, die Freiheit in wirklich universellen Begriffen zu denken, wie seine Haltung gegenüber den untergeordneten Klassen der kapitalistischen Zentren und vor allem gegenüber den Kolonialvölkern zeigt. Nicht zufällig wird die Zustimmung vieler Arbeiter zur Haltung von Mill von Marx und Engels als Kapitulation vor der herrschenden Klasse angeprangert, und zwar vor einer herrschenden Klasse, die an der Spitze einer »Nation, die die ganze Welt

1 In Bezug auf Mill siehe Losurdo 2011, S. 96-100 bzgl. Arbeitshäuser; ebd., S. 259 bzgl. des Eheverbots für die Armen; ebd., S. 271-276 für die Verurteilung der Gewerkschaften; ebd., S. 289f. für den »absoluten Gehorsam« der Kolonialvölker und für die vorübergehende Sklaverei für »die zivilisierten Rassen«; ebd., S. 317-321 für den »direkten Despotismus« des Westens; ebd., S. 315-317 für den »guten und soliden Despotismus« über Irland. Siehe Losurdo 2008, S. 39-42 für das Pluralwahlrecht zugunsten der »Intelligenteren«.

exploitiert«, steht und die ohne zu zögern, »die Macht über Leben und Tod« ausübt (MEW 29, S. 358 und 12, S. 286). Die Proletarier, die sich von den Sirenen des kolonialen Expansionismus verführen lassen, verraten die Sache des Kampfes für die Emanzipation nicht nur von Ausbeutung, sondern auch von Machtverhältnissen, die die völlige Negierung der Freiheit sind.

Ändert sich das Ergebnis der Konfrontation zwischen den beiden Denkrichtungen mit dem Übergang vom 19. zum 20. Jahrhundert und dem Aufkommen des Bolschewismus? Die Bolschewiki konstituierten sich mit der Veröffentlichung von *Was tun*? im Jahre 1902. Lenins Text ruft dazu auf, die Autokratie in *all* ihren verschiedenen Erscheinungsformen zu bekämpfen; die Arbeiter müssen verstehen, »auf *alle* Erscheinungen der Willkür und Unterdrückung zu reagieren, wo sie auch auftreten mögen, *welche Schicht oder Klasse* sie auch betreffen mögen« (LW 5, S. 437). Als er die Bilanz der Revolution von 1905 zieht, erklärt der russische Revolutionär feierlich: »Wer auf einem anderen Weg als dem des politischen Demokratismus zum Sozialismus kommen will, der gelangt unvermeidlich zu Schlußfolgerungen, die sowohl im ökonomischen als auch im politischen Sinne absurd und reaktionär sind.« (ebd., 9, S. 22). Drei Jahre später wirft Lenin dem England seiner Zeit, jenem liberalen Land par excellence, vor, in den Kolonien seine erklärte Verbundenheit mit der Sache der Freiheit völlig zu vergessen: Die »Eingeborenen« sind politisch »Sklaven«, und um die Protestkundgebungen der »eingeborenen Sklaven« zu unterdrücken, zögern »diese liberalen und ›radikalen‹ Lumpen« nicht, »zur Beruhigung« auf die härtesten und demütigendsten »Maßnahmen« zurückzugreifen, »selbst [auf] die Auspeitschung solcher Menschen, die politischen Protest erheben«. Zusammengefasst: »Die liberalsten und radikalsten Männer des freien Britanniens [...] werden in ihrer Rolle als Machthaber Indiens zu wahren Dschingis-Chans« (ebd., 15, S. 178). Es lohnt sich, über den hier wiederholt verwendeten Ausdruck nachzudenken: Hart kritisiert werden die »liberalsten und *radikalsten* Männer«, also auch die Vertreter der liberalen Linken. Sie beweisen, dass sie die Erben von Mill sind: Sie stellen den »absoluten

Gehorsam« nicht in Frage, den die Völker gegenüber den westlichen Herren einhalten müssen, die berechtigt sind, ihren »Despotismus« zu praktizieren.

Mit dem Ausbruch des Ersten Weltkriegs ist es Lenin, der die in den kapitalistischen Zentren in Kraft gesetzten Notstandsgesetze unter Anklage stellt, die *de facto* sogar von Linksliberalen toleriert werden und, wie wir sehen werden, auch von liberalen Sozialisten, die den Krieg unterstützen oder nicht behindern. Im Anschluss daran – so wird in *Staat und Revolution* bereits im *Vorwort* bemerkt – wird die »ungeheuerliche Knechtung der werktätigen Massen durch den Staat [...] immer ungeheuerlicher«. Das gilt nicht nur für die Schützengräben und die erste Linie: »Die fortgeschrittenen Länder verwandeln sich – wir sprechen von ihrem ›Hinterland‹– in Militärzuchthäuser für die Arbeiter« (ebd., 25, S. 395). Es ist der Beginn – betont ein späterer Beitrag – einer verallgemeinerten »militärische[n] Sklaverei« (ebd., 27, S. 423).

Sicherlich, danach werden die Seiten vertauscht. Es ist ein sehr umfangreiches, auch die nichtkommunistischen Linken umfassendes Lager, welches die illiberalen Verfahren und den Terror anprangert, auf die Lenin in einem Land zurückgreift, in dem die Verflechtung von internationalem Krieg und Bürgerkrieg, der Beginn des staatlichen Zerfalls sowie eines Balkanisierungsprozesses den Ausnahmezustand noch schärfer und länger werden lässt als im Westen. Aber im Großen und Ganzen, selbst wenn man von der Kolonialfrage absehen will, kann man nicht sagen, dass es die geringere oder größere Liebe zur Freiheit ist, die die Scheidungslinie zwischen Lenin und der nichtkommunistischen Linken bildet.

Zum gleichen Resultat gelangen wir, wenn wir die Aufmerksamkeit von Russland auf ein Land wie Italien verlagern (wo sich die stärkste kommunistische Partei des Westens entwickelt). Nachdem er die Oktoberrevolution von Anfang an begrüßt und auch mit dem Liberalen Luigi Einaudi (der später, für lange, für sehr lange Zeit das faschistische Regime unterstützen wird) erheblich gestritten hatte, hatte Gramsci im September 1918 keinerlei Schwierigkeiten, auf Grund seiner revolutionären und pro-bolschewistischen Positionen zu schreiben: »die Sozialisten [haben] die Aufgabe der Liberalen übernommen« (Gramsci 1984, S. 285f.*). In einem Artikel, den er im Jahr 1919 im von Gramsci geleiteten *L'Ordine Nuovo* veröffentlichte, warf Palmiro Togliatti Benedetto Croce und den Liberalen vor, das Gemetzel unterstützt und dem Staat das Recht zugesprochen zu haben, Millionen von Bürgern auf dem Altar des Lebens[2] und dem Willen zur Macht zu opfern. Auf diese Weise »wird der Staat vom Gewissen der Individuen getrennt [...] Der Staat wird wieder zur Abstraktion, weil er sich der konkreten Unterstützung durch den moralischen Willen der Individuen beraubt hat. Ein Rest von überkommener Transzendenz, ein Schatten des alten Gottes scheint die Klarheit der Auffassung zu trüben«. Und so drängte sich eine Schlussfolgerung auf: Der Liberalismus »war zwar eine große Sache«, aber er hatte »die Bedeutung geändert«; ja, »man spricht nicht mehr von [...] Menschenrechten, sondern von sozialer Ordnung« (Togliatti 1973-84, Bd. I, S. 40 und 65f.*), von sozialer Ordnung, die letztlich notwendig ist, um zunächst die Teilnahme am Krieg und dann die Kontrolle und Unterdrückung der Arbeiterbewegung und der Volksbewegung durch Maßnahmen zu ermöglichen, die letztendlich zur Errichtung einer faschistischen Diktatur führen würden.

Was wir gerade gesehen haben, ist nicht eine jugendliche Einstellung des zukünftigen Sekretärs der Kommunistischen Partei Italiens. Im Jahr 1954 antwortete Togliatti auf Norberto Bobbio, der die sozialistischen Länder aufruft, sich als fähig zu erweisen, sich das Beste des liberalen Erbes zu eigen zu machen:

> »Die liberalen Umwälzungen und demokratischen Umbrüche haben eine progressive Tendenz aufgezeigt, zu der sowohl die Proklamation der Freiheitsrechte als auch die der neuen sozialen Rechte gehört. Rechte der Freiheit und der sozialen Rechte sind zum Erbe unserer Bewegung geworden« (ebd., Bd. V, S. 869*).

2 Der italienische Terminus *vitalità* meint bei Benedetto Croce das Leben, betrachtet in seiner Dynamik von Freude und Schmerz, dem Ursprung der spirituellen Dialektik (A. d. Ü.)

Wenn, wie seine Vertreter oft behaupten, der Liberalsozialismus die Synthese der Ideale von Freiheit und sozialer Gerechtigkeit, von Liberalismus und Sozialismus sein will, ist der Turiner Philosoph nicht liberalsozialistischer als der Führer der stärksten westlichen kommunistischen Partei (die in der gesamten internationalen kommunistischen Bewegung ein enormes Ansehen genießt). Nun aber sollte man sich das zweite Argument ansehen, mit dem Letzterer <(Togliatti)> gegen Ersteren <(Bobbio)> agitiert: »Wann und in welchem Umfang wurden die liberalen Prinzipien jemals auf die Kolonialvölker angewandt, Prinzipien auf die, wie man sagte, der englische Staat des 19. Jahrhunderts gegründet wurde, ein Modell eines perfekten liberalen Regimes für diejenigen, glaube ich, die wie Bobbio denken?«. Die Wahrheit ist, dass die »liberale Doktrin [...] auf einer barbarischen Diskriminierung unter den menschlichen Geschöpfen beruht« (ebd., S. 866 und 869*). Die wirkliche Unterscheidung zwischen Liberalsozialismus und Kommunismus besteht in der Haltung gegenüber der Kolonialfrage. Anstatt die Errungenschaften zu leugnen oder abzuwerten, von denen »die liberalen Umwälzungen und die demokratischen Umwälzungen« Vorkämpferinnen waren, schlugen die Kommunisten vor, sie zu universalisieren (indem sie die zählebigen Ausschlussklauseln der liberalen Tradition abschafften) und diese Errungenschaften auch in der Materialität der wirtschaftlichen und sozialen Beziehungen geltend zu machen, unter Berücksichtigung der konkreten historisch-politischen Situation.

Hinzugefügt werden muss, dass die reiferen Stimmen der kommunistischen Bewegung, wenn sie sich mit dem Problem befassten, sich die Höhepunkte der liberalen und bürgerlichen Tradition kritisch anzueignen, in gewisser Weise den Hinweis von Engels beherzigten, der Ende des 19. Jahrhunderts auf die Arbeiterklasse als der »Erbin der deutschen klassischen Philosophie« (theoretischer Ausdruck der Französischen Revolution) hingewiesen hatte. Und sie machten sich auch die Lehre Lenins zu eigen, der am Vorabend des Ersten Weltkriegs ebenso in der »deutschen Philosophie« eine der »Quellen« und »Bestandteile des Marxismus« identifiziert hatte (MEW 21, S. 307; LW 19, S. 3-9).

Die »Imperialistische Reaktion« und die Geburt des Liberalsozialismus

Während in der kommunistischen Bewegung das Thema des »Erbes« eine bedeutende Wirkung entfaltet, so wächst im Rahmen des Liberalismus zwischen dem 19. und 20. Jahrhundert das Unbehagen über den Furor des kolonialen Expansionismus und des Imperialismus und ihre augenscheinliche Brutalität und Barbarei: »Wir sind in eine Epoche des sozialen Kannibalismus eingetreten, in der die stärksten Nationen die schwächsten verschlingen« – schreibt im Sommer 1898 Herbert Spencer (1996, S. 410*), der sich doch im Allgemeinen nicht durch seine kritische Haltung gegenüber der bestehenden Ordnung hervortut. Es ist eine Bemerkung, die wie eine Prophezeiung klingt: Anfang September gelingt es Großbritannien in der Schlacht von Omdurman, den Sudan erneut zu unterwerfen, der zuvor die Briten besiegt und die Unabhängigkeit erlangt hatte. Nun verspüren die weißen Übermenschen das Bedürfnis, sich für die erlittene Erniedrigung zu revanchieren: Sie beschränken sich nicht darauf, ihre durch die Dum-Dum-Geschosse schrecklich verletzten Feinde zu erledigen. Sie schänden das Grab des Mahdi, des Anstifters und Vorkämpfers des antikolonialen Widerstands: Sein Leichnam wird enthauptet; während der Rest des Körpers in den Nil geworfen wird, wird der Kopf als Trophäe herumgetragen.[3] Weniger als ein Jahr später tobt der Krieg gegen die Buren. Um den Widerstand dieser Siedler mit holländischen Wurzeln zu brechen, inhaftiert das liberale Großbritannien Frauen und Kinder in Konzentrationslagern, wo ein Drittel der Häftlinge den Tod findet (Ferguson 2008, S. 44*). Die Empörung ist umso größer aufgrund der Tatsache, dass in diesem Fall kein farbiges Volk betroffen ist, sondern ein »weißes« und »zivilisiertes« Volk, nämlich die Siedler holländischer Herkunft: In England und Europa prangert eine breite Öffentlichkeit den Schrecken der Konzentrationslager an, die »Vernichtung der Burenrasse« (*annihilation of the Boer race*) und vor allem die »endlose Liste der Todesfälle von Kindern« (*unending*

3 Vgl. zum Sudan Losurdo 2011b, S. 32f.

death-roll of children) und deren »Holocaust« (Koss 1973, S. 263 und 229*).

Die Kolonialfrage greift mit Macht in Europa selbst um sich, und dies mit Folgen, die verheerend zu werden drohen. Der Konflikt zwischen Befürwortern und Gegnern des *Home Rule* für Irland bringt das Vereinigte Königreich an die Schwelle des Bürgerkriegs, wobei beide gegnerischen Parteien sich bewaffnen und sich fieberhaft auch auf militärischer Ebene vorbereiten: Es ist eine Kraftprobe, die durch das Aufkommen einer Katastrophe noch größeren Ausmaßes vereitelt wird, nämlich durch den Ausbruch des Ersten Weltkriegs, eines Krieges, der seinerseits das Ergebnis des britisch-deutschen Antagonismus ist und der sich bereits in den Jahren zuvor abgezeichnet und zugespitzt hat.

Andererseits macht sich mit der Gründung der Zweiten Internationale der Einfluss des Sozialismus und des Marxismus deutlich bemerkbar. Es ist dieser Kontext, in den wir Leonard T. Hobhouse einordnen können, der sich besorgt über den Vormarsch des »plutokratischen Imperialismus« und der »imperialistischen Reaktion« in England zeigt, sowie über den Aufrüstungswettlauf und die Militarisierung des nationalen Lebens (Hobhouse 1977, S. 110-112*). Es ist eine »allgemeine Reaktion«, die sich auch jenseits des Atlantiks bemerkbar macht, wo die US-amerikanische Republik vollständig zum Imperialismus übergeht, wie der Krieg gegen Spanien und die Annexion der Philippinen zeigen. In der kapitalistischen Welt verbreitet sich die Obsession der »imperialen Expansion« und der »millionenfachen Unterwerfung der ›farbigen Rassen‹« sowie »die Doktrin, nach der der Fortschritt vom Überleben des Stärkeren im Existenzkampf abhängt«. Kein Zweifel: Überall kann man »den Rückgang der liberalen Ideen« beobachten. Ein bedrückendes Klima breitet sich aus: »Humanismus wird jetzt als Sentimentalität abgelehnt« (Hobhouse 1909, S. IX-XV und 61f.*).

Auch deswegen empfindet Hobhouse zu Beginn des 20. Jahrhunderts das Bedürfnis, sich mit der deutschen Sozialdemokratie (der stärksten und angesehensten Partei der Zweiten Internationale) auseinanderzusetzen: Ohne sich die Appelle zum »Krieg der Klassen«

bzw. zur Revolution zu eigen zu machen, sie im Gegenteil abzulehnen, erklärt er sich bereit, das Programm weitgehend zu akzeptieren (ebd., S. 239, XXXIV und 211*). Hier zeichnet sich die Konvergenz von »Liberalismus und Sozialismus« beim Aufbau einer »sozialen Demokratie« ab. Zwei Jahre später erläutert Hobhouse (1977, S. 90f.*) in einem mehrfach wieder aufgelegten Buch seine Gedanken zu einem »liberalen Sozialismus«, der »auf Freiheit gegründet« sein sollte und gleichzeitig in der Lage, »die soziale Gerechtigkeit vollkommener zu gewährleisten« und die Bedürfnisse der »großen Menschenmassen« zu befriedigen.

Es geht nicht nur darum, radikale soziale Reformen in die Wege zu leiten, um die Lebens- und Arbeitsbedingungen der Volksschichten zu verbessern. Zur Diskussion steht die politische Ordnung selbst:

> »Die beiden [liberalen und sozialistischen] Parteien sind aufgerufen, gemeinsam gegen die wachsende Macht des Reichtums vorzugehen, der aufgrund der durch ihn ausgeübten Kontrolle über die Presse und die Mittel der politischen Organisation zu einer wachsenden Bedrohung für das ordnungsgemäße Funktionieren der Regierung des Volkes wird« (Hobhouse 1909, S. 239*).

Demokratie neigt dazu, eine Fiktion zu werden:

> »Die allgemeinen Wahlen sind weniger entscheidend als es scheint. Sie entscheiden, wer das Land regieren soll, aber nicht, wie es regiert werden soll«. Es entfaltet sich »die tatsächliche Macht, die von den großen materiellen Interessen ausgeübt wird [...] Sie besitzen heute fast die gesamte Presse, die eindeutig kein repräsentatives Organ der öffentlichen Meinung mehr ist« (ebd., S. XXVIf.*).

Während sich die in England und ganz allgemein in den kapitalistischen Zentren geltende Demokratie immer mehr als bedeutungslos erweist, ist die Politik, die diese auf internationaler Ebene verfolgt, aufschlussreich. Kennzeichnend für »den neuen Imperialismus« ist das Begraben des Prinzips der »Selbstverwaltung« und der Selbstbestimmung, die »Zunahme der Sklavenarbeit«, die »unnachgiebige Forderung nach der Überlegenheit der Rasse und der materiellen Gewalt« (ebd., S. 47-49*), der Rückgriff auf den Krieg – und zwar eine

Art von Krieg, der gegen die Kolonialvölker keine Grenzen kennt. Es sind die Jahre, in denen der Schrecken des Expansionismus offenkundig und unerträglich in den Augen der breiten öffentlichen Meinung wird. Hobhouses Anklage ist nicht weniger hart als die von Lenin: Der Imperialismus »bedeutet ewigen Krieg, Schlachten, die, wenn sie schwarz oder gelb bekämpfen, zu echten Massakern werden« (ebd., S. 47*). Es sind auch die Jahre, in denen sich am Horizont immer bedrohlicher die Katastrophe abzeichnet, die durch den Wettlauf der kapitalistischen Großmächte um die Eroberung des Planeten ausgelöst werden wird. Die Illusion, die Mill 1861 veranlasste, das englische Empire als Vorkämpfer für die Sache der »Freiheit« und der »internationalen Moral« und als »einen Schritt hin zum Weltfrieden und zur Zusammenarbeit und Verständigung zwischen den Völkern« zu feiern, hat ihre Glaubwürdigkeit verloren (Mill 1946, S. 288*).

Indirekt und manchmal auch direkt durchzieht die Polemik gegen diese Vision tiefgehend das Buch von Hobhouse über den Kampf zwischen »Demokratie und Reaktion«, das ich hier analysiere. So verlangt die herrschende Ideologie, dass im Verlauf ihres imperialen Vormarsches »die britische Flagge« »die britische Freiheit, die britische Gerechtigkeit« mit sich führt und im Innern und international eine Rechtsordnung im Zeichen der Unparteilichkeit und Unbestechlichkeit einführt, die die Grundlage für die Verbreitung eines »echten Kosmopolitismus«, für die Ankunft des »Weltstaates« und des »Weltfriedens« bildet (Hobhouse 1909, S. 14f.*). In Wirklichkeit ist der Imperialismus die Negation der Demokratie selbst. »Demokratischer Imperialismus ist ein Widerspruch in sich [...] In der Tat ist Demokratie die Selbstverwaltung des Volkes, während Imperialismus die Regierung eines Volkes durch ein anderes ist« (ebd., S. 149*).

Und was den Frieden angeht: »Unter der Herrschaft des Imperialismus ist der Tempel des Janus nie geschlossen. Nie hört das Blut auf zu fließen«. Und es handelt sich nicht nur um die Kolonialkriege. Es lauern Konflikte in weit größerem Umfang. Nun, »[musste] das Ideal des Friedens [...] dem der Expansion der Herrschaft weichen«. Ausgehend von den »gefährlichen Eifersüchteleien, die durch den Vormarsch des [britischen] Empire ausgelöst werden«, entwickelt sich das Wettrüsten: »Auf der Grundlage des Imperialismus hat der Militarismus die nationalen Ressourcen verschlungen, die zur Verbesserung der Lage des Volkes hätten eingesetzt werden können« (ebd., S. 28, 4 und 30f.*).

Indem er schon früh das kritisiert, was dann im Ersten Weltkrieg die Kriegsideologie der Entente sein würde (und was bis heute die Kriegsideologie der USA und des Westens ist), stellt der Theoretiker des »liberalen Sozialismus« die These in Frage, wonach »Demokratien« an sich »nicht kriegerisch seien«. Natürlich haben die Volksmassen, für den Fall, dass sie Gefahr laufen, direkt vom Krieg betroffen zu sein, ein Interesse daran, mit ihrem Votum den Frieden zu bewahren. Jedoch: »Nehmen wir eine Bevölkerung an, die vor jeder Aussicht auf Wehrpflicht und jeder Gefahr einer Invasion geschützt ist«, dann ändert sich das Bild vollkommen. Dies ist kein imaginäres Beispiel; es bezieht sich auf England, das als noch kriegerischer angesehen wird, als die »kontinentalen Demokratien« (ebd., S. 144f.*).

Schließlich versucht die herrschende Ideologie vergeblich, den Imperialismus zu beschönigen: Seine Losungen sind nur ein »heuchlerisches Gerede« (ebd., S. 29*); alles andere als die »internationale Moral«, von der Mill fabuliert!

Ähnlich wie Hobhouse, sich dabei enthusiastisch auf ihn berufend, argumentiert ebenfalls zu Beginn des 20. Jahrhunderts ein anderer prominenter Vertreter der englischen liberalen Linken. Bei ihm wird das Urteil über den Kolonialismus bekräftigt, der für die Entfesselung totaler Kriege verantwortlich ist, in denen auch vor der Ermordung von Verwundeten nicht zurückgeschreckt wird und die tatsächlich bis zum Völkermord gehen. Der Expansionismus der westlichen Großmächte, der im Zeichen des »Mandats im Namen der Zivilisation« geführt wird, beinhaltet einerseits die Ausrottung »jener ›minderwertigen Rassen‹, die von den überlegenen weißen Kolonisatoren nicht gewinnbringend ausgebeutet werden können«, und die Auferlegung einer mehr oder weniger verdeckten Sklaverei für die anderen (Hobson 1974, S. 145 Fußnote, 175 und 214f.*). Die Eroberer behaupten, Meister der Verbreitung von Freiheit und Demokratie zu sein, aber die Realität ist für alle sichtbar:

> »Der neue Imperialismus hat die politischen und bürgerlichen Freiheiten des Mutterlandes auf nicht einen einzigen Teil der riesigen Gebiete ausgedehnt, die nach 1870 unter die Herrschaft der zivilisierten Mächte des Westens gefallen sind: Politisch gesehen war der neue Imperialismus eine Ausweitung der Autokratie [...] Die politische Freiheit und die von ihr abhängige bürgerliche Freiheit gibt es für die überwiegende Mehrheit der britischen Untertanen einfach nicht mehr« (ebd., S. 27 und 102*).

Paradoxerweise wird schließlich auch die Demokratie im kapitalistischen Mutterland selbst aufs Spiel gesetzt. Wenn man zu den Kolonialkriegen »die Feindschaft zwischen rivalisierenden Imperien« hinzuzählt, kann man die Entstehung eines Klimas aus »Militarismus« und permanentem Krieg gut nachvollziehen, und dies bedingt die »Unterordnung des Gesetzgebers unter die Exekutive«. Somit sind »die repräsentativen Institutionen [...] für das Empire ungeeignet« (ebd., S. 114, 122 und 127f.*). Genau betrachtet betreiben und fördern »die großen Industriekapitäne und die großen Finanzunternehmen« den Expansionismus (z. B. in den USA), und ganz allgemein ist es eine strikte »Plutokratie«, weswegen der Friedenskampf »die Axt an die ökonomischen Wurzeln des Baumes« anlegen muss, um jene »Klassen, die ein Interesse am Imperialismus haben« und die faktisch die Macht ausüben, zu treffen (ebd., S. 69, 262 und 83*).

Unvermeidlich ist folglich die Konfrontation mit »einer liberalen Partei, die mit einer Politik des militanten Imperialismus verbunden ist« sowie mit den »besitzenden Klassen« (ebd., S. 90f.*). Wir müssen uns klar machen, dass wir es mit einem »schweren und offensichtlichen Verrat« zu tun haben. Indem sie sich an einem »schändlichen Kampf« im Schlepptau und zur Unterstützung des Imperialismus beteiligen, haben die britischen Liberalen »die Partei an eine Konföderation von Hasardeuren und Chauvinisten verkauft«, haben eine totale »Kapitulation vor dem Imperialismus« vollzogen, »haben sich ›verkauft‹, sie hatten keinerlei Prinzipien und haben sich freudig jeder schmutzigen und schändlichen Verteidigung hingegeben, die ein dumpfer und abstoßender Patriotismus als Vorwand zu erfinden vermochte« (ebd., S. 126f.*).

Kommunismus, Liberalsozialismus – »Sozialismus für das Herrenvolk«

Um die Neuheit und Radikalität des Liberalsozialismus vollständig zu verstehen, sollte man ihn deutlich von einer politischen Strömung unterscheiden, mit der er, wenn man bei den äußeren Erscheinungen stehen bliebe, Gefahr laufen könnte, verwechselt zu werden. Mit dem Ziel, das Problem zu klären, nehmen wir eine Tendenz zum Ausgangspunkt, die sich bereits in der Frühzeit der sozialistischen Bewegung zeigt. Genau in den Jahren, in denen Marx und Engels mit jugendlichem Nachdruck ihre Hoffnungen auf das Proletariat als Protagonisten der universellen Emanzipation ausdrücken, entwickeln Anhänger von Fourier und Saint-Simon das Vorhaben, Gemeinschaften mehr oder weniger sozialistischer Art auf jenem Land aufzubauen, das den Arabern in Algerien geraubt worden war, geraubt in einem brutalen und teilweise völkermörderischen Krieg.[4] Diese Kolonisten mit »sozialistischer« Ausrichtung haben nicht vor, das bürgerliche und liberale Frankreich ihrer Zeit in Frage zu stellen und noch weniger »den gewaltsamen Umsturz aller bisherigen Gesellschaftsordnung« <(MEW 4, S. 493)> voranzubringen, den das *Manifest der Kommunistischen Partei* am Ende fordert. Nein, sie beabsichtigen, von kolonialen Eroberungen zu profitieren, um sich von Proletariern zu Eigentümern zu entwickeln, aber zu Eigentümern, die das den Arabern entrissene Land kollektiv besitzen. Wie soll man diesen »Sozialismus« definieren? Analog zur »Herrenvolk-Demokratie«[5] könnten wir von »Herrenvolk-Sozialismus« sprechen.

Eher noch als mit einem detaillierten politischen Programm haben wir es hier mit einer Verlockung zu tun, die sich in unterschiedlichen Formen zeigt und mehr oder weniger stark sein kann. Lassen Sie uns einen Zeitsprung von über einem halben Jahrhundert nach

---

4 Diese Information entnehme ich der Notiz von André Jardin über Tocqueville (1951, Bd. III.1, S. 250f.).

5 »Demokratie für das Herrenvolk«, vgl. Losurdo 2011a, S. 103-108 und S. 281-307; A. d. Hg.

vorn machen. In den *Sozialistischen Monatsheften* bemerkt Eduard Bernstein befriedigt:

> »Wenn im Gebiet der Vereinigten Staaten, Canadas, Südamericas, gewisser Theile Australiens etc. heute mehr Millionen Menschen ihre Existenz finden, als ehedem Hunderttausende, so ist dies dem colonisatorischen Vordringen der europäischen Colonisation geschuldet. Wenn heute in England und anderwärts viele nahrhafte und würzige Erzeugnisse der Tropen in den Kreis der Genussmittel des Volkes eingegangen sind, wenn die Weidegründe Americas und Australiens das Fleisch, wenn die weiten Felder dieser Erdteile das Brot von Millionen und Abermillionen europäischer Arbeiter verbilligen helfen, so verdanken wir dies colonialen Unternehmungen. Ohne coloniales Vordringen unserer Wirtschaft würde das Elend, das wir heute in Europa noch vor uns sehen und auszurotten bestrebt sind, unendlich viel grösser, die Aussicht auf seine Ausrottung bedeutend geringer sein, als dies jetzt der Fall ist. Selbst wenn das Schuldconto der Colonialgreuel gehalten, fällt der Vorteil, den die Colonien gebracht haben, immer noch sehr tief in die Wagschale« (Bernstein 1900, S. 559).

Der Autor, der sich so ausdrückt, ist einer der großen Theoretiker und Führer der sozialistischen Bewegung am Übergang vom 19. zum 20. Jahrhundert. Er hat gewiss nicht auf das Projekt der sozialistischen Umgestaltung verzichtet, sondern schlägt vor, unmittelbar die Lebensbedingungen der Volksmassen in den kapitalistischen Zentren durch die Plünderung der Kolonien zu verbessern. In diesem Sinne wird die Verlockung des »Sozialismus für das Herrenvolk« wahrnehmbar. Es stimmt, Bernstein erklärt, dass die Ureinwohner »anständig« behandelt werden können und sollen, aber die von ihm angeführten Beispiele (»wie jetzt in Nordamerica, Neuseeland, Südafrica«) sind aufschlussreich (ebd., S. 559f.). Es sind die Jahre, in denen in Südafrika »die christlichen Boers«, um es mit Gumplowicz (1883, S. 249), dem Theoretiker und Apologeten des »Rassenkampfes« zu sagen, »die Buschmänner und die Hottentotten« nicht als Menschen, sondern als »*Geschöpfe*« betrachten und behandeln, »die man wie das Wild des Waldes ausrotten darf«. Nicht anders ist die Behandlung, die den Ureinwohnern in Nordamerika und Neuseeland zukommt. Auf der anderen Seite würdigt Bernstein ausdrücklich die »kräftige Rasse«, die unweigerlich »mit der auf ihr beruhenden Cultur [...] nach Ausbreitung, nach Expansion [strebt]« (Bernstein 1900, S. 552), während die »kulturfeindlichen« oder gar »kulturunfähigen« Völker einen nutzlosen und rückschrittlichen Widerstand leisteten. Wenn sie sich »gegen die Kultur erheben«, müssen sie auch von der Arbeiterbewegung energisch bekämpft werden (ders. 1896-97, S. 109f.). Auf diese Weise kann die Arbeiterbewegung die beachtlichen »Vorteile der Colonisierung« (ders. 1900, S. 559) sichern.

Machen wir einen weiteren Zeitsprung von einigen Jahrzehnten. In Bezug auf den Zionismus und die von ihm geförderten Kibbuzim machte Arendt (2019, S. 137-139 und 142) auf die Präsenz eines auf den ersten Blick einzigartigen Trends in dieser Bewegung aufmerksam: Einerseits zeichnet sie sich durch die Unterstützung »chauvinistischer« Ziele aus, andererseits durch das Streben nach kollektiven Experimenten und einer »unnachsichtige[n] Durchsetzung sozialer Gerechtigkeit« in der eigenen Gemeinschaft. So entsteht im Bereich der Beziehungen zu den Kolonialvölkern eine »paradoxe[n] Mischung von radikalen Ansätzen und revolutionären Sozialreformen im Inneren mit anachronistischen, ja geradezu reaktionären politischen Vorstellungen im Bereich der Außenpolitik«. In diesem Fall ist der »Herrenvolk-Sozialismus« mehr als nur eine Verlockung. Wie in Algerien zu Zeiten der Jünger von Fourier und Saint-Simon treten in einem anderen Teil der arabischen Welt und viel systematischer »sozialistische« Eigentumsformen auf Ländereien auf, die einem Kolonialvolk geraubt wurden, das dadurch zur Deportation oder Marginalisierung verurteilt wurde.

Indem der Liberalsozialismus eine Haltung einnimmt, die sich vom »Herrenvolk-Sozialismus« deutlich unterscheidet, bewirkt er eine Vermischung der Positionen, die es wert ist, näher betrachtet zu werden. Hobson steht Lenin viel näher als Bernstein. Letzterer, der den wohltätigen Charakter des kolonialen Expansionismus bestätigt, macht auf »viele nahrhafte und würzige Erzeugnisse« aufmerksam, die in einem Land wie England (mit einem Kolonialreich im Rücken)

»in den Kreis der Genussmittel des Volkes eingegangen sind«. Genau entgegengesetzt argumentiert Hobson (1974, S. 212*). Sicher, mittlerweile ist »die Vorliebe für tropische Agrarprodukte wie Reis, Tee, Zucker, Kaffee, Gummi usw.« weit verbreitet, was aber kein Ruhmesblatt für den Westen darstellt: »Wir Heutigen wünschen, dass die ›niederen Rassen‹ ihre eigenen Ländereien zu unserem Nutzen ausbeuten«. Während der deutsche Sozialist das von Grund auf gütige Gesicht des Kolonialismus hervorhebt, indem er auf die »anständige« Behandlung der Ureinwohner »in Nordamerica, Neuseeland, Südafrica« hinweist, zitiert der englische Liberalsozialist gerade den Fall »der australischen Buschmänner, der afrikanischen Buschneger und Hottentotten, der indianischen Rothäute und der Maoris« in Neuseeland, um die vom Kolonialismus betriebene Politik der »Ausrottung der niederen Rassen« zu demonstrieren. Während der deutsche Sozialdemokrat nur lobende Worte für den Export der »Zivilisation« hat, dessen Protagonist der kolonialistische Westen sei, weist der englische liberale Sozialist darauf hin, dass der Völkermord an den Ureinwohnern nicht nur »durch Krieg oder individuelle Abschlachtung« (durchgeführt von der weißen Zivilgesellschaft) erfolge, sondern auch »indem ihnen die Segnungen einer Zivilisation aufgezwungen wurden, die ebenso zerstörerisch wirkten« (ebd., S. 214*). Wenn Bernstein irgendwie versucht, Sozialismus und kolonialen Expansionismus miteinander auszusöhnen, so stellt Hobson (ebd., S. 44 und 180f.*) den »vollständig sozialistischen Staat« dem »Imperialismus« gegenüber und weist für letzteren auf eine Katastrophe auch für die Eroberungsmacht hin: »Die schwerste Gefahr des Imperialismus liegt in dem Geisteszustand seines Volkes, das sich an diese Täuschung gewöhnt hat und zur Selbstkritik unfähig geworden ist«.

Liberalsozialismus und Kommunismus: Drei (zerronnene) Möglichkeiten einer Begegnung

Das Vorhandensein wesentlicher gemeinsamer Motive in den beiden Denkrichtungen wird offensichtlich. Hobhouse (1909, S. XIXf.*) verhöhnt den Anspruch »des Westens – oder besser gesagt eines oder zweier auserwählter Völker des Westens« – die rückständigen Völker

»zugunsten der Zivilisation« als Ganzes zu regieren. Eine der bedeutendsten Definitionen des Imperialismus, die Lenin liefert, ist jene, die ihn als den Anspruch »einiger weniger auserwählter Nationen« kennzeichnet, den eigenen »Wohlstand« und die eigene Vorherrschaft auf die Ausplünderung und Herrschaft der übrigen Menschheit zu gründen (LW 26, S. 425), ebenso wie der Anspruch einiger »Musternationen« »das ausschließliche Vorrecht auf staatliche Konstituierung« zu besitzen (ebd., 20, S. 442).

Trotz der offensichtlichen Differenzen blickt der russische Revolutionär mit großer Sympathie auf Hobson, dem er das Verdienst zuschreibt, »eine sehr gute und ausführliche Beschreibung der grundlegenden ökonomischen und *politischen* Besonderheiten des Imperialismus« (ebd., 22, S. 199) gegeben zu haben. An dem liberalen Sozialisten schätzt der russische Bolschewik nicht nur die wissenschaftliche Analyse des Imperialismus, sondern auch die politische Verurteilung seiner reaktionären Auswirkungen auf internationaler Ebene und im Innern. *Der Imperialismus als höchstes Stadium des Kapitalismus* ist aus dem Jahre 1917. Im selben Jahr äußert Hobson sehr scharf: »Die übereilte Zustimmung des Sozialismus zum Patriotismus in jedem nationalen Kontext im Sommer 1914 ist das überzeugendste Beispiel seiner Unzulänglichkeit bei der Bewältigung der Pflicht, den Kapitalismus zu stürzen, wenn sich die Gelegenheit bietet« (Hobson 1917, S. 9*). Und wieder tritt die Übereinstimmung mit Lenin zutage, der in seinen *Heften zum Imperialismus* anerkennt: »Hobsons Buch über den Imperialismus ist überhaupt nützlich, aber besonders nützlich ist es, weil es dazu beiträgt, die Verlogenheit des Kautskyanertums in dieser Frage in ihrem Wesen aufzudecken«, die Verlogenheit seiner These, die von einem »›gesunden‹, ›friedlichen‹ und auf ›friedlichem Verkehr‹ beruhenden Kapitalismus« fantasiert (LW 39, S. 96). Es scheint alle Voraussetzungen für eine Begegnung zwischen Kommunismus und Liberalsozialismus zu geben, die sich jedoch nicht verwirklicht. Es ist die erste, aber nicht die letzte der zerronnenen Gelegenheiten.

Eine zweite Gelegenheit bietet sich in den <Jahren> der Herausbildung und des scheinbar unaufhaltsamen Aufstiegs des Faschismus. In Italien ist es der Erfolg des Staatsstreichs von 1922, der die Selbstkritik von Carlo Rosselli, einem Theoretiker des Liberalsozialismus anregt: »Die Lehre aus den Ereignissen und insbesondere die russische Erfahrung sowie die faschistische zeigen uns [...], dass die Geschichte weder eine Unterbrechung zulässt noch unüberwindliche Seiten hat, und dass eine Oppositionspartei in bestimmten Stunden bereit sein muss, zur Macht aufzusteigen«. In akuten Krisen und Situationen des Zusammenbruchs liegt der Beweis für die Stärke in den Taten, und die Bolschewiki, die Protagonisten der Oktoberrevolution, erwiesen sich nicht nur als entschlossener, sondern auch weiser als die italienischen Sozialisten, die, indem sie auf dem Aventin Zuflucht suchten, Mussolinis bewaffneten Banden den Weg geebnet haben. Andererseits war der Rückgriff auf die Gewalt schon geraume Zeit im Gange. Schon vor dem Faschismus hatten die Bourgeoisie und die Reaktion ihre »kriegerische Vitalität« bereits »mit dem Doppelkrieg«, nämlich mit der Invasion Libyens und der Intervention im Ersten Weltkrieg, unter Beweis gestellt (Rosselli 1988, S. 109 und 112*).

Um es auf den Punkt zu bringen: Die durch den Krieg und die zugespitzten sozialen Spannungen der Nachkriegszeit ausgelöste Krise hatte in Russland zur Revolution und in Italien zur Konterrevolution geführt.

Schon das zwang dazu, einem gesamtgesellschaftlichen Aspekt (dem Ausnahmezustand) Aufmerksamkeit zu schenken, der von liberalen Ideologen meist außer Acht gelassen wurde. Das kolonialistische Programm des Faschismus stellte einen weiteren gesamtgesellschaftlichen Aspekt in den Mittelpunkt der Debatte, der gleichwohl gewöhnlich vernachlässigt wurde. Im Falle der Aggression gegen Äthiopien betonte Rosselli die Barbarei der faschistischen Gewalt. Es war eine Seite der Geschichte, für die sich die Italiener nur schämen konnten, die jedoch mit den »schwarzen Seiten der englischen Geschichte« oder anderer kolonialistischer Länder in Verbindung gebracht werden konnte. Andererseits »sind die Imperien nicht alle auf gleiche Art zustande gekommen?« Nein, Vertrauen in die »kapitalistischen und imperialistischen Regierungen« konnte man keines haben (Rosselli 1989-92, Bd. II, S. 337f., 146 und 249*).

Sowjetrussland stellte eine Alternative dazu dar. In den Jahren der NÖP, genauer im Jahre 1923, nahm Carlo Rosselli die Genossen seiner Partei und seiner politischen Orientierung aufs Korn und polemisierte gegen diejenigen, die sich bemühten, »mit einer wunderbaren Fülle von Zitaten [zu zeigen], dass sich die Russische Revolution in flagrantem Widerspruch zu den Vorhersagen des Marxismus befindet« ebenso wie zum »Kommunismus« und den Idealen von Marx, da sie ein System hervorbringt, das ganz von einem »neuen kapitalistischen Geist durchdrungen ist« und er bemerkte:

> »In der Beurteilung und der Haltung der Reformisten gegenüber der Russischen Revolution führte das zu strikte Festhalten an den marxistischen Formeln zu einer A-priori-Verurteilung eines Phänomens, das in sich wunderbare Keime des Lebens und der Erneuerung enthielt und noch immer enthält – beinahe bevor es zur Welt kam« (Rosselli 1988, S. 67f.*).

Später, in den Jahren des Spanienkrieges, bekräftigt Carlo Rosselli zwar nachdrücklich den unveräußerlichen Wert von Freiheit und Demokratie, stellt aber die liberalen Länder (»Das offizielle England ist für Franco und lässt Bilbao verhungern«) der Sowjetunion gegenüber, die sich verpflichtet hat, der vom Nazifaschismus angegriffenen spanischen Republik zu helfen (ebd., S. 358, 362 und 367*). Es war auch nicht nur eine Frage der internationalen Politik. Einer Welt, die durch die »Phase des Faschismus, der imperialistischen Kriege und der kapitalistischen Dekadenz« gekennzeichnet ist, stellt Carlo Rosselli das Beispiel eines Landes gegenüber, das zwar noch weit vom Ziel eines reifen demokratischen Sozialismus entfernt ist, aber dennoch den Kapitalismus hinter sich gelassen hat und für jeden, der sich für den Aufbau einer besseren Gesellschaft einsetzt, »ein Kapital wertvoller Erfahrungen« darstellt: »Heute verfügen wir mit der riesigen russischen Erfahrung […] über ein immenses positives Material. Wir alle wissen, was sozialistische Revolution, was sozialistische Organisation der Produktion« bedeutet (ebd., S. 301, 304-306 und 381*). Angesichts des neuen Weltkriegs, der sich am Horizont abzeichnete, war es notwendig, ein klares Bewusstsein von der Notwendigkeit zu haben, die »von der Russischen Revolution verkörperte«

<Sache> zu verteidigen und »begrenzt auf die faschistischen Länder« die »leninistische These« der Umwandlung des imperialistischen Krieges in einen revolutionären Bürgerkrieg anzuwenden (Rosselli 1989-92, Bd. II, S. 330f.*).

Schließlich die dritte und letzte Gelegenheit für die Begegnung zwischen Kommunismus und Liberalsozialismus: In den Jahren unmittelbar nach dem Zweiten Weltkrieg befindet sich das Ansehen der Sowjetunion auf dem Höhepunkt, und die aus der Oktoberrevolution hervorgegangene Bewegung zur Entkolonialisierung präsentiert sich nunmehr als ungestüme und unaufhaltsame Strömung. Die Meinung des englischen Labour-Wissenschaftlers Harold J. Lasky ist daher verständlich. Gewiss verurteilte dieser zwar die Diktatur in der Sowjetunion aufs Schärfste, gab aber sogleich zu bedenken, dass das sozialistische Experiment in diesem Land unter den Bedingungen eines »Belagerungszustandes« stattgefunden habe (und stattfinde), der streckenweise von eben jenem Westen aufgezwungen worden sei, der zwar auf seine demokratischen Institutionen stolz sei, aber dazu neige, deren Verwirklichung in Ländern mit einer anderen Gesellschaftsordnung unmöglich zu machen bzw. zu erschweren. Im Übrigen war es notwendig, den anhaltenden Kolonialismus oder Neokolonialismus zur Kenntnis zu nehmen, in den der Westen weiterhin verwickelt war und der ganze Länder in die Abhängigkeit, beispielsweise von der »United Fruit Company der Vereinigten Staaten« zwang (Lasky 1948, S. 40 und 28*).

Selbst wenn man sowohl von dem Ausnahmezustand (der dem aus der Oktoberrevolution hervorgegangenen Land aufgezwungen wurde) als auch von der kolonialen Frage absieht und stattdessen zu dem üblichen, völlig abstrakten (aber gerade deshalb von der herrschenden Ideologie bevorzugten) Vergleich zwischen dem Westen und der Sowjetunion greift, lässt sich eine Frage nicht vermeiden: Inwieweit war der britische und der US-amerikanische Arbeiter innerhalb der Fabrik frei? Und genoss er wirklich mehr Freiheit in der Fabrik als der russische Arbeiter (ebd., S. 42*)? Nachdem er die Aufmerksamkeit auf den Ausnahmezustand und die koloniale Welt gerichtet hatte, brachte die Analyse des Labour-Abgeordneten einen weiteren gesamtgesellschaftlichen Aspekt ein, nämlich die Unterscheidung zwischen Zirkulations- und Produktionssphäre.

Denn schließlich: Es war nicht statthaft, »Wirtschaft und Politik auseinanderzuhalten« und die politische Dimension der Freiheit von ihrer materiellen Dimension zu trennen: Es gab keine echte Freiheit ohne die »Freiheit von Not«, und die Befreiung von Elend und Hunger bedeutete riesige politische Umwälzungen, die die Überwindung der privaten Kontrolle über die großen Produktionsmittel erforderten. In diesem Sinne standen die im Westen bestehenden »Produktionsverhältnisse im Widerspruch zu den Produktivkräften« (ebd., S. 22 und 36*).

In jenen Jahren verhielt sich Norberto Bobbio nicht viel anders als der englische Labour-Politiker, als er 1951 die Philosophie der Geschichte des liberalen Westens mit folgenden Worten anklagte:

> »Die Geschichte hat nur eine Richtung, diejenige von der weißen Zivilisation eingeschlagene Richtung, an deren Rändern nichts als Erstarrung, Rückständigkeit, Barbarei ist [...] Dass es nur eine einzige Zivilisation gebe, die diesen Namen verdient, und dass nur diese zur exklusiven Herrschaft berufen sei, ist die implizite Annahme und die explizite Folge der kolonialen Expansion der letzten vier Jahrhunderte, die keine anderen Formen des Kontakts mit den verschiedenen Zivilisationen gekannt hat als die Vernichtung (in Amerika), die Versklavung in Afrika, die wirtschaftliche Ausbeutung (in Asien)« (Bobbio 1977a, S. 23*).

Es handelt sich um eine Bilanz, die die gewöhnliche Selbstrechtfertigung der liberalen Tradition und jener beiden Länder, die sie größtenteils verkörpert haben (Großbritannien und die USA), scharf in Frage stellt. Tatsache ist, dass der Turiner Philosoph in diesen Jahren weder die Indios, die Schwarzen und die Kolonialvölker insgesamt aus dem Blick verliert noch die Verbindung zwischen deren Tragödie und der Entwicklung des kapitalistischen und liberalen Zentrums. Gewiss, auch das Urteil über die »eschatologische Konzeption der Geschichte« der kommunistischen Bewegung ist streng. Dieser steht jedoch mitnichten eine nüchternere Vision gegenüber, wohl aber der Anspruch »eine Zivilisation« zu verkörpern »und zu verteidigen, die nichts dazulernen muss, weil sie den Gipfel der historischen, sozialen und politischen Reife schon in sich vereinigt«. Wir sehen also zwei Eschatologien, die sich entgegenstehen, von denen die erste die *plenitudo temporum* in der Zukunft ansiedelt und die zweite sie, als verwirklichte Eschatologie, in die Gegenwart stellt[6] (ebd., S. 23 und 22*).

Diese beiden gegensätzlichen Eschatologien nehmen jeweils eine manichäische Position ein. Indem er sich zum ausschließlichen Vertreter der Zivilisation als solcher aufschwingt, erhebt sich der Westen zum Vorkämpfer in der Schlacht gegen die ihn umgebende Barbarei und betrachtet »den Lauf der Menschheitsgeschichte als sein ausschließliches Privileg«. Das sozialistische Lager seinerseits beansprucht, die neue und wahrhafte Zivilisation zu verkörpern, die eine ungerechte, dekadente und zum Untergang bestimmte Welt bekämpft. So haben wir »zwei Gegensatzpaare: Zivilisation/Barbarei, Zivilisation/Dekadenz« (ebd., S. 21 und 24*). Bei dieser Konfrontation zwischen den beiden gegensätzlichen Ideologien des Kalten Krieges kommt die westliche Ideologie alles in allem am schlechtesten weg: Sie bezieht sich auf eine realisierte Eschatologie, die eine unannehmbare Gegenwart glorifiziert; vor allem kehrt sie eine Dichotomie heraus, die dazu neigt, in Naturalismus (und Rassismus) abzugleiten, denn sie verurteilt das Gegenüber als »eine Welt, die noch nicht zivilisiert ist, und vielleicht nie sein wird« (ebd., S. 21*).

6 Bobbios Begriff der »eschatologischen Konzeption der Geschichte« lehnt sich an den theologischen Begriff der »Eschatologie« an (altgriechisch τά ῎Εσχατα = ta és-chata = die äußersten/letzten Dinge), welcher das religiöse Konzept des Endzeitlichen (also sozusagen dann, wenn die *plenitudo temporis*, die erfüllte Zeit, erreicht ist), insbesondere die prophetische Lehre von den Hoffnungen auf Vollendung des Einzelnen und der gesamten Schöpfung beschreibt. Auch Losurdos, hinsichtlich Bobbios kritischem Verweis auf »zwei Eschatologien, die sich entgegenstehen« scheint auf die innertheologischen Debatten Bezug zu nehmen, wonach die Eschatologie im Sinne eines Prämillenarismus (der analog Bobbios Position entsprechen würde) oder im Sinne eines Postmillenarismus (der der von Bobbio kritisierten Sichtweise der kommunistischen Bewegung entsprechen würde) zu verstehen ist. (A. d. Ü.)

Trotz aller ihr innewohnenden Grenzen und Gefahren scheint die Philosophie der marxistischen und kommunistischen Geschichte einen stärkeren universalistischen Atem zu haben, sie scheint frei von unüberwindlichen Ausschlussklauseln. Zuweilen scheint der Bobbio dieser Jahre deren Faszination zu verspüren, wie aus dieser Äußerung von 1954 hervorgeht:

> »Wir haben die Dekadenz hinter uns gelassen, die der ideologische Ausdruck einer absteigenden Klasse war. Wir haben sie aufgegeben, weil wir an den Geburtswehen und den Hoffnungen einer neuen Klasse teilhaben. Ich bin überzeugt, dass wir, hätten wir nicht vom Marxismus gelernt, die Geschichte aus der Sicht der Unterdrückten zu sehen und damit eine neue gewaltige Perspektive auf die menschliche Welt zu gewinnen, nicht gerettet worden wären. Entweder hätten wir auf der Insel der Innerlichkeit Zuflucht gesucht oder uns in den Dienst der alten Herren gestellt« (Bobbio 1977d, S. 281*).

Als höchster und reifster Ausdruck der Moderne ist der Marxismus hier nicht der Gedanke eines einzelnen Autors, sondern »der Ausgangspunkt einer Bewegung der sozialen Revolution, die noch andauert«, und die unaufhaltsam erscheint: »Das Rad der Geschichte zurückzudrehen«, ist nicht möglich. Wer den Marxismus als Ganzes zurückweisen wollte, müsste wissen, dass er eine donquijoteske Unternehmung in Angriff nimmt: »er muss den Weg zurückverfolgen, der in vier Jahrhunderten zurückgelegt wurde, und wiedereintauchen ins Mittelalter« (Bobbio 1977a, S. 26f.*).

Eindeutig positiv ist zu diesem Zeitpunkt das Urteil über die Oktoberrevolution, die Protagonistin einer radikalen »Transformation der feudalen, wirtschaftlich und sozial rückständigen Welt«. Daraus ging eine »turbulente und subversive Welle« hervor, die früher oder später eine Läuterung und Kanalisierung durchlaufen und einen regulären Weg nehmen wird (ebd., S. 24 und 27*). Sicher – betont eine Bemerkung von 1952 – wir sind konfrontiert mit »totalitären Regimes«, aber das kann kein Grund sein, Anstoß zu nehmen, weil es sich um »eine harte historische Notwendigkeit« handelt, die die Gegenwart schwer belastet, aber dazu bestimmt ist, überwunden zu werden (Bobbio 1977b, S. 48f.*).

Noch einmal, im Jahre 1954, im Verlauf seiner Polemik gegen Togliatti, in der er, und zwar zu Recht und mit Weitblick, auf die Unverzichtbarkeit der »formalen« Freiheit und ihrer juristisch-institutionellen Garantie bestand, fällte der italienische Theoretiker des Liberalsozialismus keineswegs ein vernichtendes Urteil über das Kapitel der Geschichte, das mit der Oktoberrevolution begann. Im Gegenteil betont er, dass die Sowjetunion und die anderen sozialistischen Staaten tatsächlich »eine neue Phase des gesellschaftlichen Fortschritts in politisch rückständigen Ländern eingeleitet haben, indem sie traditionell demokratische Institutionen, formelle Demokratie, wie das allgemeine Wahlrecht und die Wählbarkeit der Ämter, sowie substanzielle Demokratie, wie die Kollektivierung der Produktionsmittel einführten«.

Bobbio, auch bedrängt von dem kommunistischen Führer, fasste seine Position so zusammen: »Wir verteidigen einen Kern von Institutionen [die dem liberalen Garantismus eigen sind], die sich bewährt haben, und wir möchten, dass sie auch in den sozialistischen Staat verpflanzt werden, das ist alles«. Und mehr noch: Wir wollen »einen Tropfen Öl in die Maschine der bereits abgeschlossenen Revolution gießen« (Bobbio 1977c, S. 164; 1977d, S. 280*). Es ging keineswegs darum, den Oktober zu liquidieren, sondern darum, ein soziales System weiterzuentwickeln und zu verfeinern, das bereits einen großen Beitrag zum Prozess der Emanzipation der Menschheit geleistet hatte.

Das Interesse und die Sympathie für das Kapitel der Geschichte, das mit der Oktoberrevolution begonnen hatte, verbanden sich mit dem Interesse und der Sympathie für die antikolonialen Revolutionen. Im Jahre 1955 war der Philosoph Teil der ersten italienischen Kulturdelegation, die zu einem Besuch in die Volksrepublik China eingeladen worden war, welche damals von den Vereinten Nationen ausgeschlossen, vom Westen auf jede erdenkliche Weise geächtet und bekämpft und Ziel eines gnadenlosen Embargos der USA war. Selbst Jahrzehnte später wird eine klare und sympathische Erinnerung wach:

> »Die imposante Kundgebung des Volkes zum Nationalfeiertag am 1. Oktober auf dem Tienanmen-Platz ist das außergewöhnlichste Schauspiel, dem ich in meinem Leben beigewohnt habe. Nach

> einer kurzen Militärparade füllte sich der große Aufmarsch mit Tänzern, Akrobaten und Jongleuren. Blumengirlanden und singende Frauen füllten den Platz mit Farben und anmutigen Bewegungen. Von den Tribünen aus konnten wir Mao Zedong sehr gut sehen, oben auf der Bühne, mit seinem ganzen Führungsstab. Ich kann mit aller Gelassenheit sagen, dass wir ihn mit Bewunderung betrachtet haben. Der ›lange Marsch‹ war eine der erstaunlichsten und begeisterndsten Episoden der Zeitgeschichte« (Bobbio 1997, S. 111*).

Wie zu Zeiten Rossellis (und noch früher denen von Hobhouse und Hobson) gab es auch zu der Zeit, als Bobbio so argumentierte, die Voraussetzungen für eine fruchtbare Begegnung zwischen Liberalsozialismus und Kommunismus. Ja, der Kalte Krieg war ausgebrochen, aber die noch lebendige Erinnerung an die Infamie des Nazifaschismus, der in Ländern im Herzen Europas an die Macht gekommen und mit dem entscheidenden Beitrag der »Barbaren« des Ostens besiegt worden war, war mit der NATO-Ideologie des Kalten Krieges schlecht vereinbar. Andererseits musste die scharfe Verurteilung der kolonialen Tradition und deren Verklärung im Rahmen der Geschichtsphilosophie des Westens eine gewisse sympathische Aufmerksamkeit für das Land mit sich bringen, das aus der Revolution hervorgegangen war und das die Fahne der Emanzipation der Kolonialvölker aufgenommen hatte, oder für ein Land wie die Volksrepublik China, das auf der Welle der größten antikolonialen Revolution der Geschichte entstanden war.

Liberalsozialistisches Missverständnis und kommunistische Verantwortung

Warum also findet die Begegnung zwischen den beiden Denkrichtungen nicht statt? Das erklärt sich nicht mit der Theorie des Sozialfaschismus, die für einige Zeit von der Kommunistischen Internationale hochgehalten wird und selbstverständlich eine verhängnisvolle Rolle spielt. In der Härte der Konfrontation zwischen Kommunisten und nicht-kommunistischen Linken beschuldigen sich beide Seiten gegenseitig, das Spiel des Faschismus zu spielen und sogar dessen

Komplize zu sein. Es ist die Linke als Ganzes, die bei der Ausarbeitung und Übernahme der Politik der Einheitsfront Schwierigkeiten hat. Als die Kommunistische Internationale sich auf ihrem VII. Kongress im Jahre 1935 endlich der gewaltigen Torheit, die Sozialdemokraten und Faschisten auf die gleiche Stufe zu stellen, entledigte, und eben gerade dazu aufrief, gegen die Gefahr der Aggression, die von den faschistischen Ländern ausging, eine Einheitsfront zu bilden, war es Rosselli (1989-92, Bd. II, S. 328f.*), der im Namen der revolutionären Orthodoxie starke Vorbehalte äußerte:

> »Der traditionelle marxistische Standpunkt wurde beiseite geschoben und man ist immer mehr auf den Standpunkt des ›demokratischen Krieges‹ abgeglitten. Der gegenwärtige Konflikt wäre nicht mehr das Ergebnis eines imperialistischen Konflikts, sondern ein Konflikt zwischen pazifistischen Staaten (dem proletarischen Staat) und dem Faschismus, vor allem dem deutschen Faschismus«.

Die kommunistischen Parteien »werden [zumindest] in den mit Russland alliierten Ländern auf die *union sacrée*[7] reduziert«. Und das heißt, indem die Kommunisten die These der chauvinistischen *union sacrée* wiederaufleben ließen, machten sie sich die Losung zu eigen, die im Ersten Weltkrieg verurteilt worden war. In diesem Fall war es der Exponent des italienischen Liberalsozialismus, der die radikalen Neuerungen, die im internationalen Rahmen eingetreten waren, nicht verstanden hatte: War der Erste Weltkrieg das Ergebnis des Zusammenstoßes zwischen kapitalistischen und imperialistischen Mächten, die entschlossen waren, ihre kolonialen Herrschaftsbereiche gegen die jeweils anderen auszudehnen, so entstand der Zweite Weltkrieg aus dem Anspruch des Faschismus, vor allem des Hitlerfaschismus, die koloniale Tradition fortzusetzen und zu radikalisieren und selbst Völker mit alten Kulturen zu unterjochen und zu versklaven, die daher gezwungen waren, sich auf einen antikolonialen Widerstandskampf unter dem Banner gerade der nationalen Einheit vorzubereiten.

7 Der Begriff *union sacrée* bezeichnet in bzw. für Frankreich die Aussetzung innenpolitischer Streitigkeiten im Ersten Weltkrieg, vergleichbar dem Burgfrieden in Deutschland.

Um die Gründe für das Ausbleiben einer Begegnung zwischen Kommunismus und Liberalsozialismus zu verstehen, darf man sich nicht auf im Verlauf der Zeit auftretende Meinungsverschiedenheiten konzentrieren, sondern es geht um die grundlegenden theoretischen und politischen Fragen. Man könnte sagen, dass der Liberalsozialismus aus einem Missverständnis entstanden ist, aber aus einem Missverständnis, für das er nicht der einzige und vielleicht auch nicht der Hauptverantwortliche ist, aus einem Missverständnis, das im Übrigen über das Feld der liberalen Sozialisten und der Kommunisten hinausgeht. Zu Beginn des Kalten Krieges, im Jahr 1949 stimmte Isaiah Berlin, ein Vertreter des klassischen Liberalismus, eine Hymne auf den Westen mit folgenden Worten an: Auch wenn es Bereiche des Elends gab, die die »positive Freiheit« (Zugang zu Bildung, Gesundheit, Freizeit usw.) blockierten, so war doch die »negative Freiheit«, die eigentliche liberale Freiheit, die unantastbare Sphäre der Autonomie des Individuums, für alle garantiert. Fünf Jahre später polemisierte Galvano Della Volpe, zu diesem Zeitpunkt vielleicht der berühmteste kommunistische Philosoph Italiens, gegen Bobbio, der die Sowjetunion aufgerufen hatte, sich endlich mit dem Liberalismus und seinen Errungenschaften auseinanderzusetzen, indem er in seiner Antwort der *libertas minor* die *libertas major* gegenüberstellte, die die kommunistische Bewegung geltend machte und dabei war zu verwirklichen. *Libertas minor* entsprach der »negativen Freiheit«, so wie *libertas major* der »positiven Freiheit« entsprach. Und das heißt: trotz einer anderen Ausdrucksweise und dazu unter Anwendung gegensätzlicher Werturteile waren sich Berlin und Della Volpe darin einig, die Konfrontation zwischen der kapitalistisch-liberalen und der kommunistischen Welt als Auseinandersetzung zwischen liberaler Freiheit und ökonomisch-sozialen Rechten darzustellen. Obwohl sie auf eine lange Tradition zurückgreifen konnten, lagen beide hier verglichenen Autoren falsch.[8] Berlin veröffentlichte den hier zitierten

8 Vgl. Berlin 1989 (der erste Essay: Die politischen Ideen des 20. Jahrhunderts, wurde 1949 in *Foreign Affairs* veröffentlicht); für Della Volpe vgl. Bobbio (1977c).

Aufsatz in der US-amerikanischen Zeitschrift *Foreign Affairs* zu einer Zeit, als Dutzende von Staaten der Union weiterhin die Verunreinigung der höheren weißen mit den anderen Rassen durch sexuelle und eheliche Beziehungen gesetzlich untersagten und so die elementarste der »negativen Freiheiten« mit Füßen traten, nämlich die freie Wahl des Sexual- und Ehepartners. Es waren jedoch gerade die Kommunisten, die gegen diese Gesetzgebung und gegen das Regime der Rassentrennung und Diskriminierung insgesamt kämpften, die dafür vor allem in den Südstaaten der USA als »Nigger-Liebchen« (*nigger lovers*) gebrandmarkt und, weil sie zur Rassenvermischung und Verunreinigung der überlegenen weißen Rasse neigten, entsprechend behandelt wurden. Ein US-amerikanischer Historiker beschrieb den Mut, den sie dabei unter Beweis stellen mussten: »Ihre Herausforderung des Rassismus und des *Status quo* führt[e] zu einer Welle der Unterdrückung, die man in einem demokratischen Land für undenkbar gehalten hätte«; ja, der *white supremacy* zu trotzen, bedeutete »mit der Möglichkeit von Gefängnis, Prügel, Entführung und sogar dem Tod konfrontiert zu werden« (Kelley 1990, S. XII und 30*). Und all das – könnte man hinzufügen – nur, um das zu verwirklichen, was nach dem Schema von Della Volpe als *libertas minor* betrachtet werden sollte, beziehungsweise als eine Reihe von größtenteils »minderwertigen« Freiheiten!

In Wirklichkeit ist es gerade die Sache der Freiheit, die junge Menschen dazu treibt, Kommunisten und später bedeutende Führer der internationalen kommunistischen Bewegung zu werden. Ho Chi Minhs politische Überzeugung reifte aufgrund der schmerzhaften Erfahrung der Unterdrückung und der Bedingungen des völligen Mangels an Freiheit, die der französische Kolonialismus dem vietnamesischen Volk aufzwang. Am 26. Dezember 1920 erklärte er auf dem Kongress der Sozialistischen Partei Frankreichs in Tours, die später der Kommunistischen Internationale beitreten sollte:

> »Die Gefängnisse sind zahlreicher als die Schulen und immer offen und erschreckend dicht besiedelt. Jeder Eingeborene, der sozialistische Ideen hat, wird inhaftiert und manchmal ohne Urteil hingerichtet« (in Lacouture 1967, S. 36f.*).

Vielleicht <hatte> der junge Revolutionär einige Zeit lang Illusionen über die USA gehegt, die unter Wilson versucht hatten, sich einen »antikolonialistischen« Anstrich zu geben, indem sie das Banner der Selbstbestimmung schwenkten, freilich ohne ihre Kolonien (die Philippinen) oder die Monroe-Doktrin und die damit verbundene Kontrolle über Lateinamerika aufzugeben. Jedoch wurde Ho Chi Minh, der auf der Suche nach Arbeit in der nordamerikanischen Republik gelandet war, fassungsloser Zeuge eines Lynchmordes, der langsamen, endlosen Qual eines Schwarzen, der eine fröhliche und feiernde weiße Menge beiwohnte. Lassen wir die Einzelheiten beiseite und sehen wir uns die Schlussfolgerung an: »Am Boden, umgeben von einem Gestank von Fett und Rauch, ein schwarzer Kopf, verstümmelt, geröstet, deformiert, der eine schreckliche Grimasse macht und die untergehende Sonne zu fragen scheint: ›Ist das die Zivilisation?‹«. Das kapitalistische und imperialistische System raubte die elementarsten Freiheiten und unterwarf nicht nur die Kolonialvölker, sondern auch die Völker kolonialen Ursprungs, die sich im Herzen der kapitalistischen Zentren befanden, der grausamsten Unterdrückung. Der junge Revolutionär prangerte die Schande des Regimes der weißen Vorherrschaft und des Ku Klux Klans in *Correspondance Internationale* an (französische Version des Organs der Kommunistischen Internationale; Wade 1997, S. 203f.*).

Selbst in einer äußerst dramatischen Situation, in der er von Feinden umgeben war, die ihn vernichten wollten, widmete Mao Zedong dem Freiheitskampf der Afroamerikaner, die zum Sklavendasein durch das Land verurteilt waren, das sich gerne als älteste Demokratie der Welt darstellte (und darstellt), Zeit und Aufmerksamkeit: Der Führer, entschlossen, den Plan zur Versklavung der chinesischen Nation zu durchkreuzen, der vom japanischen Imperialismus – dem Hitler-Imperialismus nachempfunden – ausgeheckt worden war, »wusste einiges über die Negerfrage in Amerika und verglich, etwas unpassend, die Behandlung von Negern und amerikanischen Indianern mit der Politik, die in der Sowjetunion gegen nationale Minoritäten gemacht wurde« (Snow 1970, S. 118). Selbst wenn man von der Sache der Freiheit in Bezug auf die Kolonialvölker absehen will (was sowohl epistemologisch als auch moralisch inakzeptabel wäre), besteht kein Zweifel, dass sich in Ländern wie Italien, Spanien, Portugal die kommunistischen Parteien entwickelt haben, indem sie sich an die Spitze des Kampfes gegen die durch den Faschismus – und bereits zuvor durch die weitgehende Notstandsgesetzgebung aus Anlass des Ersten Weltkrieges – eingeleitete Abschaffung demokratischer Freiheiten gestellt haben.

Wie soll man also erklären, dass die Kommunisten, obwohl sie sich in entscheidenden Freiheitskämpfen engagieren, die Freiheit, die sie bis zur Aufopferung des Lebens verteidigen, häufig auf die *libertas minor* beziehungsweise die lediglich »formale« Freiheit herabgestuft haben? Die Freiheit des liberalen Westens kann und muss unter verschiedenen Gesichtspunkten kritisiert werden. Trotz des Pathos, mit dem sie verkündet wird, ist sie durch beängstigende Ausschlussklauseln gekennzeichnet, in erster Linie zum Nachteil der Kolonialvölker (oder der Völker kolonialen Ursprungs), die regelmäßig auch der elementarsten bürgerlichen Freiheiten beraubt und oft der Dezimierung und Vernichtung unterworfen werden. Zumindest was die politischen Freiheiten betrifft, waren es lange Zeit die subalternen Klassen und die Frauen, die von den Ausschlussklauseln betroffen waren. Wenn wir dann von der Zirkulationssphäre die Aufmerksamkeit auf die Produktion verlagern, sehen wir, dass in der Fabrik der vom *Manifest der Kommunistischen Partei* angeprangerte Despotismus des Fabrikherrn nicht verschwunden ist: Dieser verschärft sich in Krisenzeiten sogar, wenn die souverän vom Eigentum beschlossene Entlassung die Verurteilung zum Hunger bedeuten kann. Hinzu kommt, dass sich in allen Krisensituationen, ob im Innern oder international, die liberale Freiheit leicht in Despotismus verwandelt. Schließlich ist eine Freiheit verkrüppelt, die die sozialen und wirtschaftlichen Rechte ausschließt, die heute auch theoretisch von der neoliberalen Reaktion bestritten werden. Groß ist die intellektuelle Anstrengung, die erforderlich ist, um die vielfältigen Grenzen der liberalen Freiheit zu verstehen: Einfacher und schneller geht es, sie als *libertas minor* und »formelle« Freiheit en bloc abzutun. Auf diese Weise gerät die kommunistische Theorie jedoch in eklatanten Widerspruch zur kommunistischen Praxis, aber es ist zweifellos Letztere, die sich als aufgeklärter erweist.

Weiter erschwert wurde die Ausarbeitung der marxistischen und kommunistischen Theorie über die Freiheit durch die Erwartung des Absterbens des Staates nach einer kurzen Übergangsperiode: Im Vergleich zur mitreißenden Perspektive des Verschwindens der Macht als solcher, konnte die Begrenzung der Macht durch die Herrschaft des Rechts, den *rule of law*, nur wie eine *libertas minor* und formal erscheinen, ohnehin dazu bestimmt, zusammen mit dem Staat zu verschwinden. Von hier muss man ausgehen, um das Missverständnis des Liberalsozialismus zu verstehen, der glaubte, die angebliche Taubheit des Kommunismus für das Ideal der Freiheit auszugleichen, indem er eine Synthese zwischen Liberalismus und Sozialismus vorschlug und den ersten (apologetisch) mit der Sache der Freiheit identifizierte und den zweiten (reduktionistisch) mit der Sache der sozialen Gerechtigkeit.

Die grundlegenden Grenzen des Liberalsozialismus

Bei genauerem Hinsehen wird jedoch schnell deutlich, dass es sich in der Tat um ein Missverständnis handelt. Es empfiehlt sich, den Ausgang bei Piero Gobetti zu nehmen. Er macht auf das »Arbeiterproblem, das Problem par excellence« »unseres Jahrhunderts« (des 20. Jahrhunderts) aufmerksam, würdigt die »grandiose Rätebewegung« der Arbeiter, aber er gelangt nie bis zu einer Kritik des Kolonialismus und des Imperialismus: Das äthiopische Abenteuer von Francesco Crispi wird von ihm kritisiert, aber nur, weil »der Imperialismus eine Naivität ist, solange die elementaren Existenzprobleme erst noch gelöst werden müssen« (Gobetti 1983, S. 114, 105 und 29*). Eine ähnliche Haltung kann man teilweise bei Rosselli (1989-92, Bd. II, S. 190*) erkennen, wenn er in folgenden Worten die Argumente zusammenfasst, um sie der imperialistischen Propaganda des Faschismus entgegenzusetzen: Äthiopien kann nicht »eine Kolonie zur Besiedlung«, aber »eine Kolonie zur Ausbeutung« sein, jedoch »um es ausbeuten zu können, braucht es große Kapitalien, die Italien heute nicht hat, und erst recht wird es sie morgen nicht haben, nach den Kriegsausgaben«.

Die gleichen Überlegungen können für den prominentesten Vertreter des italienischen Liberalsozialismus am Ende des Zweiten Weltkriegs und in den Jahren unmittelbar danach gelten. Guido Calogero schreibt 1944/45, dass der »moderne Liberalsozialismus«, in dem er sich wiedererkennt, »inzwischen ein Jahrhundert alt ist« (1972, S. 126 und 128*). Folglich ist Mill sein Ausgangspunkt, dem Lobredner der Opiumkriege und Theoretiker des segensreichen »Despotismus«, den der Westen gegenüber den »noch minderjährigen Rassen« ausüben müsse. Das Bewusstsein für die Kolonialfrage fehlt offensichtlich, was auch dadurch bestätigt wird, dass das »Commonwealth of Nations« genau zu dem Zeitpunkt gewürdigt wird, als in Indien der Kampf für die Unabhängigkeit in vollem Gange ist, der von den Kolonialbehörden mit ganzer Härte bekämpft wird, welche Gandhi zu Gefängnis verurteilen und »auf extreme Mittel, wie den Einsatz der Luftwaffe, zurückgreifen, um die Massen von Demonstranten zu beschießen« (Torri 2000, S. 598*).

Wenn wir uns nun noch einmal zurückwenden und unsere Aufmerksamkeit auf England richten, auf das Land, in dem der Liberalsozialismus zum ersten Mal aufkommt, können wir erkennen, dass Autoren wie Hobhouse und Hobson zwar grundsätzlich immun gegen den imperialen Eifer waren, der auch die Labour-Partei angesteckt hatte. Aber zumindest was Ersteren betrifft, ist dennoch ein Schwanken nicht zu übersehen. Der Liberalismus, wie er ihn versteht – er schreibt drei Jahre vor Ausbruch des Ersten Weltkriegs –, ist nicht »gleichgültig gegenüber den Interessen des Empire als Ganzes, dem Gefühl der Einheit, das seine weiße Bevölkerung durchdringt, den Chancen, die der Tatsache innewohnen, dass ein Viertel der Menschheit nur eine Flagge und eine einzige höchste Autorität anerkennt« (Hobhouse 1977, S. 122*).

Obwohl sie den kolonialen Expansionismus kritisierten, waren beide Vertreter des englischen Liberalsozialismus weit davon entfernt zu glauben, dass die Kolonialvölker aktive Akteure des revolutionären Prozesses werden könnten. Ihr Antikolonialismus besteht vielmehr in der Aufforderung an die herrschenden Klassen im Westen, den von ihnen verkündeten moralischen Prinzipien gerecht zu werden und sich daher nicht mit Verbrechen gegen die angeblichen »Barbaren« zu beflecken, mit anderen Worten: es ist die Forderung nach einer Reform von oben. Auf keinen Fall ist der Antikolonialismus von Hobhouse und Hobson der Aufruf an die Kolonialvölker, ihr Schicksal selbst in die Hand zu nehmen, wie es im Gegensatz die Bolschewiki tun, die die »Sklaven der Kolonien« aufrufen, ihre Ketten zu sprengen und die so eine gewaltige Welle antikolonialer Revolutionen in Gang setzten.

Wir können nun versuchen, eine allgemeine Bilanz zu ziehen. Der Liberalsozialismus entstand aus einer selbstkritischen Reflexion des Liberalismus, der jedoch mehr mit Blick auf die soziale Frage als auf die Kolonialfrage entwickelt wurde. Der Nazifaschismus wollte die koloniale Tradition, die lange Zeit in erster Linie von liberalen Ländern verkörpert wurde, wieder aufnehmen und radikalisieren. Und im liberalen Italien manifestierte sich <diese Tradition zum Beispiel> in den Lagern, die laut einem renommierten Historiker letztlich als »Vernichtungslager« für die dort festgehaltenen Libyer fungierten (Del Boca 2006, S. 121*). Es war die Armee, die von einem aufgeklärten Liberalen und Reformer wie Antonio Giolitti nach Libyen geschickt wurde, die sich schrecklicher Verbrechen gegen die Menschlichkeit schuldig machte und sogar die Idee einer Art »Endlösung« der libyschen Frage pflegte.[9] Ohne diese Vorgeschichte kann man eine der schändlichsten Seiten, die der italienische Faschismus geschrieben hat, absolut nicht verstehen, und zwar jene über den Krieg gegen Äthiopien, dessen Widerstand man unter Zuhilfenahme chemischer Waffen begegnete. Vergeblich würde man ein Nachdenken über diesen Zusammenhang im italienischen Liberalsozialismus suchen. Für den englischen Liberalsozialismus liegen die Dinge nicht anders. Bei der Verfolgung seines Plans, in Osteuropa ein Kolonialreich kontinentalen Typs zu errichten, bezieht sich Hitler ausdrücklich und wiederholt auf die Kolonialpolitik zweier liberaler Länder. Dabei geht es um zwei Modelle: zum einen die Expansion der USA und der weißen Rasse in den *Wilden Westen*

---

9 Losurdo 2011b, S. 241f.

sowie das Regime der *white supremacy*, das, auch nach der formellen Abschaffung der Sklaverei, über die Afroamerikaner weiterhin jenes Schicksal verhängt, das den »niederen Rassen« zukommt; zum anderen das Britische Empire, mit dem Blick vor allem auf sein Juwel, nämlich »Britisch Indien«. Dieser Umstand hätte eine Gelegenheit für eine endgültige Abrechnung mit dem Kolonialismus sein können, was sich jedoch in keiner Weise verwirklicht hat. Zur Veranschaulichung der Tatsache, dass man Zweifel an der Selbstverwaltungsfähigkeit von »Negern« und »Kaffern« haben sollte, führt Hobhouse (1977, S. 26f.*) »die amerikanische Erfahrung mit Negern« an. Es sind die Jahre, in denen jener Terror wütet, den der weiße Rassismus entfaltet: In den unteren Segmenten des Arbeitsmarktes eingeschlossen und der Knechtschaft unterworfen, werden Afroamerikaner zum Ziel von Lynchmorden, die eine endlose Folter darstellen und die gerade deshalb auch als schreckliches Spektakel für die Massen dienen; es sind die Jahre, in denen der Rassenstaat mit Nachdruck in Erscheinung tritt und damit die Begeisterung Hitlers entfacht. Als Beispiel für einen »Weltstaat mit nicht unmöglicher Zukunft«, nennt Hobhouse (ebd., S. 121*) die »freie nationale, vollständige und akzeptable Selbstverwaltung«, die Kanada und Australien genießen. Es ist eine Selbstverwaltung, die es insbesondere im zweiten Fall, den Kolonisten, nun befreit von sämtlichen Hindernissen, die von der Zentralmacht herrührten, ermöglicht, zügig zur Dezimierung oder Ausrottung der Einheimischen überzugehen. Es ist eine Dialektik, die der Autor in Bezug auf Südafrika gut herausstellt, aber ignoriert, wenn es um andere Kolonien geht. Auf jeden Fall können wir, wenn wir uns das Schicksal der Eingeborenen vor Augen halten, die Gründe für die Faszination, die das britische Empire auf Hitler ausübt, besser verstehen.

Im Lichte der fehlenden Abrechnung mit der Kolonialfrage verwundern die Unsicherheiten und Schwankungen des Liberalsozialismus gegenüber dem Ersten Weltkrieg nicht, eine Haltung, die sich deutlich von der Lenins unterscheidet. Hobhouse (1921, S. 6f.*) schließt sich voll und ganz der Ideologie des Krieges der Entente an und interpretiert den gigantischen Konflikt als einen Kreuzzug, den die Erben des »rationalen Humanismus des 18. und 19. Jahrhunderts« gegen ein von der »metaphysischen Theorie des Staates« und der »Hegelschen Theorie des Gottstaates« vergiftetes Land führen. Eine analoge Beobachtung kann man in Bezug auf Gobetti machen (1983, S. 30*): »Der Geist des Krieges war in der Tat populär und ernst, er bezeichnete für die Bauern des Südens die erste Prüfung für das Leben in der Einheit«. Wenn auch in einer nüchterneren Sprache, taucht die im Verlauf des Krieges verbreitete Ideologie wieder auf, die die ungeheure Kraftprobe und die Aufopferung sowie die Bereitschaft zur Opferung des menschlichen Lebens als »Schmelzofen«, als Mittel zur Überwindung der Wunden des Klassenkampfes und damit als Instrument zur »Regeneration des gegenwärtigen gesellschaftlichen Lebens« und zur »Läuterung der Menschen« rühmt: Es ist die Sicht, gegen die Gramsci, der sich dem Kommunismus zugewandt hat, in feurigen Worten polemisiert.[10] Im Vergleich zu anderen Liberalsozialisten zeigt sich Hobson, den wir erlebt haben, wie er 1917 den Chauvinismus der Parteien der Zweiten Internationale kritisierte, deutlich distanzierter. Er äußert Vorbehalte und Kritik bereits zum Zeitpunkt des Kriegsausbruchs, allerdings ohne über eine klagende Tautologie hinaus zu gehen: Ach, wenn eine »internationale Regierung« am Werk gewesen wäre (das ist das Thema, das dem hier zitierten Buch den Titel gibt), hätte es den im Sommer 1914 zwischen den Nationalstaaten ausgebrochenen schrecklichen Konflikt nicht gegeben! Es gibt keinen Hinweis auf den Kolonialkonflikt, vielmehr wird das Projekt einer gemeinsamen Ausbeutung der von Ländern und Völkern mit Entwicklungsrückstand nicht genutzten Ressourcen durch die Großmächte zum »Nutzen der Menschheit« angedeutet (Hobson 1915, S. 139f.*). In diesem Rahmen ist kein Platz für die Kolonialvölker in der Rolle des revolutionären Protagonisten und auch nicht für die Aufforderung an die Opfer des Gemetzels, den Gehorsam zu verweigern und sich zu erheben: Und das ist der wirkliche Unterschied zum Bolschewismus und zum Kommunismus.

---

10 Vgl. oben Kapitel 1, *»Antitotalitarismus« und Selbstabsolution des Westens.*

Bobbio contra Hobhouse: Der Liberalsozialismus als Flucht aus dem Konflikt

Bevor wir weiter auf die Analyse der beiden hier diskutierten Denkrichtungen eingehen, müssen wir auf einen weiteren grundlegenden Unterschied aufmerksam machen: Ausgehend von der Oktoberrevolution (oder, wenn man so will, mit der Herausbildung des Bolschewismus im Zuge der Veröffentlichung von Lenins *Was tun?*) hat sich die kommunistische Bewegung, wenn auch mit Höhen und Tiefen und sehr starken Schwankungen, ununterbrochen weltweit bemerkbar gemacht. Der Liberalsozialismus äußert sich hingegen nur unregelmäßig, vor allem in den Momenten der akutesten politischen und sozialen Krise (dem Furor des kolonialen Expansionismus und des Imperialismus; der Entstehung des Ersten Weltkriegs; dem Vormarsch des Nazifaschismus; nach der Katastrophe in Bezug auf die Dringlichkeit des Aufbaus einer Ordnung, die in der Lage ist, die Wurzeln des Imperialismus, des Krieges und des Faschismus auszureißen), und auch dann oft nur auf Druck seitens der sozialistischen und kommunistischen Bewegung. Auch der Bereich der geografischen Verbreitung ist deutlich enger: Es handelt sich vor allem um zwei Länder, Großbritannien und Italien.

In Ersterem nimmt der Liberalsozialismus seine theoretisch reifere Form an. Bei Hobhouse springt in erster Linie die Verbindung zwischen Politik und Ökonomie ins Auge: »Der Mensch, der an Hunger stirbt«, ist einem »Zwang« unterworfen, der seine Freiheit beschneidet oder zunichtemacht; es muss also zwischen »scheinbarer Freiheit« und »wirklicher Freiheit« unterschieden werden (Hobhouse 1909, S. 216f.*). Und folglich sind »die Volksmassen [...] nicht völlig frei, von ihren politischen Rechten Gebrauch zu machen, wenn sie Arbeitsbedingungen ausgesetzt sind, die sie zwingen Blut zu spucken [...] Die soziale Frage muss als Ganzes betrachtet werden« (Hobhouse 1977, S. 126*). Noch bedeutsamer ist das tendenzielle Bewusstsein für die Möglichkeit des Entstehens von Konflikten zwischen den verschiedenen Freiheiten.

Aber was wir soeben gesehen haben, ist ein weit verbreitetes Motiv im Liberalsozialismus als solchem. Man muss deshalb die Aufmerksamkeit auf einen anderen Gesichtspunkt richten, der mir bedeutsamer erscheint. Gerade hier wird deutlich, wie Hobhouse die traditionelle liberale Kritik an den Aktivitäten der kämpferischeren Arbeitergewerkschaften zurückweist: Es stimmt, dass »die Gewerkschaftsbewegung [...] Zwang [impliziert] und [...] insofern die Freiheit des Einzelnen [verletzt]« (man denke nur an die Streikposten der Arbeiter). Und dennoch »[ist d]ie Freiheit, die die Gewerkschaft opfert, [...] weniger wichtig als die Freiheit, die sie sichert«: Sie dient effektiv dazu, der »Ungleichheit« der Machtverhältnisse zwischen Arbeitgebern und Arbeitern entgegenzuwirken, wobei letztere eindeutig benachteiligt und somit zu einem Zustand erheblichen »Fehlens von Freiheit« verurteilt sind (Hobhouse 1909, S. 219f.*). Es sind also nicht notwendigerweise Freiheit und Despotie, die aufeinanderprallen, wie es in der klassischen liberalen Theorie der Fall ist; eine Freiheit und eine andere Freiheit, die nicht gleichwertig sind, können ebenfalls aufeinanderprallen.

Der Konflikt der Freiheiten spielt eine noch wichtigere Rolle, wenn wir die Beziehungen zwischen kapitalistischen Zentren einerseits und kolonialen Völkern oder Völkern kolonialen Ursprungs andererseits sowie die internationalen Beziehungen als Ganzes analysieren. Folgendes passiert in Südafrika in den Jahren unmittelbar nach dem britisch-burischen Krieg: »In dem Wirrwarr der menschlichen Angelegenheiten [*in the tangle of human affairs*] wird das Prinzip der Autonomie angeführt, um das uneingeschränkte Recht einer kleinen Oligarchie von Plantagenbesitzern zu verteidigen, ihre Schwarzen zu Hause nach Belieben zu behandeln« (ebd., S. XXXIIIf.*). Die Selbstverwaltung der weißen Gemeinschaft ging Hand in Hand mit der Aufoktroyierung eines Regimes der *white supremacy*. Es ist diese Dialektik, die den Unabhängigkeitskrieg der amerikanischen Kolonisten gegen die Regierung in London bestimmt hatte. Die Freiheit der Zivilgesellschaft, die die Selbstverwaltung errungen hat und von den Weißen dominiert wird, kann mit der Unterdrückung ethnischer Minderheiten und sogar mit deren Dezimierung und Vernichtung einhergehen (wie es bei den amerikanischen Rothäuten der Fall war).

Selbst die Gewährung politischer Rechte für Schwarze kann den Konflikt zwischen den Freiheiten nicht lösen:

> »Wenn eine Oligarchie weißer Pflanzer innerhalb einer schwarzen Bevölkerung angesiedelt ist, kann man sich fragen, ob die Ausweitung des Wahlrechts auf die schwarze Bevölkerung die beste Methode ist, um Gerechtigkeit zu gewährleisten. Es mag vorkommen, dass der ›Farbige‹ aufgrund der wirtschaftlichen und sozialen Bedingungen, unter denen er lebt, gezwungen ist, den Anweisungen seines Herrn zu folgen, und wenn wir allen die Grundrechte garantieren wollen, kann es sein, dass ein halbdespotisches System, wie es in einigen Kolonien der Krone in Kraft ist, das Beste ist« (Hobhouse 1977, S. 120*).

Selbst wenn er der »freien« Selbstverwaltung einer weißen Gemeinschaft entgegentreten will, die entschlossen ist, ein Regime der *white supremacy* durchzusetzen, zögert der englische liberale Sozialist nicht, ein »halb-despotisches« System zu fordern. Um ein Land als demokratisch zu definieren, müssen jedoch nicht nur seine im Innern waltenden Institutionen, sondern auch seine Beziehungen zu den anderen Ländern berücksichtigt werden:

> »Bis gestern schien es unmöglich, sich der höchsten ›Bestimmung‹ zu widersetzen, die den weißen Rassen den Auftrag gab, den Rest der Welt zu beherrschen. Das Ergebnis wäre gewesen, dass, egal wie die Demokratie innerhalb eines westlichen Staates entwickelt wäre, seine Beziehungen zu den Kolonien durch ein gegensätzliches Prinzip gekennzeichnet wären. Wie ein Student, der unsere politische Verfassung genau beobachtet, leicht bemerken kann, ist dieser Widerspruch eine ständige Bedrohung für die nationale Freiheit« (ebd.*).

Unabhängig auch von der Beziehung zur kolonialen Welt als solcher gilt ein allgemeiner Grundsatz: »Eine Nation kann nicht als vollkommen frei bezeichnet werden, wenn sie eine andere Nation fürchtet oder ihr Furcht vor sich einflößt«. Auf jeden Fall kann man das Ideal der Freiheit nicht vom Prinzip der »internationalen Gleichheit« und der Kritik an der »imperialen Idee« oder der imperialistischen trennen (ebd., S. 126 und 122*). Wie auf der Ebene eines einzelnen

Landes nicht nur der gesetzlich verankerte, sondern auch der durch Hunger ausgeübte Zwang zu berücksichtigen ist, so ist auf internationaler Ebene neben der eigentlichen Kolonialherrschaft auch die Herrschaft zu berücksichtigen, die durch Ausübung von Gewalt und der Androhung von Gewalt ausgeübt wird. In Anbetracht dieser Überlegungen war Großbritannien – das freie Land schlechthin in Europa – in Wirklichkeit nicht »vollkommen frei«, da es z. B. einem Land wie China Furcht einflößte und den Grundsatz der »internationalen Gleichheit« systematisch mit Füßen trat. Auch wenn Hobhouse vielleicht nicht alle Konsequenzen aus seinen theoretischen Annahmen zog, ist es klar, dass diese den traditionellen Rahmen der liberalen Theorie radikal in Frage stellten.

Selbst in seinen besten Momenten ist es dem italienischen Liberalsozialismus nicht gelungen, eine Vorstellung der vielfältigen und widersprüchlichen Aspekte des Problems der Freiheit und des möglichen Konflikts zwischen den Freiheiten zu entwickeln. Diese Tatsache ist nicht in erster Linie durch die subjektiven Grenzen dieses oder jenes Autors zu erklären. Ein anderer Umstand erweist sich hier als wichtiger. Da er sich im Zentrum des britischen Empire befand, fiel es Hobhouse nicht schwer, zu verstehen, dass die Rechtsstaatlichkeit (*rule of law*) im kapitalistischen Zentrum keineswegs Despotismus gegenüber den Kolonialvölkern ausschloss; wenn auch mit Schwankungen und Widersprüchen, so konnte er darüber hinaus doch feststellen, dass die den weißen Kolonien gewährte Selbstverwaltung Hand in Hand mit der Intensivierung der Unterdrückung der ursprünglichen Bevölkerung ging. Der italienische Liberalsozialismus war in eine eher »provinzielle« Position abgedrängt, die ihn geneigt machte, Großbritannien als Verkörperung der Freiheit zu verklären und auf eine binäre Logik zurückzugreifen, unfähig, das »Gewirr« (*tangle*) von Beziehungen und Widersprüchen zu verstehen, das die soziale Realität charakterisiert und auf die, wie wir gesehen haben, Hobhouse verwiesen hatte.

Aufschlussreich ist eine Passage aus dem Jahr 1994, die der Turiner Philosoph einige Jahre später in seiner *Autobiografie* aufgreift und die die Haltung gegenüber Liberalismus und Sozialismus so zusammenfasst:

> »Mir scheint, dass wir mit den Füßen etwas mehr auf dem Boden der Tatsachen stehen, wenn wir anstelle der beiden Ismen von Freiheit und Gleichheit sprechen [...] Wenn wir sagen wollen, dass die beiden Probleme sich erstens auf die liberale Doktrin und zweitens auf die sozialistische Doktrin beziehen, dann können wir das ruhig so sagen. Aber ich erkenne mich selbst, auch gefühlsmäßig, besser in dem Motto: ›Gerechtigkeit und Freiheit‹« (Bobbio 1997, S. 47*).

Die binäre Logik feiert hier ihre Triumphe: Dem Liberalismus entspricht die Freiheit und dem Sozialismus die Gleichheit; das sind die beiden Ideale und die beiden Denktraditionen, die es jetzt zu verbinden gilt. Verschwunden ist die Geschichte mit ihrem Geflecht von Widersprüchen. Ist der Liberalismus gleichbedeutend mit Freiheit oder dem Eintreten für das Ideal der Freiheit? Aus diesem Bild sind die Versklavung der Schwarzen (und der anschließende Rückgriff auf die indischen und chinesischen *Kulis*), ebenso die Enteignung, Deportation und Dezimierung der Ureinwohner, die Unterwerfung der Kolonialvölker und die Zwangsarbeit sowie die genozidalen Praktiken, denen sie unterworfen wurden, getilgt. Wenig Platz gibt es auch für die vielfältigen Dimensionen der Freiheit, auf die Hobhouse verweist. Während die Freiheit vom materiellen »Zwang« des Hungers und des Elends durch den Verweis auf das Ideal der »Gerechtigkeit« in gewisser Weise angedeutet wird, gibt es keinerlei Hinweis auf die Freiheit von der Bedrohung durch Aggression, also die Freiheit, die der englische liberale Sozialist für wesentlich hält. Und immerhin ist die Freiheit, die vor allem als Inanspruchnahme des *rule of law* verstanden wird, dazu aufgerufen, das Ideal der Gleichheit bis zu einem gewissen Grade einzubeziehen. Aber auch dieses Ideal erfährt bei Bobbio eine Verkürzung: Es wird auf die Bemühungen verwiesen, eine soziale Polarisierung innerhalb eines einzelnen Landes zu vermeiden, aber nicht auf die Bemühungen um die »internationale Gleichheit«, von der wiederum Hobhouse spricht.

Beide – amputiert und verkümmert – können bei Bobbio Freiheit und Gleichheit niemals in Widerspruch zueinander geraten. Und wieder springen die theoretische Armut und der Provinzialismus dieses Modells im Vergleich zu dem des englischen liberalen Sozialisten ins Auge. Was vor allem ignoriert wird, ist die große Lehre von Adam Smith. Dieser stellt in Bezug auf die Lage der englischen Kolonien am Vorabend ihres Aufstands gegen die Regierung in London fest: Die Sklaverei kann unter einer »despotischen Regierung« leichter unterdrückt werden als unter einer »freien Regierung«, bei der die repräsentativen Organisationen ausschließlich weißen Eigentümern vorbehalten sind. Verzweifelt ist in diesem Falle die Lage der schwarzen Sklaven: »Jedes Gesetz wird von ihren Herren verabschiedet, die niemals eine für sie nachteilige Maßnahme durchgehen lassen werden«. Und folglich: »Die Freiheit des freien Mannes ist die Ursache der großen Unterdrückung der Sklaven […] Und da sie den größten Teil der Bevölkerung stellen, wird keine mit Menschlichkeit ausgestattete Person die Freiheit in einem Land wünschen, in dem diese Institution eingeführt worden ist« (Smith 1982, S. 452f. und S. 182*). Und das heißt, dass sich in bestimmten historischen Situationen manifestiert, was wir einen Konflikt der Freiheiten nennen könnten. Man ist gezwungen, zwischen zwei wesentlichen Freiheiten zu wählen: Die Emanzipation der schwarzen Sklaven konnte nicht erreicht werden ohne die, wenn auch provisorische Annullierung der Selbstverwaltung der Südstaaten, die die Schwarzen versklavt hatten. Und tatsächlich wurde die Sklaverei erst viele Jahrzehnte später abgeschafft, nach einem blutigen Krieg und einer anschließenden Militärdiktatur, die die Bundesregierung den sezessionistischen und sklavenhaltenden Staaten auferlegte. Als die Union dann auf ihre eiserne Faust verzichtete, wurde den Weißen wieder die lokale Selbstverwaltung (und *Habeas Corpus*) zugestanden, aber die Schwarzen wurden nicht nur der politischen Rechte beraubt, sondern auch einem Regime unterworfen, das *Apartheid*, halb-sklavische Arbeitsverhältnisse und Lynchjustiz beinhaltete und sie in der Praxis auch der negativen Freiheit beraubte.

Indem er den möglichen Konflikt der Freiheiten ignoriert, nimmt der Liberalsozialismus von Bobbio die Form einer Flucht vor dem Konflikt und letztlich vor der Geschichte an. In diesem Zusammenhang kann es interessant sein, den Turiner Philosophen nicht mehr mit dem liberalsozialistischen Hobhouse, sondern mit einem liberalen US-amerikanischen Autor zu vergleichen. Dieser fordert zwar den Vorrang der Freiheit vor der Gleichheit, das heißt anders ausgedrückt, der negativen Freiheit vor der positiven, fügt aber hinzu, dass dieser Vorrang nur »jenseits eines Mindesteinkommensniveaus« Geltung habe (Rawls 1982, S. 441*). Das heißt, in der Dritten Welt bleibt die Notwendigkeit, das Überleben der ärmsten Bevölkerungsschichten zu sichern (was einen wesentlichen »positiven« Aspekt der Freiheit darstellt), das vorrangige Ziel, auch wenn es in Widerspruch zu anderen »negativen«, aber dennoch wesentlichen Aspekten der Freiheit steht. Leider wird auch in diesem Fall weder auf die Freiheit als Abwesenheit von Furcht oder Aggressionsgefahr noch auf die »internationale Gleichheit« Bezug genommen, also nicht auf die internationale Dimension des Problems. Und doch taucht der Konflikt der Freiheiten immer wieder auf. Wenn es darum geht, der Flucht aus dem Konflikt und aus der Geschichte das Wort zu reden, dann ist Bobbio zweifellos konsequenter.

Von der Flucht aus dem Konflikt bis zur Delegitimierung antikolonialer Revolutionen

Die Flucht aus dem Konflikt bedeutet in erster Linie die Auslöschung der kolonialen Tradition und eine Interpretation der Geschichte des 19. und 20. Jahrhunderts, die so tut, als hätten Sklaverei, Unterwerfung und Kolonialkriege nie existiert. Aufschlussreich ist ein Text, mit dem wir uns ausführlich beschäftigen sollten. Wir befinden uns im Jahr 1986: Bobbio hält die Selbstkritik der italienischen Kommunisten in Bezug auf die Unterstützung der sowjetischen Invasion in Ungarn dreißig Jahre zuvor für keineswegs ausreichend. Nein, es handele sich nicht um einfache »Fehler«, wie die Führer des PCI schlauerweise glauben machen wollen. Es handelt sich um das Kapitel der Geschichte, das im Oktober 1917 begann und eine ganze Weltsicht, die verurteilt und liquidiert werden muss:

> »Hatte nicht schon Machiavelli gesagt, dass, wenn es um die Rettung des Vaterlandes gehe (ein weniger erhabenes Ziel als die Befreiung der gesamten Menschheit), ›man weder auf Recht noch auf

> Unrecht, weder auf Milde noch auf Grausamkeit, weder auf Löbliches noch auf Schändliches achten darf‹? Oder hatte Hegel nicht behauptet, dass der Staatsgründer, der ›Held‹, der in der marxistisch-leninistisch-stalinistischen und auch der gramscianischen Lehre zu einem kollektiven Helden, der Partei, wird, nicht an die Gesetze gebunden ist, die den gewöhnlichen Sterblichen binden, und dass, während er unwiderstehlich getrieben ist, sein Werk zu tun‹ (gestatten Sie mir, das ›unwiderstehlich‹ zu betonen), alles, was er gibt, gut ist, und die anderen, die gewöhnlichen Menschen, sich seinem Willen beugen, auch ohne sich dessen voll bewusst zu sein?« (Bobbio 1990a, S. 114f.*).

Die Verbrechen des Kommunismus, die von dem Turiner Philosophen als Synonym für Perversion und Beseitigung der Moral angeprangert werden, sind bereits in seine Geschichtsphilosophie eingeschrieben: je erhabener und strahlender das Bild der unvermeidlichen Zukunft ist, desto leichter eignet es sich als Mittel zur Legitimation »von nicht noblen oder auch schändlichen Mitteln«; die behauptete historische Notwendigkeit delegitimiert und verhöhnt jegliche moralischen Skrupel, die sich der Erreichung des »letztlich vorbestimmten Ziels« (Kommunismus) in den Weg stellen könnten. Es ist der Triumph der »Maxime, dass der Zweck die Mittel heiligt«. Und so müssen Kommunisten oder ehemalige Kommunisten, um sich zu erlösen, endlich »jene Auffassung von der Partei, von der Politik, von der Geschichte als falsch anerkennen, die sie zu dem gemacht hat, was sie waren und was sie heute nicht mehr sein können« (ebd., S. 114 und 116*).

In dem hier zitierten Artikel ist das Schweigen über den anglo-französisch-israelischen Krieg gegen Nassers Ägypten <(Suezkrieg 1956)> ohrenbetäubend. Dieser fällt jedoch zeitlich mit dem sowjetischen Einmarsch in Ungarn zusammen. Mehr noch, es handelt sich um zwei Ereignisse, die sich gegenseitig bedingen und die, während der Kalte Krieg tobt, in ihrer Verflechtung »den größten Alarm auslösen, den die Welt seit dem Ende des Zweiten Weltkriegs erlebt hat« (Fontaine 1968, Bd. II, S. 295*). Ist der Kolonialkrieg im arabischen Raum weniger schlimm als die Invasion, mit der die UdSSR versucht, »ihre Monroe-Doktrin« in Osteuropa zu bekräftigen? Ist das erste Ereignis weniger unmoralisch und weniger »machiavellistisch« als das zweite? Frankreich (das den Maghreb kontrolliert und das dabei ist, die algerische Revolution mit allen Mitteln zu liquidieren) und Großbritannien (das im Persischen Golf stark präsent ist und entschlossen, die Kontrolle über den Suezkanal zu behalten) drängen Israel (dessen expansionistische Vitalität bereits offensichtlich ist) Ägypten anzugreifen. Danach bombardieren die beiden alten europäischen Kolonialmächte das angegriffene Land und geben sich dabei noch als Vermittler aus. Es ist eine »erbärmliche Maskerade«, es wird »eine Komödie inszeniert mit solcher Böswilligkeit, dass sie an Naivität grenzt« (ebd., S. 280*). Man weicht vor nichts zurück, um das Ägypten von Nasser, das im Nahen und Mittleren Osten zum Bezugspunkt antikolonialer Unabhängigkeitsbewegungen geworden ist, zu vernichten. Es stimmt, dass sich Washington in diesem Falle gegen die Protagonisten der »erbärmlichen Maskerade« positioniert. Die Verzögerung seiner Intervention veranlasste jedoch einige zu der These, dass die USA »ihren Verbündeten eine Falle gestellt haben, indem sie sie handeln ließen, wenn nicht sogar heimlich ermutigten, mit dem Ziel, selbst an die Stelle von deren Imperialismus zu treten«. Es kann durchaus sein, dass dieser Verdacht »reine Einbildung« ist (ebd., S. 281*). Es bleiben jedoch zwei Tatsachen. Erstens: Die Affäre endet mit der Verabschiedung der Eisenhower-Doktrin am 9. März 1957 – »das gesamte Gebiet des Nahen und Mittleren Ostens« wird nun »lebenswichtig« für die amerikanischen »nationalen Interessen«; damit geht die Kontrolle über ein Gebiet von entscheidender strategischer Bedeutung von Großbritannien auf die Vereinigten Staaten über. Die zweite Tatsache: das Verhalten des Westens insgesamt, das Misstrauen gegenüber den USA und die objektiven Resultate, die letztere erreicht haben, all das lässt das Schema, das Bobbio so am Herzen liegt und das die machiavellistischen Kommunisten den westlichen Moralhütern entgegenstellt, etwas naiv, wenn nicht gar lächerlich erscheinen. Von »amerikanischem Machiavellismus« spricht bedenkenlos sogar ein Historiker, der ausdrücklich den nützlichen und notwendigen Charakter des vom Weißen Haus geführten »Empire« darlegt (Ferguson 2005, S. 119*).

Das Schweigen über das Suezabenteuer ist nicht der einzige Ausdruck der Tendenz, die koloniale Tradition zu entsorgen, die den oben genannten Text von Bobbio in starkem Maße prägt. Wenn der Philosoph den Kommunisten, und ausschließlich ihnen, vorwirft, die Moral auf dem Altar der Geschichtsphilosophie und der Zwangsläufigkeit des geschichtlichen Prozesses zu opfern, bemerkt er nicht, dass er damit die Kritik der britischen Liberalsozialisten aufgreift, die sich nicht gegen die kommunistische oder sozialistische Bewegung richtet, sondern gegen eben jene koloniale Tradition und Ideologie. Wir haben gesehen, wie Hobhouse die Vision kritisierte, die dazu aufforderte, sich der »höchsten ›Bestimmung‹ zu beugen, die den weißen Rassen den Auftrag gab, den Rest der Welt zu beherrschen«. In seiner Polemik gegen die amerikanischen und europäischen Propheten des Imperialismus charakterisiert Hobson (1974, S. 69*) diese seinerseits ironisch als »Partei der Vorsehung« und der »zivilisierenden Mission«.

Diese Charakterisierung ist verständlich. Ab Mitte des 19. Jahrhunderts erfährt in den Vereinigten Staaten das Thema *Manifest Destiny* große Verbreitung, d. h. die Mission aufgrund einer Vorherbestimmung, mit der sie sich betraut fühlen und die sie dazu veranlasst, große Gebiete zu annektieren und die sie darüber hinaus dazu treibt, den gesamten Kontinent unter ihre Kontrolle zu bringen und zu zivilisieren. Es handelt sich um das grundlegende ideologische Motiv, das die koloniale Expansion des Westens als Ganzes begleitet. Manchmal spricht man mit einer noch emphatischeren Sprache anstelle von »Bestimmung« von »Vorsehung«. In den Augen Tocquevilles ist die weltweite Vorherrschaft des Westens und der Weißen »von der Vorsehung deutlich vorherbestimmt […]. Nichts auf der Erdoberfläche wird ihnen widerstehen« (Tocqueville 1951, Bd. IX, S. 243f*). Die verheerenden Auswirkungen dieser Geschichtsphilosophie zeigen sich besonders klar, wenn der französische Liberale das von den Indianern bewohnte Land als eine »leere Wiege« (ebd., Bd. 1, S. 25*) bezeichnet, die darauf wartet, dass die europäischen Siedler eintreffen, die dazu bestimmt sind, sie aufgrund eines unwiderstehlichen Befehls der »Vorsehung« zu okkupieren (und ethnischen Säuberungen unterziehen).[11] Des Weiteren ist zumindest im Fall von Benjamin Franklin der tendenziell genozidale Charakter dieser Geschichtsphilosophie unmissverständlich: »Wenn es den Plänen der Vorsehung gefällt, diese Wilden auszurotten, um Platz zu schaffen für die Bauern, die das Land kultivieren, scheint mir der Rum das wahrscheinlich geeignetste Mittel zu sein. Er hat schon all die Stämme vernichtet, die zuvor die Küste bewohnten.« (Franklin 1987, S. 1422*).

Wenn er das Thema der Faszination einer Zukunft kritisiert, die bereits durch die Vorsehung, das Schicksal oder die Objektivität des historischen Prozesses unausweichlich vorherbestimmt ist, lässt Bobbio die koloniale Tradition völlig außer Acht und nimmt ausschließlich die kommunistische Bewegung ins Visier, den großen Antagonisten des Kolonialismus, wobei letzterer selbst in den Augen des britischen liberalen Sozialismus die hauptsächliche Verkörperung einer gewalttätigen und verheerenden Geschichtsphilosophie darstellt. Unter diesem Gesichtspunkt ist der englische Liberalsozialismus Lenin näher als dem späten Bobbio. Für Hobhouse ist es das »politische Erwachen im Osten«, das sich »in den letzten Jahren« manifestiert hat, es ist das Erwachen der kolonialen Völker, das die kolonialistische und rassistische These der »Bestimmung« widerlegt, die die weltweite Vorherrschaft der »weißen Rassen« vorsieht (Hobhouse 1977, S. 120*). Diese Behauptung fällt ins Jahr 1911: Die Unzufriedenheit mit dem Joch oder der Hegemonie des Westens nimmt in China, Indien, Persien und der Türkei zu. Dieser Aufruhr und diese Bewegung werden mit großer Sympathie aufgenommen:

> »Das Erwachen des Ostens, von Peking bis Konstantinopel, ist das wichtigste und vielversprechendste Ereignis unserer Zeit, und mit tiefster Beschämung waren die englischen Liberalen gezwungen zuzusehen, wie unser Außenminister sich zum Komplizen des Versuchs machte, die Freiheit Persiens im Keim zu ersticken, und dies im Interesse der rücksichtslosesten Tyrannei, die jemals die Freiheit eines weißen Volkes unterdrückt hätte« (ebd., S. 120f.*).

11 Zur »leeren Wiege« siehe auch Losurdo 2011a, S. 293ff.

Die Sache der Freiheit wird nicht vom liberalen Westen repräsentiert, sondern von den Völkern in kolonialen oder halbkolonialen Verhältnissen, die gezwungen sind, gegen diesen zu kämpfen. Wenn der englische Liberale als Beispiel in erster Linie Persien nimmt, so konzentriert sich Lenin, über Persien hinaus (wo sich zur Teilung des Landes das liberale England mit dem zaristischen Russland verbündet, um »die Reaktionäre« und »die Anhänger des Absolutismus« sowie »die Banden des Schahs« zu unterstützen), auch auf China:

> »Überall in Asien wächst, verbreitet sich und erstarkt eine mächtige demokratische Bewegung. [...] *Hunderte* Millionen Menschen erwachen zum Leben, zum Licht, zur Freiheit. [...] Und das ›fortgeschrittene‹ Europa? Es raubt China aus und hilft den Feinden der Demokratie, den Feinden der Freiheit in China!« (LW 19, S. 83).

Abgesehen von den Kolonien und Halbkolonien, von denen Marx (MEW 9, S. 225) sagt: »Die tiefe Heuchelei der bürgerlichen Zivilisation und die von ihr nicht zu trennende Barbarei liegen unverschleiert vor unseren Augen«, wo selbst »die liberalsten und radikalsten Männer des freien Britanniens [...] in ihrer Rolle als Machthaber Indiens zu wahren Dschingis-Chans« werden (LW 15, S. 178),[12] fällt es Bobbio nicht schwer zu schlussfolgern: »Das nicht gerade Viele an Demokratie, das es in der Welt gibt [...], existiert in Wirklichkeit nur in kapitalistischen Gesellschaften«, während Regime, die den Anspruch erhoben haben, eine andere Gesellschaftsordnung zu errichten, »vom ersten Augenblick an [durch] die Errichtung monokratischer Macht« gekennzeichnet waren (Bobbio 1990b*). Das klingt nach einer vernünftigen und klaren Argumentation. In Wirklichkeit haben wir es mit einer Verstümmelung und Verzerrung des historischen Bildes zu tun. Der liberale Philosoph vermeidet es, sich einige grundlegende und wesentliche Fragen zu stellen: Warum zwingt im 19. Jahrhundert Großbritannien, jenes »nicht gerade Viele an Demokratie, das es in der Welt« gibt, Irland eine »religiöse Unterdrü-

12 Siehe auch Lenin, *Zündstoff in der Weltpolitik* (LW 15, S. 176-183) und *Das rückständige Europa und das fortgeschrittene Asien* (LW 19, S. 82f.).

ckung, die alle Vorstellungen übersteigt«, auf? Das Zeugnis stammt von Gustave de Beaumont, Begleiter Tocquevilles im Verlauf seiner Reise durch Amerika, der so fortfährt: Die Qualen, die Demütigungen und die Leiden, die der englische »Tyrann« dem irischen Volk, das zu einem »Sklavenvolk« geworden war, zufügte, zeigten, dass »es in menschlichen Institutionen einen Grad von Egoismus und Wahnsinn gibt, dessen Grenze unmöglich zu definieren ist« (Beaumont 1989, Bd. I, S. 331 und Bd. II, S. 306 und 201*). Und wie soll man die »Schreckensherrschaft« erklären, die Indien in Krisenzeiten von England auferlegt wurde, eine »Schreckensherrschaft« gegen die »alle Ungerechtigkeiten früherer Unterdrücker, Asiaten und Europäer, als Segen erschienen« (Macaulay 1850, Bd. IV, S. 273f.*)? Und von wem wurden die Bewegungen inspiriert, die den Kampf gegen diese Schandtaten vorantrieben? Ähnliche Fragen und ähnliche Bemerkungen könnte man zur Geschichte des 20. Jahrhunderts formulieren: Das Führungsland von dem »nicht Vielen an Demokratie, die es in der Welt gab«, war Initiator von Staatsstreichen (z. B. Guatemala 1954 und Chile 1973), die demokratisch gewählte und von den Kommunisten unterstützte Regierungen stürzten und grausame Militärdiktaturen errichteten. Der liberale Philosoph fragt sich nicht, ob die »monokratische Macht«, die er in den sozialistisch ausgerichteten Ländern so eloquent verurteilt hat, nicht zumindest teilweise die Antwort auf die »monokratische Macht« sein könnte, die der Westen weltweit ausübt und die von ihm völlig ignoriert wird.

Um genau zu sein, verbannt Bobbio neben der Behandlung der Völker, die sich in einem kolonialen oder halbkolonialen Zustand befinden, und von Ländern, die von Zeit zu Zeit eigenmächtig und willkürlich angegriffen werden, auch die Behandlung von Völkern kolonialen Ursprungs, die in eben diesen kapitalistischen und »demokratischen« Metropolen leben, aus seinem Bild. Wie geht Frankreich mit den Arabern und Maghrebinern um, die in Frankreich leben und arbeiten, während es gleichzeitig versucht, die algerische Revolution durch Völkermord zu vernichten? Sehen wir uns an, was uns zwei unverdächtige journalistische Quellen berichten: Am 17. Oktober 1961 entfesselte die französische Polizei brutale Gewalt gegen die Araber und Maghrebiner von Paris. Es ist eine Art »Bartholomäus-Tag«: »Leichen zu Dutzenden in die Seine geworfen«. Und das ist noch nicht alles: »Zu Tode geprügelt, mit Pistolen erschossen, ertränkt in der Gleichgültigkeit einer ›weißen Stadt‹, die es zulässt, dass die Flics stundenlang Menschenjagd und Mord auf den großen Boulevards veranstalten« (Benedetto 1995*). Und »es gab Pariser, die im ›Flore‹ das Schauspiel genossen und die schrecklichen Szenen bejubelten« (Munzi 1995*; Flore bezeichnet ein berühmtes Pariser Café, A. d. Ü.).

Und während sie in den 1960er Jahren damit beschäftigt sind, die antikoloniale Revolution in Indochina, Lateinamerika und der Dritten Welt mit allen Mitteln zu unterdrücken, wie verhalten sich die USA gegenüber den Afroamerikanern? Nun ist der beharrliche Widerstand des Regimes der Rassendiskriminierung und Segregation allgemein bekannt. Aber es gibt noch mehr: In den 1960er Jahren wurden über 400 schwarze Männer aus Alabama von der Regierung als Versuchskaninchen benutzt. Sie waren an Syphilis erkrankt und wurden nicht behandelt, weil die Behörden die Auswirkungen der Krankheit an einer »Bevölkerungsstichprobe« untersuchen wollten (R. E. 1997*).

Und so wie er die Frage der Freiheit der Kolonialvölker oder der Völker kolonialen Ursprungs totschweigt, so kümmert sich Bobbio auch nicht um die unheilvollen Folgen, die die Verdrängung dieses Themas auf die liberalsozialistische Denktradition im weitesten Sinne hatte. Man könnte von Mill ausgehen, der von dem Turiner Philosophen als Verfechter der Sache der Freiheit und zugleich des Sozialismus gepriesen wird und der, wie wir wissen, ausdrücklich die Theorie des »Despotismus« des Westens über den Rest der Welt aufgestellt hat, der die Opiumkriege legitimiert hat und im Verlauf dieses Kampfes gegen die »Schurken« (*ruffians*) in einem Brief vom 13. März 1857 sogar forderte, sich nicht von den »Aufrufen an die Humanität und den christlichen Geist« irreführen zu lassen (Mill 1963, Bd. XV, S. 528*).

Machen wir einen Sprung von einigen Jahrzehnten. Erteilen wir einem britischen Historiker das Wort und sehen wir, was im Irak passiert, der nach dem Ersten Weltkrieg Teil des britischen Empire werden sollte und der sich gerade in Aufruhr befand, um seine Unabhängigkeit zu erlangen: Gegen die Aufständischen entfalteten die von der Regierung in London entsandten Truppen »grausame Vergeltungsmaßnahmen«, »zündeten ihre Dörfer an und begingen andere Taten, die wir heute als übertrieben repressiv, wenn nicht gar als barbarisch empfinden würden«. Gewiss hält Churchill sie nicht zurück, sondern er fordert im Gegenteil die Luftwaffe auf, den »widerspenstigen Eingeborenen« eine harte Lektion zu erteilen, indem sie sie mit »Experimenten« auf der Grundlage von »Gasgeschossen und insbesondere Senfgas« angreift (Catherwood 2004, S. 89 und 85*). Vier Jahre später rühmt sich die erste Labour-Regierung in der Geschichte Englands auch ihres angeblichen humanistischen Geistes, weil sie bei der Niederschlagung des Aufstands im Irak nicht auf Bodentruppen zurückgreift, sondern auf Bombardierungen aus der Luft, die allerdings angekündigt wurden, wobei man nicht weiß, ob es darum ging, eine Bevölkerung, die zum großen Teil aus Analphabeten bestand, zu warnen oder sie besser terrorisieren zu können. Kolonialminister J.H. Thomas erklärt, dass die Labour-Regierung »stolzer und eifersüchtiger Hüter des Empire [ist] und [...] fest entschlossen, es zu bewahren« (in Miliband 1968, S. 126f. und Fußnote 81*).

Nicht anders ist die Haltung, die der Sozialist François Mitterrand Mitte des 20. Jahrhunderts zum Ausdruck brachte, als er 1954, unmittelbar nach dem Beginn der Erhebung des algerischen Volkes im Kampf um seine Unabhängigkeit, erklärte: »Algerien ist Frankreich; von Flandern bis zum Kongo ein einziges Gesetz, eine einzige Nation, ein einziges Parlament. Das ist die Verfassung, das ist unser Wille. Eine einzige Verhandlungsgrundlage: der Krieg« (in Cahen/Pouteau 1964, Bd. I, S. 47*). Es handelt sich um einen Krieg – das muss hinzugefügt werden –, der systematisch auf Folter zurückgreift und genozidale Praktiken nicht verschmäht. Es sind nur noch zwei Jahre bis zur »peinlichen Maskerade« von Suez, deren Protagonist auf französischer Seite ein weiterer Sozialist ist, nämlich Guy Mollet.

Die Analyse des Faschismus: Bobbio und der Bruch mit dem Liberalsozialismus

Nach Ansicht des späten Bobbio ist der Faschismus lediglich eine Reaktion auf den Kommunismus, und daher wäre der beste Beitrag, den die Kommunisten im Kampf gegen die von ihnen so leidenschaftlich angeprangerte Geißel leisten könnten, ihr beschleunigtes Verschwinden, um so das Verschwinden des Faschismus möglich zu machen. Der Turiner Philosoph ist überzeugt, dass seine Stellungnahme Ausdruck des gesunden Menschenverstands ist. Aber dann müsste rückblickend hinzugefügt werden, dass ohne die Abschaffung der Sklaverei in den USA und ohne den Anspruch ehemaliger Sklaven auf politische Rechte der Ku-Klux-Klan nie entstanden wäre, um die weiße Vorherrschaft und den Rassenstaat erneut durchzusetzen; ohne die Revolution von 1848 in Paris und vor allem ohne den verzweifelten Juni-Aufstand der Arbeiter wäre der Bonapartismus nicht entstanden und hätte sich nicht durchgesetzt; ohne die große Revolution der schwarzen Sklaven in Saint-Domingue (Haiti), die von Toussaint Louverture angeführt wurde, hätte es den heftigen Rückeroberungsversuch der Weißen durch die von Napoleon entsandte mächtige Armee nicht gegeben; ohne die Französische Revolution und ihren Einfluss über den Ärmelkanal hinaus hätte es in England keine Aussetzung der *Habeas-Corpus*-Akte gegeben. Und so erweist sich bei näherer Betrachtung der vermeintliche gesunde Menschenverstand als der traditionelle Seufzer aller Konservativen: Ach, wenn die schwarzen Sklaven sich nicht angemaßt hätten, ihre Ketten zu sprengen, wenn die französischen Volksklassen sich nicht gegen ihre von Not und Knechtschaft geprägte Lage aufgelehnt hätten, wenn die russischen Arbeiter, Bauern und Soldaten weiterhin ihr jahrhundertelanges Elend und den millionenfachen Tod auf den Schlachtfeldern als unausweichliches Schicksal ertragen hätten! Wenn sich alle mit ihrem Schicksal abgefunden hätten, die nachfolgenden Reaktionsbewegungen hätten nicht stattgefunden.

Dies ist eine eigentümliche Art zu argumentieren (oder zu seufzen); man sollte sie zumindest von ihren offensichtlichsten Einseitigkeiten befreien: Nicht denkbar wäre ohne die bolschewistische

Revolution die Revolution, die im folgenden Jahr in Deutschland und Österreich ausbricht, die nicht nur dazu beiträgt, dem endlosen Massaker ein Ende zu setzen, sondern durch den Sturz der Dynastien der Hohenzollern und der Habsburger, dem *Ancien Régime*, das noch immer lebendig und lebensfähig ist, einen entscheidenden Schlag versetzt; andererseits führt eine Kontinuitätslinie von Lenins Aufruf zur Revolte an die »Sklaven« der Kolonien zu dem gigantischen Emanzipationsprozess der Kolonialvölker und zur Anklage des Rassismus in seinen verschiedenen Formen.

Die Hauptfrage ist hier eine andere. Dürfen wir den Faschismus und den Nazismus wirklich als eine einfache Reaktion auf den Kommunismus betrachten? Ein namhafter Historiker spricht bereits im Titel seines Buches von »französischen Ursprüngen des Faschismus«[13] und geht auf die zweite Hälfte des 19. Jahrhunderts zurück: Damit werden wir auf ein Land verwiesen, das keiner kommunistischen Subversion ausgesetzt ist, und auf ein Datum, das weit vor der Gründung der bolschewistischen Partei selbst liegt (Sternhell 1978*). Andere Historiker, die sich mit den Ursprüngen des Nazismus befassen, entfernen sich weniger weit vom Schauplatz der Oktoberrevolution, aber nicht auf diese beziehen sie sich, sondern auf jene Kreise, die sich gegen dieselbe erheben und die Fahne des Kampfes gegen die »jüdisch-bolschewistische Verschwörung« und des Aufbegehrens der weißen Welt schwingen. Auf der anderen Seite genügt es, Hitler und Rosenberg zu lesen, um deren beharrlichen Hinweis auf das Terrorregime der weißen Vorherrschaft in jenen Jahren im Süden der USA auszumachen.

Wenn er den Faschismus als eine einfache Reaktion auf die Bedrohung durch die soziale Revolution erklärt, bricht Bobbio (1994*) *de facto* mit der Denktradition, auf die er sich beruft. Der Krieg ist in der Analyse von Carlo Rosselli sehr präsent, wenn er die italienische Bourgeoisie wegen ihrer »kriegerischen Vitalität« und der Gewaltbereitschaft anklagt, die sie schon unter Beweis stellt, noch bevor sie auf faschistische Rollkommandos zurückgreift, in Libyen einfällt und

13 In der deutschen Ausgabe des Sternhell-Buchs fehlt dies im Titel des Werks. (A. d. Ü.)

sich anschließend am Gemetzel des Ersten Weltkriegs (wenngleich noch von kolonialistischen Ambitionen angetrieben) beteiligt.

Wenn er den Kolonialismus, den Militarismus und die von ihnen hervorgerufene ideologische Vergiftung, den Libyen-Krieg und den Staatsstreich, der 1915 die Intervention in einen Weltkrieg erzwang, dessen Schrecken zu diesem Zeitpunkt bereits offenkundig war, beiseite lässt, wenn er die Kanonaden von Bava Beccaris und die verschiedenen Versuche zur Errichtung eines autoritären Regimes bereits Ende des 19. Jahrhunderts außer Acht lässt, wenn er diese beängstigenden Abstraktionen vornimmt, dann kann Bobbio die liberal-bürgerliche Gesellschaft von jeglicher Verantwortung für den Faschismus freisprechen und sie stattdessen dem Kommunismus in die Schuhe schieben. Aber in gleicher Weise müsste man den Bonapartismus in Frankreich und den Ku-Klux-Klan in den USA erklären: Der eine wie der andere müssten auf das Konto jener Bewegungen gehen, die sie bekämpfen wollten. Die bürgerliche und liberale Gesellschaft kann so jene Unbeflecktheit wiedererlangen, die Gobetti und Rosselli gerade in Frage stellen wollten.

An der Lesart, die der Liberalsozialismus von den Ursprüngen des Faschismus vertritt, ist Togliatti näher dran als der späte Bobbio. In den Augen des kommunistischen Führers begann der Staatsstreich, der zur Errichtung der Diktatur Mussolinis führte, sich bereits 1915 abzuzeichnen, und zwar mit dem Eingreifen in den Konflikt und der Beteiligung an dem Gemetzel, das, gegen den Willen des Parlaments und des Landes, von der Krone und der Piazza[14] veranstaltet wurde. Es waren die Tage, in denen D'Annunzio »gegen die Gegner des Kriegseintritts den Stock, die Ohrfeige, den Fußtritt, die Faust (authentische Ausdrücke) und schließlich ›die sofortige Steinigung und Arsion‹ (Anzündung eines Scheiterhaufens) fordert« (Togliatti 1973-84, Bd. VI, S. 525*). Der Squadrismus[15] hatte in der Tat begon-

14 Anspielung auf die Piazza San Sepolcro in Mailand, auf der Mussolini die Gründung der Fasci di Combattimento, der faschistischen Schlägerbanden, bekanntgab. (A. d. Ü.)

15 Squadrismo war die Bewegung der Squadre d'azione, der faschistischen Aktionskommandos in Italien 1919-23. (A. d. Ü.)

nen. Jener Squadrismus, der durch die totale Mobilmachung und die Einberufungen des Krieges überflüssig geworden war und durch die Gewalt an der Spitze des Staats- und Militärapparats ersetzt wurde, erfuhr mit dem Ende des Konflikts erneut einen Höhepunkt und entlud sich in einem Crescendo der Gewalt bis zum Marsch auf Rom und der Errichtung der Diktatur.

Bekannt ist die Kontroverse, die sich in den Jahren unmittelbar nach dem Zweiten Weltkrieg zwischen den liberalen Sozialisten und Croce (1993, Bd. II, S. 51 und 101*) entwickelte, der nur ungern mit der Untersuchung zu weit in das Terrain, in dem der Faschismus seine Wurzeln hatte, vorstoßen wollte und daher dazu neigte, den Faschismus als »eine intellektuelle und moralische Krankheit« zu erklären, die überraschend einen von Grund auf gesunden Organismus befallen hatte. Der späte Bobbio geht zurück auf die Positionen Croces (als Antagonist des Liberalsozialismus) und radikalisiert sie weiter. Tatsächlich kannte der neapolitanische Philosoph <(Croce)> Gentile zu gut, um zu ignorieren, dass der Faschismus laut letzterem »Sohn des Krieges« war (Gentile 1991, S. 50*), jenes Krieges, der, in Bezug auf Italien, von einem liberalen Regime beschlossen und von der sozialistischen und kommunistischen Bewegung bekämpft und angeklagt wurde. Es ist hinzuzufügen, dass Croce (1967, S. 251*) in den Jahren der Mussolini-Diktatur eine wichtige Bemerkung gemacht hatte: Die italienischen Nationalisten (die später zum Faschismus übergingen) verlangten, »Bildung und Schule von Grund auf zu reformieren, indem man die alten Bücher mit feiger Moral wegwerfen und durch die von Kipling und Roosevelt ersetzen« solle. Unerwartet führte die Erforschung der Ursprünge des Faschismus nicht nur zum Kolonialismus, sondern auch zu den beiden klassischen Ländern der liberalen Tradition. Das historische Bild des späten Bobbio ähnelt eher dem von Ernst Nolte, der, um die Schrecken des 20. Jahrhunderts zu erklären, die Oktoberrevolution zum Ausgang nimmt und nicht den Kolonialismus, gegen den die Bolschewiki zum Kampf aufrufen und den Hitler insbesondere wieder aufnehmen, radikalisieren und in Europa selbst durchsetzen will.

1848 und 1989: Tocqueville und Bobbio

Wenige Wochen nach der gewaltsamen Niederschlagung des Arbeiteraufstands vom Juni 1848, zu dem auch er seinen redlichen Beitrag geleistet hatte, drückte Tocqueville (1866, S. 458f.*) in einem Brief vom 21. Juli seine Bestürzung aus: Der Gemütszustand der Besiegten war »weit davon entfernt, eine Revolution anzukündigen, die endet«; viele der Aufständischen »glaubten aufrichtig, dass die Gesellschaft auf Ungerechtigkeit gegründet war und wollten ihr eine andere Grundlage geben«; nun ja, »es ist diese Art Religion, die unsere Bajonette und unsere Kanonen nicht zerstören werden«. In der hier aufgezeigten Bilanz fehlten die Illusionen derer, die nach der den »Barbaren« zugefügten blutigen Niederlage erwarteten, dass sich diese mit ihrem Schicksal abfinden würden. Nein, was die Unterlegenen ermutigte, war die Erwartung einer gerechteren Gesellschaftsordnung, war die verhängnisvolle Ansicht, dass die bestehende Gesellschaftsordnung, weit davon entfernt, von der Vorsehung gewollt zu sein und von ihr die Weihen erhalten zu haben, wie der französische Liberale behauptete,[16] durch politisches Handeln verändert werden könnte und sollte. Aufgrund dieses weit verbreiteten und unaufhaltsamen Glaubens konnte das soeben vollzogene Blutbad, so unvermeidlich und heilsam es auch war, die sich gegenwärtig vollziehenden Umwälzungen nicht aufhalten. Mit einem Abstand von zwei Jahren formulierte es Tocqueville in einem Schreiben vom 28. April 1850 noch zugespitzter:

> »Die Flut steigt. Nicht nur, dass wir das Ende der gewaltigen Revolution, die vor uns begann, nicht gesehen haben, vermutlich wird auch das Kind, das heute geboren wird, es nicht sehen. Es handelt sich nicht um eine Modifikation, sondern um eine [radikale] Transformation des sozialen Körpers [...]. Man wird gewahr, dass die alte Welt untergeht, aber wie wird die neue aussehen? Die großen Geister unserer Zeit sind nicht in der Lage, dies zu sagen, so wie die der Antike nicht in der Lage waren, die Abschaffung der Sklaverei, die christliche Gesellschaft, die Invasion der Barbaren,

16 Vgl. oben Kapitel 1, *Die Utopie und ihre Verwirklichung.*

> alle großen Dinge, die das Gesicht der Erde erneuert haben, vorherzusehen« (ebd., S. 461*).

Die revolutionäre Welle wurde immer bedrohlicher, und der französische Liberale selbst begann Anzeichen von Unsicherheit zu zeigen: Hatte die politische und soziale Ordnung Frankreichs und des liberalen Westens wirklich die Weihen der Vorsehung? In Bezug auf die herrschenden Verhältnisse auf internationaler Ebene war Tocqueville hingegen keineswegs von Zweifeln geplagt, wie zumindest aus einem Brief hervorgeht, den er am 13. November 1855 an Gobineau schrieb:

> »Sie befinden sich im Herzen der asiatischen und muslimischen Welt: Ich wäre neugierig zu erfahren, worauf Sie den raschen und scheinbar unaufhaltsamen Niedergang aller Rassen zurückführen, die Sie haben vorüberziehen sehen [...]. Einige Millionen Menschen, die vor wenigen Jahrhunderten fast ohne Unterschlupf in den Wäldern und Sümpfen lebten, werden in weniger als hundert Jahren die Veränderer der Welt, die sie bewohnen, sein und die Beherrscher ihrer gesamten Spezies. Nichts ist in den Augen der Vorsehung klarer vorherbestimmt. Wenn sie oft, das gebe ich zu, große Gauner sind, so sind sie zumindest Gauner, denen Gott die Kraft und Macht gegeben hat und die er für eine gewisse Zeit offenbar an die Spitze des Menschengeschlechts gestellt hat. Nichts wird ihnen auf der Erdoberfläche widerstehen. Daran habe ich keinerlei Zweifel. Ich fürchte, das klingt für Sie nach philosophischer Ketzerei. Aber wenn Sie auf Ihrer Seite die Theorie haben, dann vertraue ich darauf, dass ich die Tatsachen habe, eine Kleinigkeit, die nicht ohne Bedeutung ist« (Tocqueville 1951, Bd. IX, S. 243f.*).

Die revolutionäre Welle war dazu bestimmt, alles in Frage zu stellen, mit Ausnahme der unüberwindlichen »Tatsache[n]« der Herrschaft des Westens über den Rest der Welt.

Machen wir nun einen Sprung von fast anderthalb Jahrhunderten. Am 9. Juni 1989, während der »Reale Sozialismus« in Osteuropa sich Stück um Stück auflöste und die Volksrepublik China von der Tragödie auf dem Platz des Himmlischen Friedens erschüttert wurde, schrieb Norberto Bobbio:

> »In einer Welt entsetzlicher Ungerechtigkeiten, wie eben nach wie vor jene ist, in der die Armen, die Verlassenen, die Niedergeschlagenen von unerreichbaren und scheinbar unveränderlichen großen Wirtschaftsmächten, von denen die politischen Mächte, selbst die formal demokratischen, fast immer abhängen, zu denken, dass die Hoffnung auf eine Revolution erloschen ist und nur deshalb vorbei ist, weil die kommunistische Utopie gescheitert ist, heißt, die Augen zu verschließen, um nicht zu sehen« (Bobbio 1990a, S. 129f.*).

Es schien eine mutige und gegen den Strom gerichtete Position zu sein, und sie war es auch, verglichen mit den Illusionen und Behauptungen derer, die das »Ende der Geschichte« triumphierend verkündeten. Ebenso wie Tocqueville kamen jedoch auch Bobbio nicht die leisesten Zweifel hinsichtlich der Herrschaft, die der Westen über den Rest des Planeten auszuüben beanspruchte (und beansprucht). Der Turiner Philosoph erwähnte die Dritte Welt nur wegen ihrer »armen Bauern« (ebd., S. 129*), und zwar in Bezug auf das Problem des Elends, ohne jedoch auf die von ihr gestellte Forderung nach echter politischer und wirtschaftlicher Unabhängigkeit und der endgültigen Aufhebung der kolonialen oder neokolonialen Vorherrschaft einzugehen.

Doch in jenen Jahren fehlten die Wissenschaftler und politischen Persönlichkeiten nicht, die die Gründe für ihren Jubel über die Wende von 1989-91 so erklärten: Der Westen hatte nicht nur über den Kommunismus, sondern auch über die Emanzipationsbestrebungen der Dritten Welt gesiegt; zwischen Zentrum und Peripherie hatten sich glücklicherweise Machtverhältnisse etabliert, die denen nicht unähnlich waren, welche vor der Entkolonialisierung herrschten; es gab sogar einige, die die Rückkehr des Kolonialismus ausdrücklich befürworteten. Weit davon entfernt, die Ungleichheit, die sich zwischen Zentrum und Peripherie wiederherstellte, in Frage zu stellen, unterstützte Bobbio regelmäßig die Kriege, die der Westen und in erster Linie die USA entfesselten, wobei diese sich das ausschließliche Recht erteilten, in allen Teilen der Welt, auch ohne die Zustimmung des UN-Sicherheitsrates, zu intervenieren, und sich somit anzumaßen, in der Praxis den Grundsatz der Ungleichheit zwischen den Nationen zu verankern: zwischen denjenigen, die dazu bestimmt sind, die gesamte Menschheit zu regieren, und denjenigen, die dazu bestimmt sind, bei Bedarf auch durch den Einsatz nackter und roher Gewalt regiert zu werden.

Die Verdrängung dieses Problems führte zu einer Verfälschung der Darstellung des Kalten Krieges. Wir lesen: »Die Demokratie hat die Herausforderung des historischen Kommunismus gewonnen, geben wir es zu. Aber mit welchen Mitteln und Idealen ist sie bereit, sich denselben Problemen zu stellen, aus denen die kommunistische Herausforderung entstanden ist?« (ebd., S. 130*). Waren es Kommunismus und Demokratie, die einander herausgefordert haben? Wie sind dann die vom Westen in Lateinamerika (und anderen Teilen der Welt) gewaltsam durchgesetzten Militärdiktaturen zu erklären, die demokratisch gewählte und von den Kommunisten unterstützte und verteidigte Regierungen stürzten? Wer vertrat im französisch unterjochten Algerien und im von der *white supremacy* beherrschten Südafrika die Sache der Demokratie: die westlichen Länder, die diese Zustände unterstützten oder tolerierten, oder die kommunistischen Parteien und Länder, die die antikolonialistische und antirassistische Revolution unterstützten? Es ist unnötig, mit diesen Fragen fortzufahren: Zumindest in jenen Jahren war die Kolonialfrage buchstäblich vom politischen und philosophischen Horizont Bobbios verschwunden. Die dem Denken Tocquevilles und dem Liberalismus als solchem zugrundeliegende historische Beschränkung blieb unverändert.

Der »Demokratie«, die in Osteuropa triumphiert hatte, übertrug er <(Bobbio)> die Aufgabe, die bestehenden »erschreckenden Ungerechtigkeiten« zu überwinden. Tatsächlich eigneten sich die prowestlichen Demokraten in Russland, nachdem sie an die Macht gekommen waren, den gesellschaftlichen Reichtum mit derartiger Gier an, dass sie eine soziale Katastrophe und den »Genozid an den Alten« herbeiführten, und zwar mit einer solchen Skrupellosigkeit und einem solchen Zynismus, dass sie selbst in den dem Neoliberalismus am meisten ergebenen <Organen> der Presse einen Skandal hervorriefen.[17] Zusammen mit der systematischen Ausblendung der kolonialen und neokolonialen Frage war die Verwirrung darüber verbunden, wie man mit der sozialen Frage umgehen sollte. Kein Zweifel: Der Liberalsozialismus war untergegangen!

Eine ökologische Wiedergeburt des Liberalismus?

Während er in seiner traditionellen Form untergegangen ist, scheint der Liberalsozialismus in unseren Tagen eine Wiedergeburt im ökologischen Gewande zu erleben. Caillé ist einer der Autoren, die sich am stärksten für die Verurteilung des »grenzenlosen Wachstums« (also des Wachstums als solchem) einsetzen, der sich für ein »gegenseitiges Gleichgewicht von Liberalismus und Sozialismus« und für einen »radikalisierten und universalisierten liberalen Sozialismus« ausspricht (2013, S. 49f.*). Diese Version des Liberalsozialismus stammt jedoch aus der Denkströmung, die mit Latouche die »Dreißig glorreichen Jahre« (*les trentes glorieuses*) und den Sozialstaat (Latouche 1992, S. 324) mit scharfen Worten verurteilt.[18] In jedem Fall tauchen die grundlegenden Grenzen der alten Doktrin in der neuen klar und deutlich wieder auf. Alles dreht sich weiterhin um das Problem, die vom Liberalismus bevorzugte »individuelle Freiheit« mit der vom »Sozialismus und Kommunismus« bevorzugten »Gleichheit« (Caillé 2013, S. 47*) zu versöhnen, als ob der von der kapitalistischen und liberalen Welt geförderte koloniale Expansionismus nicht den Verlust der Freiheit für die Mehrheit der Menschheit zur Folge gehabt hätte und als ob die weltweite antikoloniale Revolution, deren Hauptakteure die Kommunisten waren, nicht ein Kampf um Freiheit gewesen wäre. In die gleiche Richtung geht die stille und leise Annäherung der verschiedenen »Totalitarismen«, nämlich »Nazismus, Kommunismus oder Faschismus« (ebd., S. 78*). Indem das Dritte Reich die koloniale Tradition wieder aufgriff und radikalisierte, zielte es ausdrücklich darauf ab, die slawischen *Untermenschen* zu unterwerfen und zu versklaven; und indem sie den Ver-

17 Vgl. oben Kapitel 1, *Kommunismus: das »unaussprechliche« Wort.*

18 Siehe auch Losurdo 2017, S. 323-330.

such Hitlerdeutschlands vereitelte, in Osteuropa sein kontinentales Kolonialreich aufzubauen, gab die Sowjetunion der antikolonialen Revolution weltweit Auftrieb. Dieser Unterschied, ja diese Antithese, wird von der traditionellen Theorie des Totalitarismus sowie vom Liberalsozialismus in seiner ökologischen Version ignoriert; aber in seinen besten Momenten, vor der Rückentwicklung von Bobbio, hat der Liberalsozialismus (denken wir insbesondere an Carlo Rosselli) das Dritte Reich und die Sowjetunion niemals gleichgestellt.

Die gesamte Geschichtsphilosophie des ökologischen Liberalsozialismus ist durch die Beseitigung der Kolonialfrage gekennzeichnet: Obwohl den »Dreißig glorreichen Jahren«, d.h. den drei Jahrzehnten nach dem Ende des Zweiten Weltkriegs, in denen sich der Wohlfahrtsstaat entwickelte, vorgeworfen wird, die »Hoffnung auf ein unbegrenztes und ununterbrochenes Wachstum« kultiviert zu haben, wird ihnen zugutegehalten, dass sie dank der wirtschaftlichen Entwicklung »in hohem Maße« zu einer »gewissen Befriedung der Welt« beigetragen haben (ebd., S. 16f. und 29*). Das hier formulierte Urteil ist viel ausgewogener als das von Latouche, für den die »Dreißig glorreichen Jahre« ausschließlich Synonym für eine absolute ökologische Katastrophe sind. Und dennoch, wenn wir die drei Jahrzehnte vom Ende des Zweiten Weltkriegs bis Mitte der 1970er Jahre richtig analysieren, sehen wir, wie die antikoloniale Bewegung in Indochina zunächst mit Frankreich und dann mit den USA zusammenstößt und grausame Bombardierungen erleiden muss, durch deren verheerende Folgen Millionen und Abermillionen von Menschen noch heute gezeichnet sind; in Lateinamerika führten die Revolte gegen die Monroe-Doktrin und die von Washington aufgezwungenen Militärdiktaturen zu Repressionen, die teilweise den Charakter eines Völkermords aufweisen. Auf Praktiken des Völkermords griff auch Frankreich, das Land dessen Bürger Caillé ist, zurück, mit dem Ziel, die antikoloniale Revolution zu liquidieren. Und wie wir wissen, hatte all dies auch Auswirkungen auf Paris, wo die Jagd auf Algerier und ihr Lynchen oder Ertränken zu einem unterhaltsamen Massenspektakel wurden. Sollte das etwa »eine gewisse Befriedung der Welt« sein? Die Beseitigung der Kolonialfrage könnte nicht radikaler sein.

Unter diesen Voraussetzungen ist keinerlei Aufmerksamkeit für die *neokoloniale* Frage zu erwarten. Dies zeigt sich daran, dass die wesentliche Rolle Frankreichs in den Kriegen, die entfesselt wurden, um im Nahen Osten das durchzusetzen, was von der internationalen Presse als »neues Sykes-Picot« bezeichnet wurde, verschwiegen wird. Es handelt sich dabei um ein neues Übereinkommen zur Aufteilung des Nahen Ostens, jenem ähnlich, das während des Ersten Weltkriegs im Geheimen von den beiden Diplomaten, einem britischen und einem französischen, die dem Pakt von 1916 ihren Namen gaben, unterzeichnet wurde (Molinari 2013*).[19] Dies zeigt sich auch in dem vernichtenden Urteil über die Schwellenländer und insbesondere über China: Ignoriert wird deren Entschlossenheit, die antikoloniale Revolution zu vollenden, indem sie Hunderte von Millionen von Menschen vom Hunger befreien und eine gewisse Unabhängigkeit auch in industrieller und technologischer Hinsicht erreichen. Und schließlich huldigt Caillé zwar wiederholt der Demokratie, weicht dieser Kategorie aber auf völlig parteiische Weise aus, indem er das Problem der Demokratisierung der internationalen Beziehungen übergeht; darauf bestehen jene Länder aber, die sich von kolonialer oder neokolonialer Herrschaft befreit haben und keine wirkliche Unabhängigkeit erlangen können, wenn in den internationalen Beziehungen weiterhin das Recht des Stärkeren gilt.

Aber wollen wir doch ruhig von alldem absehen und uns auf die soziale Frage in den einzelnen Ländern konzentrieren, die hauptsächlich in den kapitalistischen Zentren angesiedelt sind. Die von Caillé (2013, S. 16, 29 und 33*) suggerierte, wenn auch nicht offen ausgesprochene These ist klar: Da die »Dreißig glorreichen Jahre« des Wachstums nun vorüber sind, ist es notwendig, sich von dem daraus hervorgegangenen Wohlfahrtsstaat zu verabschieden. Andererseits kann man sich auch in der neuen Situation glücklich schätzen. Historisch betrachtet, hat die herrschende Klasse versucht, dabei auf das vermeintliche Glück der Sklaven, der Leibeigenen und der Armen zurückverweisend, auch die erdrückendsten sozialen Beziehun-

19 Siehe auch Losurdo 2017, S. 62-65.

gen zu rechtfertigen. Wenn wir uns jedoch etwas weniger subjektiver Kriterien bedienen, können wir von zwei statistischen Daten ausgehen: »Im Vereinigten Königreich betrug die Lebenserwartung im Jahr 1990 76 Jahre, verglichen mit 48 im Jahr 1900« (Ferguson 2008, S. 7*). Wenn das Dasein der unteren Klassen in den kapitalistischen Zentren kurz war, wie sollte man es dann in den Kolonien beschreiben? Im Jahr 1913 war »die Lebenserwartung in England fast doppelt so hoch wie in Indien« (Ferguson 2011, S. 5*). Sind alle diese Lebensjahrzehnte, die in England und in bedeutenderem Maße in den ehemaligen Kolonien hinzugekommen sind, ein Zeichen des Unglücks? Natürlich sind diese radikalen Veränderungen nicht nur das Ergebnis des Wachstums und der Entwicklung von Wissenschaft und Technologie, sondern auch der erbitterten politischen und sozialen Kämpfe. Aber gerade der Klassenkampf ist der große weiße Fleck im Bild, welches vom ökologischen Liberalsozialismus gezeichnet wird. Jene Autoren, die die konkrete historische Wirkung nachweislich verstanden haben, die der Sozialismus bei der Verwirklichung der sozialen und wirtschaftlichen Rechte und dem Aufbau des Wohlfahrtsstaates entfaltet hat, erkennen gleichermaßen, obwohl sie dem Sozialismus in keiner seiner Varianten huldigen, den starken Auftrieb, den der Neoliberalismus mit seiner starken und wachsenden sozialen Polarisierung durch den Sieg des Westens im Kalten Krieg erfahren hat.

Wenn sich der klassische Liberalsozialismus in der Vergangenheit als unsicher oder unfähig erwiesen hat, die antikoloniale Revolution voranzutreiben, so zeigt auch der neue liberale Sozialismus seine Grenzen, wenn es um den Kampf zur Verteidigung des Wohlfahrtsstaates geht.

Die kommunistische Bewegung und das Erbe des Liberalsozialismus

Wenn er 1997 vorschlägt, das Binom von Freiheit und Gerechtigkeit an die Stelle von Liberalismus und Sozialismus zu setzen, distanziert sich Bobbio in der Tat vom Liberalsozialismus, der auf der Welle des Kampfes gegen die »imperialistische Reaktion« Ende des 19. Jahrhunderts entstanden war, die ihrerseits das Tor zum Ersten

Weltkrieg aufstieß, gegen welchen sich dann die Oktoberrevolution und die internationale kommunistische Bewegung erhoben. Es ist jedoch die völlige Ausblendung der kolonialen und neokolonialen Frage, die das von Bobbio vorgeschlagene Begriffspaar kennzeichnet. Es ist kein Zufall, dass dieser in der letzten Phase seiner Entwicklung – einen nach dem anderen – die Kriege legitimiert, die der Westen auch ohne Zustimmung des UN-Sicherheitsrats gegen schwache und im Grunde wehrlose Länder führt. Und er legitimiert sie im Namen eines demokratischen und humanitären Interventionismus, der zu Beginn des 20. Jahrhunderts von einem der Gründerväter des britischen liberalen Sozialismus scharf kritisiert wurde.

Es geht um Hobson. Die von ihm benutzten Argumente erweisen sich als außerordentlich aktuell: Indem es in diesem oder jenem Winkel der Welt militärisch interveniert, behauptet das britische Empire, die Sache der Zivilisation und der Menschlichkeit zu fördern, behauptet, »wahrhaft international [*really international*] zu sein, indem es dazu beiträgt, eine wahrhaft aufgeklärte Weltpolitik, den ›wirklichen‹ oder rationalen Willen der Gemeinschaft der Nationen zu realisieren«. Eine solche Haltung ist keineswegs gleichbedeutend mit Internationalismus und Universalismus, sondern lediglich Ausdruck eines nationalen Egoismus, eines »nationalen Individualismus«, Ausdruck von Chauvinismus (Hobson 1901, S. 45f.*).

Stellt die Intervention des demokratischen Großbritanniens in Ländern und Regionen, die häufig von einem autokratischen Regime beherrscht werden, noch einen Beitrag zur Verbreitung der Demokratie in der Welt dar? In Wirklichkeit ist »jedes Imperium an sich autokratisch« und »eine Nation, die gleichzeitig als Richter und Henker auftritt«, eine Nation, die eine andere Nation als autokratisch und autoritär beurteilt und verurteilt und sie dann mit verheerender Feuerkraft überfällt, trägt sicherlich nicht zur Verwirklichung der Demokratie in den internationalen Beziehungen bei (ebd., S. 55 und 47*). Die politische und historische Realität unterscheidet sich völlig von der Ideologie des demokratischen Interventionismus:

> »Je mehr Großbritannien danach strebt, dem Empire die Demokratie einzuflößen, ›freie‹ Institutionen in den von ihm erober-

> ten Staaten einzupflanzen, zu bewässern und wachsen zu lassen, desto deutlicher treten die Widersprüche zwischen Empire und Demokratie zutage. Eine starke Zentralisierung, die sich auf den Militarismus stützt und von diesem verteidigt wird, mag zwar eine mächtige und ausreichend funktionierende Maschine für die Operationen der unteren Ränge darstellen, die von einer Maschine durchgeführt werden können, aber wenn wir versuchen, freie britische Institutionen und Vorstellungen von Selbstverwaltung jenen Staaten, deren ursprünglichen Geist wir zerschlagen haben, ›mit Gewalt aufzuzwingen‹, wird das Scheitern offensichtlich werden« (ebd., S. 54*).

Selbst wenn sie aufrichtig und uneigennützig wäre, beruht die Forderung, universelle Werte, d. h. »bestimmte gemeinsame Merkmale von ›Gerechtigkeit‹, ›Freiheit‹, ›Zivilisation‹«, ohne die Berücksichtigung nationaler Besonderheiten und Rechte sowie des Problems der Demokratie in den internationalen Beziehungen womöglich mit Gewalt durchzusetzen, auf einer »Sophisterei«, ja auf einer »gefährlichen Sophisterei«. Man muss sich vor denjenigen hüten, für die »Nationalität nicht viel mehr ist als ein törichtes Gefühl« (ebd., S. 52 und 54*).

Aber bedeutet das Beharren auf der nationalen Frage nicht einen Verrat an der Sache des Internationalismus und des Universalismus? Die Antwort des britischen liberalen Sozialisten auf diesen Einwand ist klar und deutlich: Die nationalen Rechte der Schwächsten mit Füßen zu treten, bedeutet, »das wesentlichste Mittel zu zerstören, um in Zukunft jenen festen Bund aller zivilisierten Völker zu erreichen, der die einzige Hoffnung oder Garantie gegen das Wiederaufleben der Barbarei in Form von Krieg darstellt«; das heißt: »Internationalismus ist nicht die Negation, sondern die Entfaltung des nationalen Geistes« (ebd., S. 55f.*). Es sind nicht nur die liberalen Verfechter des Imperiums, die dies ignorieren oder verdrängen:

> »Unsere Sozialisten, die es für vorteilhaft halten, die Grenzen der Nationen hinwegzufegen, um alle Menschen zu zwingen, Brüder zu werden, sind nicht wirklich die Herren Wissenschaftler, die sie vorgeben zu sein. Sie wollen das natürliche Wachstum durch eine künstliche Katastrophe ersetzen« (ebd., S. 54*).

Stellen wir uns nur mal zum Spaß vor, dass die demokratische und humanitäre Intervention auf die bestmögliche Weise endet und dem angegriffenen Land hilft, einen höheren Grad an Zivilisation zu erreichen. Selbst dann wäre die Gesamtbilanz immer noch negativ: Wir dürfen »den Nutzen des Vertrauensverhältnisses zwischen den Nationen und den Schaden, den die Verletzung eindeutiger nationaler Rechte den moralischen Beziehungen zwischen den Nationen zufügt, nicht aus den Augen verlieren« (ebd., S. 48*). Mit anderen Worten muss man sich also die Vergiftung in den internationalen Beziehungen vor Augen halten, die schwerwiegende Folgen nach sich ziehen wird.

Indem er den aggressiven Internationalismus und den imperialen Universalismus einer scharfen Kritik unterzieht, trifft Hobson auf die Bewegung, die mit Marx und Engels begann. Insbesondere Letzterer betont, dass die »internationale Vereinigung des Proletariats« die »Unabhängigkeit« der einzelnen Nationen voraussetzt (MEW 4, S. 590), dass es nicht rechtmäßig ist, irgendeinem »fremden Volk irgendwelche Beglückung aufzuzwingen« (ebd., 35, S. 358) und dass unterdrückte Nationen »nicht nur das Recht, sondern die Pflicht haben, national zu sein, ehe sie international sind« (ebd., 35, S. 271). Vielmehr liegt der wahre Internationalismus gerade in der Förderung und Unterstützung des Kampfes der unterdrückten Nationen. Lenin dachte an dieses Problem in allgemeineren Begriffen, als er sich der »ausgezeichneten Formulierung« der Hegelschen *Wissenschaft der Logik* anschloss, nach der das Allgemeine so beschaffen sein muss, dass es »den Reichtum des Besonderen« in sich fassen kann (LW 38, S. 91). Nicht anders ist die Haltung von Hobson, der nicht zufällig schon im Titel des hier ausführlich zitierten Aufsatzes den *Socialistic Imperialism* als den aggressiven und imperialen Internationalismus definiert, der von bestimmten »Sozialisten« eingenommen wird, die den expansiven Vormarsch des britischen Empire als einen Fortschritt der universellen Zivilisation bejubeln möchten. Nur am Rande sei erwähnt: Die Polemik gegen den »Sozialimperialismus« und die »Sozialimperialisten« (d.h. »Sozialisten in Worten, Imperialisten in Taten«) ist ein wiederkehrendes Motiv bei Lenin, der sich bei seiner Abrechnung manchmal ausdrücklich auf Hobsons Aufsatz von 1901 beruft (LW 22, S. 298f. und 191). Die Kritik des *Socialistic Imperialism*, ein wichtiger und einer der mutigsten Aspekte des liberalen Sozialismus, wurde von der kommunistischen Bewegung übernommen, aber gewiss nicht von den »Sozialisten« und »Labouristen« unserer Zeit, auch nicht von Bobbio. Diese wären in den Augen sowohl von Hobson als auch von Lenin Verfechter oder Komplizen des »Sozialimperialismus«.

3. Kapitel

Das Heranreifen des kommunistischen Projekts und das liberale Erbe

Liberales Erbe und Kritik am Populismus

Wenn man den Niedergang des Liberalsozialismus feststellt und die Aufmerksamkeit auf dessen manchmal ruhmlose Ergebnisse richtet, bedeutet das nicht, dass die kommunistische Bewegung nichts aus der liberalen Tradition zu lernen hätte. Während ihr einerseits das große historische Verdienst zukommt, die Bedürfnisse und Wünsche der subalternen Klassen und der unterdrückten Völker zum Ausdruck gebracht zu haben, ist es ihr andererseits nicht immer gelungen, sich von der Enge und den Grenzen vollkommen zu befreien, wie sie Bedingungen aus Mangel, Mühe und Elend innewohnen, die als verzweifelt zu bezeichnen sind; Enge und Grenzen, die politischen Bewegungen grundlegend fremd sind, welche Ausdruck der privilegierten Klassen sind. Um diesen Punkt zu klären, verweise ich auf Adam Smith, genau gesagt auf eine erhellende Seite aus dem *Wohlstand der Nationen*:

> »In jedem entwickelten Land, in jedem Staatswesen, in dem sich ein Standesunterschied einmal ausgeprägt hat, gab es zur gleichen Zeit stets zwei verschiedene Moralsysteme. Das eine mag man das nüchterne oder strenge, das andere das freie oder, so man will, das lockere System nennen. Das niedere Volk bewundert und verehrt durchweg den Glauben des ersten, während die sogenannten Leute von Rang die Lehren des zweiten schätzen und übernehmen […]. Im freien oder lockeren Moralsystem werden Luxus, leichtsinnige und gar ausschweifende Fröhlichkeit, Vergnügungssucht, bis zu einem gewissen Grade Unmäßigkeit und Verletzung der Keusch-

> heit, wenigstens bei einem der beiden Geschlechter, sofern alles nicht mit grober Unanständigkeit verbunden ist oder zu Falschheit oder Ungerechtigkeit führt, in der Regel recht nachsichtig behandelt, und man entschuldigt sie leichter Hand oder verzeiht sie gänzlich. Im strengen Moralsystem dagegen werden diese Übersteigerungen mit größter Abscheu und Unwillen verurteilt. Die Laster des Leichtsinns sind für das einfache Volk stets verderblich und oft genügen schon Unbesonnenheit und Zerstreuung einer einzigen Woche, um einen armen Arbeiter auf immer zu Grunde zu richten und ihn in eine solch verzweifelte Lage zu bringen, daß er ganz entsetzliche Verbrechen begeht« (Smith 2001, S. 674, = 5. Buch, 1. Kap., 3. Abschn.).

In den subalternen Klassen neigt das strenge Moralsystem dazu, sich von einem Mittel zum Überleben in ein Ideal an sich zu verwandeln: das Opfer und der Verzicht auf Luxusgüter und sexuelle Befriedigung werden am Ende zu unverzichtbaren Werten verklärt, der Mangel und die Mühe stellen sich als Ort moralischer Vollkommenheit dar, von der *per definitionem* die Privilegierten ausgeschlossen sind, und damit jene, die den Überfluss und die Bequemlichkeit genießen können. Zumindest zu Beginn seines aristokratischen Radikalismus hatte Nietzsche recht, wenn er in einer solchen Haltung (die wir als populistisch definieren könnten) eine Art moralischer Revanche und plebejischer geistiger Rache las.

Traditionell haben die Verurteilung der gesellschaftlichen Polarisierung und eine Stellungnahme zugunsten der Armen Motive bemüht, die dem Populismus entnommen sind, welcher als Synonym der Verklärung der strengen Moral begriffen werden kann. Um den Ausgangspunkt nicht zu weit in der Vergangenheit zu verorten, etwa bei der Verkündigung des Evangeliums oder noch früher bei den jüdischen Propheten, möchten wir uns auf zwei Autoren konzentrieren, die beinahe Zeitgenossen des großen britischen Ökonomen waren. Ich beziehe mich dabei auf Rousseau und Fichte: im Gegensatz zu Smith, der eine unbeteiligte Haltung einnimmt, empfinden diese mit Nachdruck die soziale Frage und sie verurteilen die Polarisierung von Armut und Reichtum als einen Skandal, der nicht hinnehmbar ist; bei beiden jedoch nimmt der plebejische Radikalismus eine Färbung an, die zu denken gibt. Indem er mit Vehemenz bekräftigt, dass man »die Bürger vor der Gefahr, ins Elend zu stürzen«, sowie vor der »extremen Ungleichheit der Vermögen« schützen müsse, prangert Rousseau die Tatsache an, dass »die Industrie und die Gewerbe für die Produktion von Luxusgütern begünstigt [sind] auf Kosten von nützlichen und mühsamen Arbeiten; die Landwirtschaft [...] dem Handel geopfert« wird (Rousseau 1964, S. 258f. und 274). Nicht unähnlich ist die Haltung von Fichte. Nachdem er der These zugestimmt hat, wonach das, was Frankreich »stürzte« (womit er die Revolution in Frankreich meint), »der große Vorzug der Fabriken u. Zurücksetzung des Landbaus« gewesen sei, fügt er hinzu: »Unter allen Mitteln zur physischen Erhaltung und Vermehrung der Menschheit (welche wieder das Mittel zur geistigen Kultur ist), ist der Ackerbau das erste und ihm müssen die übrigen Zweige *untergeordnet* werden«. Die Anklage der »Tyrannei« durch die oberen Schichten geht Hand in Hand mit der Verurteilung des »Luxus« schlechthin, der allgemeinen »Liederlichkeit« und »Verschwendung«, der »des Geldstolzes der Kaufleute«, und sogar »der Verführung« und der »Gourmandise« (Fichte 1788, S. 10-13). Zusammengefasst wird »unserer korrupten Epoche« der Prozess gemacht. In diesem Falle treten die Nostalgie für die gute alte Zeit der vorindustriellen Gesellschaft und die damit verbundene Verklärung der strengen Moral noch deutlicher hervor.[1]

Nachdem sie sich die Lehre Hegels zu eigen gemacht haben, der sich des emanzipatorischen Potenzials, welches der industriellen Entwicklung innewohnt, vollkommen bewusst ist, und der nicht zufällig in der Stadt den privilegierten Ort des Kampfes für die Freiheit erkennt (während die traditionelle ländliche Welt »mehr zur Unterwürfigkeit [...] geneigt« sei (Hegel 1840, S. 260),[2] verkörpern Marx und Engels eine Wende. Wie das *Manifest der Kommunistischen Partei* klarstellt, stellt die Entwicklung der Produktivkräfte

1 Vgl. Losurdo 2000, S. 198-201.

2 Vgl. ebd., S. 201.

und des gesellschaftlichen Reichtums einen deutlichen Fortschritt dar, und das nicht nur auf der Ebene der Befriedigung der materiellen Bedürfnisse. Diese ermöglicht die Überwindung des »Idiotismus des Landlebens« und befördert auch auf intellektueller Ebene einen »allseitigen Verkehr und eine allseitige Abhängigkeit der Nationen« <(MEW 4, S. 466)>, die voller Versprechen für das Heranreifen und die Entfaltung der individuellen Persönlichkeit und für die Verwirklichung engerer und weniger kriegerischer Beziehungen zwischen den verschiedenen Kulturen und Völkern sind.

Der große Denker und Revolutionär[3] ist weit davon entfernt, der »strengen« Moral zu huldigen und den Mangel als Ort der geistigen Fülle und der moralischen Vollkommenheit zu verklären. Das *Elend der Philosophie*, welches Marx der *Philosophie des Elends* von Proudhon entgegenstellt, ist auch eine Abrechnung mit dem Populismus. Jener Populismus des französischen Autors wurde auch deutlich in der Verurteilung der aufkommenden Frauenbewegung als »Pornokratie« (Proudhon 1875): Eine Bewegung, die nicht die ausschließliche Apanage der Unterdrückten und Elenden war und die die aktive Teilnahme von Frauen vorsah, konnte in den Augen eines Populisten nur verdächtig sein. Und aus ähnlichen Gründen konnte auch der Kampf einer unterdrückten Nation wie Polen – nur um ein Beispiel zu nennen –, ein Kampf einer Koalition, die so breit war, dass sie auch den Adel umfasste (d. h. eine Klasse, die an den Luxus gewöhnt ist), von einem Lobredner des »strengen Moralsystems« wie Proudhon einer war, nur mit Verachtung betrachtet werden.[4]

In jenen Jahren und noch bis heute zeigte und zeigt sich der Populismus in vielfältigen Formen. Eine davon stellte letztlich auch der Luddismus[5] dar, der, auch wenn er anfangs konkreten Erforder-

3 Hier ist Marx gemeint. (A. d. Ü.)

4 Vgl. Losurdo 2016, S. 127f. und S. 389f.

5 Englische Bewegung von Arbeitern der ersten Jahre des 19. Jahrhunderts, die sich gegen die Einführung von Dampfmaschinen wehrte, benannt nach dem Arbeiter Ned Ludd, der 1779 aus Protest einen mechanischen Webstuhl zerstörte. (A. d. Ü.)

nissen entsprach, um Entlassungen und Arbeitslosigkeit zuvorzukommen, welche von der technologischen Entwicklung und ihrer kapitalistischen Nutzung hervorgerufen wurden, faktisch jedoch in einer Verklärung der vorindustriellen Gesellschaft mündete, die zu retten und zu bewahren er hoffte, indem er zur Zerstörung moderner Maschinen aufrief.

Die Bewegung, die mit Marx und Engels begann, hat einen Massencharakter angenommen und eine welthistorische Rolle übernommen, indem sie dem Populismus in seinen verschiedenen Ausprägungen entgegentrat und ihm eine Niederlage bereitete. Nachdem diese die Positionen Proudhons klar und deutlich zurückgewiesen hat, hat sie es verstanden, den Kampf um die Emanzipation der Arbeiterklasse und der Frauen zu verbinden mit dem Kampf der unterdrückten Völker um die nationale Befreiung; indem sie sich die Lehre ihrer großen Meister zunutze machte, hat sie verstanden dass »[sich] in der Gesellschaft […] eine lautlose Revolution [vollzieht], vor der es kein Entrinnen gibt« (MEW 8, S. 544), und dass folglich der Luddismus donquijotesk war, abgesehen von der Tatsache, dass er das in der Industriellen Revolution inbegriffene enorme Emanzipationspotenzial ignorierte.

Jenseits der kapitalistischen Zentren hat die Distanzierung vom Luddismus und vom Populismus auch in den Kolonien eine wesentliche Rolle gespielt, wo die Moderne häufig im Gefolge der *conquistadores* <der Eroberer> Einzug gehalten hat. Es ist dies ein Umstand, der offensichtlich Reaktionen populistischer Art begünstigt hat. Im China des Jahres 1900 nahmen die sogenannten *Boxer* eben diese technischen Erfindungen des Westens aufs Korn. Ihrem Zorn entgingen weder der Telegraf noch die Eisenbahnen: Das Eindringen dieser Neuerungen vollzog sich zeitgleich mit der Entfaltung der technologischen und militärischen Potenz der Eindringlinge und der daraus folgenden nationalen Demütigung des Landes. Als Mao Zedong (1956, Bd. 1, S. 341f.) einige Jahrzehnte später die Niederlage der Boxer reflektiert, scheint er sie in die Nähe der Anhänger des Luddismus zu rücken: indem sie zur »Zerstörung der Maschinen« übergingen, offenbarten diese einen Stillstand im Stadium der Wahrnehmung, d. h. sie waren im Prozess der Erkenntnis des gesellschaftlichen Systems, das ihre Leiden hervorrief, nicht vorangekommen; im Gegensatz zu den Marxisten hatten sie den Unterschied zwischen Maschine und kapitalistischer Nutzung der Maschine nicht verstanden. Und »Empirismus« stellten sie auch unter Beweis durch den »Kampf [...] gegen die Ausländer überhaupt« und deren Erfindungen, statt gegen den Imperialismus zu kämpfen.

Und dennoch ist die Entwicklung der kommunistischen Bewegung die immer wiederkehrende und nie wirklich gelöste Auseinandersetzung mit dem Populismus. Diese musste sich mit Bewegungen und Parteien messen, die sich gleichfalls in Emanzipationskämpfen engagierten, wobei sie aber von einer anderen ideologischen und politischen Plattform aus agierten und von einer deutlich populistischen Prägung waren. Man denke nur an die wesentliche Rolle, die Gandhi im Bereich des antikolonialistischen Kampfes des indischen Volkes gespielt hat. In der von ihm gewünschten und angestrebten Gesellschaft musste man, sozusagen modellhaft, »das Bett vor dem Morgengrauen verlassen« (1969-2001, Bd. 9, S. 319), um einer mühsamen Arbeit nachzugehen, die den ganzen Tag gedauert hätte und dennoch in keiner Weise das »Elend« hätte beseitigen können. Es war kein Raum für die »Freizeit«, welche mit Misstrauen gesehen wurde, insofern sie eine Gelegenheit zu sündigen Versuchungen bot (ebd., Bd. 68, S. 404). Mehr noch handelte es sich um eine Gesellschaft, die den Alkohol ächtet, den Tee und sogar die geschlechtlichen Beziehungen, wenn sie nicht der Fortpflanzung dienten und deshalb, in den Augen Gandhis, von Wollust und animalischer Leidenschaft gekennzeichnet war.[6]

Zweifellos haben wir es hier mit einem gesellschaftlichen Ideal zu tun, auf dessen Grundlage die moralische Vollkommenheit vom Mangel an materiellen Ressourcen und von der »strengen« Moral nicht zu trennen ist.

Wenn auch weniger deutlich ausgeprägt, so haben der Populismus oder die populistische Versuchung sich doch oft selbst inner-

6 Vgl. Losurdo 2015, S. 108f.

halb der kommunistischen Bewegung bemerkbar gemacht. Es ist ein Phänomen, das schon unmittelbar nach der Oktoberrevolution offenbar wird. Der »Kriegskommunismus«, das was Gramsci den »Kollektivismus des Elends, des Leidens« (1982, S. 516) nennt und Trotzki das der »verallgemeinerten Not« (1988, S. 817),[7] also die mehr oder weniger egalitäre Aufteilung des Mangels und sogar des Hungers, wird, statt sie als außergewöhnliche Maßnahme zu betrachten, die der verzweifelten und ausweglosen Situation geschuldet ist, am Ende zum Synonym des Widerstandes gegen die bürgerlichen Verlockungen des Luxus und des Überflusses sowie als Verbundenheit mit den authentischen Werten im Zeichen einer maßvollen Haltung und der Sparsamkeit verklärt, letztendlich also zum Synonym für die moralische Vollkommenheit und die geistige Stärke. Es waren in erster Linie Weggefährten des Bolschewismus, die diese Verklärung explizit bewirkten: Ausgehend von ihrem christlichen Eifer, hatten sie die Oktoberrevolution begrüßt und nicht so sehr als Umsturz des kapitalistisch-imperialistischen Systems ausgelegt, denn vielmehr als Revolte gegen das Streben nach Profit, aber auch nach dem Reichtum als solchem, als Revolte gegen das *Auri sacra fames,*[8] welches als Ursache des Krieges und der Katastrophe und allgemein des von jeher die Menschheit bedrückenden Übels erkannt und gebrandmarkt wurde. Aber auch nicht zu vernachlässigende Teile der kommunistischen Bewegung selbst in Russland und darüber hinaus waren fasziniert von der vom Kommunistischen *Manifest* kritisierten »rohe[n] Gleichmacherei« (MEW 4, S. 489) und vom »allgemeinen Asketismus« (ebd.). Der Text unterstreicht in geradezu prophetischer Weise: »Nichts leichter, als dem christlichen Asketismus einen sozialistischen Anstrich zu geben« (MEW 4, S. 484).

Im Bereich der kommunistischen Bewegung besteht die populistische Versuchung auch lange nach der kurzen Phase des »Kriegs-

7 Vgl. Losurdo 2016, S. 218f.

8 Lat. Begriff aus Vergils *Aeneis* 3,56: »Quid non mortalia pectora cogis, auri sacra fames« – »Wozu treibst du nicht die Herzen der Menschen, verfluchter Hunger nach Gold«; (A. d. Ü.)

kommunismus« fort. Das zeigt die sich gegen derartige Versuchungen regelmäßig entwickelnde Polemik, an der auch zwei Persönlichkeiten beteiligt sind, die sich ansonsten auf entgegengesetzten Positionen befinden. Geben wir Stalin das Wort: »Es wäre eine Dummheit anzunehmen, daß der Sozialismus auf der Basis des Elends und der Entbehrungen, auf der Basis der Einschränkung der persönlichen Bedürfnisse und der Senkung der Lebenshaltung der Menschen auf die Lebenshaltung von Armen errichtet werden könnte«; im Gegenteil, »der Sozialismus kann nur auf der Basis eines stürmischen Wachstums der Produktivkräfte der Gesellschaft« und »auf der Basis eines Lebens der Werktätigen in Wohlstand errichtet werden«, und mehr noch »eines wohlhabenden und kulturvollen Lebens für alle Mitglieder der Gesellschaft« (1955, S. 319 und 317). Nun geben wir das Wort an Trotzki: »Auf der Grundlage der ›verallgemeinerten Not‹ droht der Kampf um die notwendigen Existenzmittel die ganze alte Leier wiederzubeleben und genau das geschieht Zug um Zug« (Trotzki 1988, S. 817). Einige Jahrzehnte später sieht sich Deng Xiaoping in China veranlasst zu betonen, »dass die Armut nicht der Sozialismus ist und dass Sozialismus die Beseitigung des Elends bedeutet. Wenn die Produktivkräfte nicht entwickelt und der Lebensstandard des Volkes nicht erhöht werden, kann keine Rede davon sein, dass der Sozialismus aufgebaut wird« (Deng 1992-95, Bd. 3, S. 122*). Und folglich, wenn wir davon ausgehen, dass das angestrebte Ziel der »allgemeine Wohlstand« ist, dann muss man dem Elend entkommen, unter der Parole »Reich werden ist ehrenvoll«. Vermutlich ohne es zu wissen, nahm Deng Xiaoping das Losungswort wieder auf, mit dem mehr als ein halbes Jahrhundert zuvor Bucharin die Rückständigkeit der sowjetischen Landwirtschaft zu überwinden suchte, indem er den Einsatz der Bauern anspornte, und er distanzierte sich gleichermaßen von der ungebrochenen Nostalgie für den »Kollektivismus des Elends, des Leidens« sowie für die der »verallgemeinerten Not«, die dem »Kriegskommunismus« eigen sind.[9]

9 Vgl. Losurdo 2016, S. 218f.

Der Populismus als Kult des »Degrowth« und der »Natur«

Gerade weil die kommunistische Bewegung nie zu einer endgültigen Abrechnung mit dem Populismus gelangt ist, erlebt letzterer in unseren Tagen sein Comeback, und er erlebt es, weil er in neuem Gewande auftritt und dabei an die Ökologie sowie an den Kult des »Degrowth« und der »Natur« anknüpft. Von nun an wird der Marxismus unter Anklage gestellt, den man als schuldig erachtet, die Umweltfrage ignoriert oder unterbewertet zu haben. In Wirklichkeit bedeutet es aber mitnichten, die Augen vor den Gefahren und Tücken zu verschließen, wenn man das Emanzipationspotenzial, welches der Industriellen Revolution und der Entwicklung der Produktivkräfte innewohnt, unterstreicht. Man kann Karl und Jenny Marx vieles nachsagen – in diesem Fall ist es angemessen, auch sie zu erwähnen –, aber nicht dass sie den materiellen Reichtum angebetet hätten: Diese beiden hätten ein glänzendes und bequemes Leben führen können, stattdessen haben sie jedoch den Mangel und sogar das Elend hingenommen, nur um ihre Ideale nicht aufzugeben.

Auf der eigentlichen theoretischen Ebene beobachtet Marx, als er die Bedingungen der Kolonien analysiert, die nicht nur von aus England stammenden Soldaten, sondern auch von den Manufakturwaren heimgesucht wurden, wodurch das heimische Handwerk marginalisiert und zerstört wurde: »Die verheerenden Wirkungen der englischen Industrie auf Indien, ein Land von der Größe Europas [...], treten erschütternd zutage« (MEW 9, S. 225). Und im Gegensatz zu den heute vorherrschenden Mythen, klagt Engels, einer der beiden Autoren des *Manifests der Kommunistischen Partei*, als erster oder einer der ersten schon im Jahre 1843 die katastrophalen Auswirkungen an, die eine kapitalistische, ausschließlich an der Logik der Profitmaximierung orientierte Industrialisierung auf die natürliche und städtische Umwelt sowie vor allem auf die Gesundheit der in ungesunden Quartieren zusammengepferchten Fabrikarbeiter und subalternen Klassen haben kann. Marx seinerseits hat klargestellt, dass eine Vision von gesellschaftlichem Reichtum, die Natur und Umwelt nicht berücksichtigt, kurzsichtig und abwegig ist. Die *Kritik des Gothaer Programms* wird mit einer Mahnung eingeleitet, die heute prophetisch klingt: so groß und wachsend die Arbeitsproduktivität auch sei, »[d]ie Arbeit ist *nicht die Quelle* alles Reichtums« (MEW 19, S. 15). Man sollte einen zentralen Punkt nie aus dem Blick verlieren: »Die *Natur* ist ebensosehr die Quelle der Gebrauchswerte (und aus solchen besteht doch wohl der sachliche Reichtum!) als die Arbeit, die selbst nur die Äußerung einer Naturkraft ist, der menschlichen Arbeitskraft« (ebd.).

Diese Analyse ist alles andere als überholt. Marx stellt den Kapitalismus nicht nur wegen der ungleichen Verteilung des sozialen Reichtums in Frage, sondern auch wegen dessen Unfähigkeit, ihn wirklich zu entwickeln: »In den Handelskrisen wird ein großer Teil nicht nur der erzeugten Produkte, sondern der bereits geschaffenen Produktivkräfte regelmäßig vernichtet« (MEW 4, S. 468). Eine solche Vernichtung von gesellschaftlichem Reichtum, wie sie dem Kapitalismus eigen ist, offenbart sich auch in seiner Unfähigkeit, sich dem Verhältnis Mensch und Natur angemessen zu stellen.

Und wenn ich bemerke, dass der Populismus sein Comeback versucht, indem er unter dem Deckmantel der Ökologie auftritt, so beabsichtige ich dabei nicht, die Bedeutsamkeit und die Dringlichkeit der ökologischen Frage zur Diskussion zu stellen, sondern vielmehr die Nostalgie der vorindustriellen Welt, die aus der Predigt der »Schrumpfung« hervorlugt: man fabuliert von einer Gesellschaft im Zeichen der einfachen Sitten sowie des Abschwörens allen Luxus' und allen Überflusses, im Zeichen der Genügsamkeit und der ausschließlichen Befriedigung der Grundbedürfnisse; nur so – so wird uns versichert – wird man den Planeten retten können, wenn dieser nicht jetzt schon endgültig und unrettbar geschädigt ist.

Die Entwicklung der industriellen Gesellschaft ist immer begleitet worden von düsteren Voraussagen hinsichtlich des Schicksals der Gesellschaft und der Welt. Kurz vor der Mitte des 19. Jahrhunderts tönte Ernst Moritz Arndt, seinerzeit eine Persönlichkeit ersten Ranges der politischen Szene in Deutschland, gegen »die verfluchte Fabrikenmanie«. Gewiss vervielfachten diese die Produktivkraft des Menschen, aber eben um den Preis der Zerstörung der materiellen und geistigen Grundlagen des Menschen. Nun also:

> »Lieber wollen wir keine einzige Maschine als die Gefahr, dass dieses Maschinenwesen uns die ganze gesunde Ansicht vom Staate und die alle Tugend, Kraft und Redlichkeit erhaltenden einfachen und natürlichen Klassen und Geschäfte der Gesellschaft zerrüttete. Wenn alle Handwerker Fabrikanten werden, wenn der Ackerbau selbst endlich wie eine Fabrik angesehen und betrieben wird, kurz, wenn das Einfältige, Stetige und Feste aus den menschlichen Einrichtungen weicht, dann steht es schlecht um das Glück und die Herrlichkeit unseres Geschlechts. Wenn wir dahin kämen, daß Axt, Säge und Senkblei von selbst Häuser zuschnitten und aufrichteten, daß der Pflug und die Sense von selbst den Acker pflügten und aberntеten, wenn wir endlich auf Dampfmaschinen über Berg und Tal fahren und auf Luftbällen in die Schlacht reiten könnten, kurz wenn wir neben unsern künstlichen Maschinen, die alle Arbeit für uns täten, nur so hinzuschlendern hätten – dann würden wir ein so entartetes, nichtiges und elendes Geschlecht werden, daß die Geschichte ihre Bücher auf ewig von uns schließen würde« (Arndt 1840, S. 310ff.).[10]

Wir befinden uns, um genau zu sein, im Jahre 1840 und Deutschland ist noch ein Agrarland. Paradoxerweise entsteht die Nostalgie der präindustriellen Gesellschaft noch vor dem Entstehen der industriellen Gesellschaft selbst. Das düstere Bild, das von letzterer gezeichnet wurde, beinhaltete gleichzeitig die Verklärung der guten alten Zeit, die, in den Augen Arndts, »das Glück und den Glanz unserer Art« sicherstellte. In Wirklichkeit traf wenige Jahre danach eine Tragödie furchtbaren Ausmaßes Irland, das sich ebenfalls noch eindeutig vor dem Prozess der Industrialisierung befand, bei der die Bevölkerung niedergemäht wurde.[11]

Gewiss, Irland war eine Kolonie. Sehen wir aber nun, welche Folgen das Fehlen einer industriellen Entwicklung in einem Land wie Frankreich zeitigte. Im Jahre 1689 zeichnete ein großer Schriftsteller

10 Vgl. Losurdo 1989, S. 318f.

11 Vgl. oben Kapitel 1, *»Postwachstumsökonomie« und »Degrowth« als ins Gegenteil verkehrte Utopien.*

und Moralist, Jean de La Bruyère, ein trostloses Bild der Situation wie sie im Großteil seines Landes herrschte:

> »Man sieht, verstreut über das Land, bestimmte wilde Tiere, männlichen und weiblichen Geschlechts, schwarz, fahl und von der Sonne verbrannt, über die Erde gebeugt, die sie durchwühlen und mit unbesiegbarer Beharrlichkeit auflockern. Sie stoßen abgehackte Laute aus und wenn sie sich auf die Füße aufrichten, zeigen sie ein menschliches Gesicht: in der Tat sind es Menschen. In der Nacht ziehen sie sich in ihre Höhlen zurück, wo sie von Schwarzbrot, Wasser und Wurzeln leben.«

Der dies wiedergegeben hat, ist ein großer Historiker, der, selbst durchaus konservativer, wenn nicht reaktionärer Orientierung, andere Einzelheiten über das Schicksal dieser »wilden Tiere« hinzufügt. Diese werden in den kommenden Jahren »haufenweise sterben«; »wenn man im Jahre 1715 angekommen sein wird, wird davon ca. ein Drittel, 6 Millionen, an Hunger und Elend gestorben sein« (Taine 1986, S. 569f.*). Einige Jahrzehnte später hatte sich die Situation nicht geändert. Im Jahre 1740 berichtete Jean Baptiste Massillon, Bischof von Clermont-Ferrand:

> »Die Menschen in unserer Gegend leben in einem schrecklichen Elend, ohne Betten, ohne Möbel; noch schlimmer ist, dass es dem größten Teil von ihnen die Hälfte des Jahres an Gersten- und Haferbrot fehlt, das ihre einzige Speise darstellt und das sie gezwungen sind, sich vom Munde abzusparen, um die Steuern zu bezahlen. Es bereitet mir Schmerz, jedes Jahr während meiner Besuche mit meinen Augen dieses traurige Schauspiel zu sehen. Wir sind soweit, dass die Neger [Sklaven] unserer Inseln unendlich glücklicher sind« (ebd., S. 571*).

Die alltägliche Tragödie, mit der man sich hier beschäftigt, ist gewiss das Ergebnis einer ungerechten Verteilung des gesellschaftlichen Reichtums, aber eben auch der Begrenztheit dieses Reichtums: Auf der Grundlage der geringen Entwicklung der Produktivkräfte führt die Aneignung der Mehrarbeit und des Mehrwertes von Seiten einer kleinen privilegierten Elite zur Verurteilung der Masse der Bevölkerung zu hoffnungslosem Elend – und letztere wird infolgedessen oft dazu gezwungen, den Hungertod zu erleiden. Es war die Industrielle Revolution, die dazu beigetragen hat, diese sozialen Beziehungen in Frage zu stellen. Sicher sind diese nur verschwunden oder haben tiefgreifende Wandlungen erfahren infolge von großen, epischen Klassenkämpfen, die sich aber nur vollkommen entfalten konnten, nachdem die Entwicklung der Produktivkräfte die traditionelle Ideologie lächerlich gemacht hatte, wonach das Elend ausschließlich der feindlich gesinnten Natur in Rechnung gestellt werden musste.

Der Populismus der Schrumpfung (*degrowth*) nährt die Illusion, wonach es ausreichen würde, den Überfluss und den Konsumismus zu vermeiden, um die Umwelt zu retten. In Wirklichkeit sehen wir, wenn wir China nehmen, dass die Hauptursache für die Verschmutzung die Notwendigkeit ist, die Grundbedürfnisse zu befriedigen. Es handelt sich um ein Land, das »22% der Weltbevölkerung beherbergt, aber nur über 7% der landwirtschaftlichen Anbaufläche des Planeten verfügt. Die bebaute Fläche pro Einwohner entspricht also 0,09 Hektar, viermal weniger als der weltweite Durchschnitt« (Comito 2014, S. 65f.*). Dieses Missverhältnis hat seit Jahrhunderten zu einer Ausdehnung der Getreideanbaufläche genötigt, die man mittels einer verheerenden Abholzung erlangte. Nun hat sich die Tendenz aber umgekehrt: In China ist, im Gegensatz zum Rest der Welt, die Waldfläche deutlich im Wachsen begriffen, auch dank einer Umwidmung eines nicht zu vernachlässigenden Teils der Getreideanbaufläche zu ihrer früheren Bestimmung als Wald. Aber diese teilweise Rettung der Natur ist nicht durch Schrumpfung möglich gewesen, sondern durch Entwicklung: »Heute ist die Produktivität mehr als doppelt so hoch wie in Indien« (ebd.).

Mit Bezug auf China kann man ein weiteres Beispiel nennen: »Die Herstellung von Zement ist eine von jenen Produktionsfeldern, die in hohem Maße zum Ausstoß von Kohlendioxid in die Atmosphäre beitragen« (Fishman 2005, S. 127*). Der Zement dient dem Bau von Häusern, Schulen, Krankenhäusern. Um wirklich bewohnbar zu sein, müssen solche Gebäude mit Heizungen und, in den wärmeren Gegenden, mit Klimaanlagen ausgestattet sein. Der damit verbundene Energieverbrauch stellt eine weitere Quelle einer ziemlich bedeutenden Verschmutzung dar: »Alle zwei Jahre erhöht China die Energieproduktion im Umfang der Gesamtproduktion von Elektrizität in Großbritannien« (ebd., S. 128*). Es mangelt nicht an vermeintlichen Umweltaposteln, die verlangen, die Umwelt zu »retten«, indem man massenweise ganze Völker opfert. Abgesehen davon, dass das moralisch inakzeptabel ist, wäre ein solcher Ansatz, logisch betrachtet, widersprüchlich, da der Mensch integraler Bestandteil der Natur ist. In Wirklichkeit besteht die Lösung der gerade beschriebenen gigantischen Probleme nicht in einem donquijotesken Umkehrprozess hin zu einem mythischen Punkt Null des Wachstums. Im Gegenteil handelt es sich darum, noch darüber hinaus zu gehen. Die erneuerbaren Energien, die das Ergebnis einer qualitativen Entwicklung und der Wissensökonomie sind und die einen Sektor darstellen, in dem China bereits eine Vorreiterrolle einnimmt, sind dazu berufen, die Natur in ihrer Gesamtheit, unter Einbeziehung der Spezies Mensch, zu retten.

Indem sie vor der modernen Industrie fliehen und zumindest abstrakt wieder auf dem Lande und bei der Landwirtschaft landen, glauben die Anhänger des »Degrowth« zur »Natur« zurückzukehren. Aber das ist der exzentrischste aller Mythen; die Landwirtschaft und die Nahrungsmittelproduktion sind das Ergebnis dessen, was ein berühmter Ethnologe und Philosoph als die größte Revolution der Geschichte betrachtet hat, die vor einigen tausend Jahren stattgefunden hatte:

> »Wir leben immer noch von den ungeheuren Entdeckungen dessen, was man ohne jede Übertreibung die neolithische Revolution nennt: Ackerbau, Viehzucht, Töpferei, Weberei. All diese ›Zivilisationstechniken‹ haben wir seit 8.000 oder 10.000 Jahren nur perfektionieren können« (Lévi-Strauss 1972, S. 52).

Die Negation der industriellen Zivilisation ist nicht gleichbedeutend mit der Wiedererlangung der »Natur«. Im Gegenteil, nicht nur befinden wir uns auf dem Terrain der Geschichte, sondern wir werden zurückversetzt in eine besonders bewegte Phase der Geschichte. Wie alle Revolutionen, entsprang auch die neolithische einer Krise der vorangegangenen Ordnung, in der es die Jäger und Sammler waren, die die Nahrung besorgten. Die glücklichste und bequemste Periode dieses Gesellschaftstyps war nun vorüber: Die Jäger waren »immer zahlreicher und gewandter« geworden, während die Tierarten, mit denen man rechnen konnte »immer weniger zahlreich« wurden oder gar »vollkommen verschwunden waren«. Das »Schwinden der natürlichen Ressourcen« machte sich deutlich bemerkbar (Diamond 1998, S. 82*). Es vollzog sich das, was wir in der modernen Sprache eine schwere ökologische Krise nennen könnten. Die alte Ordnung aufzugeben war zwingend, aber die Ankunft in einer neuen war alles andere als bequem und schmerzlos:

> »Der Ackerbau und die Sesshaftwerdung haben die Lebensmittelressourcen außerordentlich erhöht, was der menschlichen Bevölkerung ermöglichte zu wachsen. Daraus ergab sich eine Ausweitung der infektiösen Krankheiten, die dazu neigen zu verschwinden, wenn die Bevölkerung zu klein wird, um die Krankheitserreger zu erhalten. Mithin kann man sagen, natürlich ohne es zu wissen, dass die Völker, die nun Ackerbau betrieben, gewisse Vorteile gewählt haben, wofür sie mit Unannehmlichkeiten zahlten, gegen die jene Völker, die Jäger und Sammler geblieben waren, besser geschützt blieben: ihre Lebensweise verhindert, dass sich Infektionskrankheiten vom Menschen auf den Menschen und auch von den Haustieren auf den Menschen übertragen; aber wohlgemerkt, um den Preis anderer Nachteile« (Lévi-Strauss 2002, S. 60*).

Zu seiner Zeit hat Marx über die bürgerlichen Ökonomen gespottet, die, nachdem sie die Erschütterungen hinter sich gelassen hatten, welche zum Sturz des *Ancien Régime* geführt hatten, den Kapitalismus als Ende der Geschichte aufzeigten und rühmten. Und »[s]omit hat es« – so ironisierte das *Elend der Philosophie* – für diese »eine Geschichte gegeben, aber es gibt keine mehr« (MEW 4, S. 139). Die Geschichte betraf die Vergangenheit, nicht die Gegenwart. Die Anhänger der Schrumpfung gehen umgekehrt vor. Sie verklären die vorindustrielle und agrarische Gesellschaft als Synonym der Natur, sehen die Geschichte nur in der unglückseligen

Gegenwart, ignorieren sie aber und verdrängen sie gänzlich mit dem Blick, der in die Vergangenheit gerichtet ist. So verbauen sie sich schließlich die Möglichkeit, die Ursprünge der Zukunft zu lesen, die in der Gegenwart bereits enthalten sind. Wir haben gesehen, dass, so schwerwiegend das auch sein mag, die gegenwärtige ökologische Krise nicht die erste ist, die sich in der Geschichte ereignet hat, und alles deutet darauf hin, dass es auch nicht die letzte sein wird. Der Übergang von der nomadischen Gesellschaft der Jäger und Sammler zu jener, die auf Ackerbau, Viehzucht und Sesshaftwerdung gründet, umfasst Jahrhunderte, die von Experimenten, Prozessen des Überdenkens und von Konflikten vielerlei Art gekennzeichnet waren. »Es kann auch geschehen, dass der Ackerbau zu Gunsten einer Rückkehr zur alten Lebensweise aufgegeben wird«, die jedoch, nach einer Unterbrechung (von einigen hundert Jahren), ihren Platz wieder der neuen Lebensweise überlässt, und dieses Mal endgültig (Diamond 1998, S. 81*). Wenn man sie in diese tausendjährige Perspektive stellt, dann erscheinen die Hymnen auf die Schrumpfung und die Nostalgie für die Welt vor der Ankunft der Industrie und des Massenkonsums als ein sehr begrenztes und durchaus vorhersehbares Phänomen. Die Schwere der gegenwärtigen ökologischen Krise ist kein Grund, mit tränengetrübtem Blick der Vergangenheit nachzutrauern, sondern die Planung und Realisierung der Zukunft unversehens anzupacken. Die derzeit zu beobachtende erstaunliche Entwicklung der erneuerbaren Energien, die die (begrenzten und in hohem Maße verschmutzenden) fossilen Energieträger nicht braucht, macht aufs Neue deutlich, dass der technologische Fortschritt, dieser »objektivierte wissenschaftliche Gedanke« des Menschen, der von Marx erkannt und gerühmt wurde (MEW 42, S. 382), eine außergewöhnliche potenzielle Wirkung der Befreiung, sowohl was die gesellschaftlichen Beziehungen, als auch was die Beziehungen zwischen Mensch und Natur anbetrifft, enthält. Nur, dass ein solches Ergebnis alles andere als vorhersehbar ist. Im Gegenteil wird es unerreichbar sein, solange die »Wissenschaft« weiter »in den Dienst des Kapitals [ge]preßt« wird (MEW 23, S. 382).

Populismus und Messianismus

Häufig ist Populismus mit Messianismus verbunden. Die subalternen Klassen, die seit undenklichen Zeiten Ausbeutung und Unterdrückung erfahren und die beobachten konnten, wie sich soziale Klassen und politische Schichten an der Macht abwechselten, die zwar untereinander verschieden waren, aber geeint in dem Willen, das Herrschaftsverhältnis aufrechtzuerhalten, haben die Neigung, sich die Emanzipation als eine vollkommene Negation vorzustellen, die nicht nur Ausbeutung und Unterdrückung, sondern sämtlichen möglichen Instrumenten von Ausbeutung und Unterdrückung ein für allemal ein Ende bereitet. So verschwindet dann in der Erwartung und in der Vorstellung auch der Staatsapparat in seinen unterschiedlichen Ausformungen, verschwinden das Heer, die Polizei, ja sogar die Rechtsnormen als solche, all das, was die Gewaltausübung sowie die Entfaltung des Rechtes des Stärkeren ermöglicht und legitimiert. In der neuen Gesellschaft ist auch kein Platz mehr für das Privateigentum, und sei es noch so begrenzt, ebenso wenig wie für das Geld an sich. Das eine wie das andere würden die Gefahr in sich bergen, soziale Polarisierung und Unterdrückung der Armen durch die Reichen zu verewigen oder wiederauferstehen zu lassen. Auch die Familie kann nicht ohne Skepsis betrachtet werden: Diese ist das Vehikel der Vererbung des Eigentums und des Reichtums, sowie der Fäulnis und der Gewalt, die damit verbunden sind. Damit diese radikalen Veränderungen nachhaltig und dauerhaft sind, dürfen sie nicht auf ein einziges Land beschränkt bleiben, und daher kommt dann auch die Vorstellung, staatliche und nationale Grenzen ebenso verschwinden zu lassen. Weil alle materiellen und objektiven Voraussetzungen für die Verwirklichung dieser gänzlich neuen Welt, die da beschworen und gefordert wird, fehlen, wird das Subjekt, das das Wunder vollbringen soll, in höheren Wesen erblickt. Diese sind weit entfernt von allem Gemeinen und den Versuchungen der gewöhnlichen Menschen und handeln gerade deswegen spontan sittlich, ohne dabei der Normen zu bedürfen, die von oben oder von außen auferlegt werden. Nicht zufällig charakterisiert schon im Mittelalter der

Antinomianismus,[12] welcher Gesetze und rechtliche Normen ablehnt, mehr oder weniger stark die immer wiederkehrenden volkstümlichen Protest- und Aufstandsbewegungen. Eine ähnliche Beobachtung kann man hinsichtlich der ersten Englischen Revolution machen und insbesondere hinsichtlich der Anhänger der »fünften Monarchie«, die beseelt waren von dem messianischen Glauben an die Ankunft einer Gesellschaft frei von Rechtsnormen, derer sie nicht bedurfte, aus dem einfachen Grunde, dass sich die Individuen beim Aufbau einer gerechten und egalitären Gesellschaft von der göttlichen Gnade erleuchten und leiten lassen würden.

Es ist keineswegs verwunderlich, dass diese Tradition, ein gewissermaßen spontaner und wenig entwickelter Ausdruck der innigen Erwartungen der subalternen Klassen, auch in der sozialistischen und kommunistischen Bewegung, wenn auch in säkularisierter Form, wahrnehmbar ist. Im Jahre 1879 schrieb August Bebel, ein Vertreter ersten Ranges der deutschen Sozialdemokratie und ihrer Partei und ständiger Gesprächspartner von Engels, dass in der postkapitalistischen Gesellschaft »[m]it dem Staat [...] seine Repräsentanten [verschwinden]: Minister, Parlamente, stehendes Heer, Polizei und Gendarmen, Gerichte, Rechts- und Staatsanwälte, Gefängnisbeamte, die Steuer- und Zollverwaltung [...]. Zehntausende von Gesetzen, Erlassen und Verordnungen werden Makulatur« (Bebel 1979, S. 354). Mit alldem waren auch die Gefühle von »Hass oder Rache« (ebd., S. 355) dazu bestimmt zu verschwinden.

Es handelt sich hier nicht um einen naiven philosophischen Standpunkt eines Autodidakten. Unmittelbar nach der Oktoberrevolution rief ein herausragender Philosoph, als er die erste Ausgabe seines Werks *Geist der Utopie* veröffentlichte, die Sowjets auf, nicht nur jeder »Privatwirtschaft« ein Ende zu machen, sondern auch jeder »Geldwirtschaft« und mit dieser die »alles Böseste im Menschen

12 Der Antinomianismus (oder Antinomismus, griech. *anti-* ›gegen‹ + *nomós* ›Norm‹, ›Gesetz‹) ist in der Theologie eine Doktrin, wonach die Mitglieder einer besonderen religiösen Gemeinschaft darin frei sind, bestimmte ethische und moralische Vorschriften nicht zu beachten. (A. d. Ü.)

preiskrönende[…] Kaufmannsmoral«; darüber hinaus erwartete man sich von ihnen den »Umbruch der Macht zur Liebe« (Bloch 1971, S. 298). Zumindest in diesem Fall beruft er sich ausdrücklich auf die Tradition des jüdischen Messianismus und auf das »ebensowohl motorische als prägnant historische, unbildliche, unnaturhafte Gerichtetsein auf ein noch nicht daseiendes messianisches Ziel über der Welt« (ebd., S. 322).

Und nun wollen wir sehen, wie ein Buch endet, das manchmal als eine Art neues *Manifest der Kommunistischen Partei* begrüßt worden ist, und das schließlich zu Beginn unseres Jahrhunderts einen außergewöhnlichen Erfolg erfahren hat:

> »Franz von Assisi [verweigerte sich] jeglicher instrumentellen Disziplin, und der Abtötung des Fleisches (in Armut und in der konstituierten Ordnung) setzte er ein glückliches Leben entgegen, das alles Sein und die gesamte Natur, die Tiere, Schwester Mond, Bruder Sonne, die Vögel auf dem Felde, die armen und ausgebeuteten Menschen zusammenschloss gegen den Willen der Macht und die Korruption. In der Postmoderne befinden wir uns wieder in der gleichen Situation wie Franz von Assisi, und wir setzen dem Elend der Macht die Freude am Sein entgegen. Diese Revolution wird keine Macht kontrollieren können – weil Biomacht und Kommunismus, Kooperation und Revolution in Liebe, Einfachheit und auch in Unschuld vereint bleiben. Darin zeigen sich die nicht zu unterdrückende Leichtigkeit und das Glück, Kommunist zu sein« (Hardt/Negri 2002, S. 420).

Obwohl die beiden Autoren, die wir hier zitiert haben, sich auf dem Terrain der säkularisierten und laizistischen Kultur bewegen, sind wir erneut geneigt, eher an die messianische Tradition zu denken, und das aus zwei Gründen. Die kommunistische Gesellschaft, die hier beschworen wird, ist durch das Fehlen jeglichen Konflikts und jeglicher Spannung oder gar jeder Ursache von Konflikt und Spannung gekennzeichnet. Verschwunden ist auch jeglicher Widerspruch in den Beziehungen zwischen der Welt des Menschen und der Welt der Tiere, und sogar innerhalb der letzteren gibt es keinen Raum mehr für die Unterdrückung des Schwächeren durch den Stärkeren. Es ist die *Apokatastase*,[13] die *restitutio omnium*,[14] die Wiederherstellung und die Wiederaussöhnung aller Geschöpfe, von denen die *Apostelgeschichte* spricht (3,21) und die dann das zentrale Thema der Mystik wird, die bei Autoren wie Origenes, Johannes Scottus Eriugena, usw. beliebt war. Wir werden auch aus einem anderen Grund wieder zu dieser Kultur und zu diesen religiösen Erwartungen zurückgebracht. Mehr noch als eine politische und soziale Transformation, scheint das Wunder, von dem man hier spricht, das Ergebnis eines völligen inneren Umbruchs zu sein, der *Metànoia*,[15] welche die Voraussetzung für die Verwirklichung der messianischen Erwartungen ist: Wenn bei Bebel die Männer und Frauen ein für alle Mal von den Gefühlen des »Hasses« und der »Rache« befreit waren, bei Bloch von der »alles Bösesten im Menschen preiskrönenden Kaufmannsmoral«, so befreien sich nun nicht nur die Männer und Frauen, sondern die gesamte Schöpfung, »die Tiere, Schwester Mond, Bruder Sonne, die Vögel auf dem Felde, die armen und ausgebeuteten Menschen«, alle zusammen vom »Willen der Macht«, von der »Korruption«, vom »Elend der Macht«, um »in Liebe, Einfachheit und Unschuld« zu leben: die *Apokatastasis* erstrahlt hier in vollem Glanz.

Der Kommunismus als ein Kapitel der Religionsgeschichte?

Muss uns die Rückkehr messianischer Töne bei Autoren und Bewegungen marxistischer und kommunistischer Tendenz, bei Bebel in der zweiten Hälfte des 19. Jahrhunderts, bei Bloch zu Beginn des 20. Jahrhunderts und bei Hardt und Negri in den ersten Jahren des 21. Jahrhunderts, dazu veranlassen, dies alles als ein Kapitel der Religionsgeschichte zu lesen? Die Literatur, die sich in diese Richtung bewegt, ist sehr weitreichend. Es genügt, insbesondere an Karl Löwith

13 *Apokatastase* oder *Apokatastasis*, griech. *apokatástasis* »Wiederherstellung«, im Sinne der Wiederkehr eines früheren Zustandes, bes. Wiederherstellung allgemeiner Vollkommenheit in der Weltendzeit. (A. d. Ü.)

14 Entspricht der *Apokatastasis panton* i. S. der »Wiederbringung aller« (vom Himmel abgefallenen Wesen). (A. d. Ü.)

15 *Metànoia*, griech. *metánoia* »Umdenken, Sinnesänderung, Umkehr des Denkens«; (A. d. Ü.)

zu denken (1961, S. 48), demzufolge das Werk von Karl Marx »vom ersten bis zum letzten Satz von einem eschatologischen Glauben erfüllt« sei und es sich daher als bar jeden wissenschaftlichen Wertes erweise. Diese Art zu argumentieren geht von der Voraussetzung aus, der zufolge die religiöse Genese einer These hervorzuheben, bedeuten würde, sie auf epistemologischer Ebene zu erledigen. Jedoch ist solch eine Annahme bar jeder Grundlage. Ein großer Philosoph, Friedrich Nietzsche, hat unmissverständlich die Verbindung verdeutlicht, die zwischen dem Eintreten der unilinearen Vorstellung der Zeit und der jüdisch-christlichen Erwartung des Heils besteht; aber nicht deswegen erfährt heute die zyklische Vorstellung der Zeit in wissenschaftlichen Zusammenhängen mehr Beachtung. Wenn man von der Wissenschaft zur Politik im eigentlichen Sinne überwechselt, dann scheint es schwer, den Beitrag zu leugnen, den das Christentum (und schon vor ihm die jüdischen Propheten) zur Entwicklung der Konzepte vom Menschen und von den Rechten des Menschen als solchen, beigesteuert hat; es bleibt die Tatsache, dass solche Konzepte in einer zutiefst säkularisierten Welt wie der unseren mehr denn je als unverzichtbar betrachtet werden.

Manchmal glauben die Exegeten, auf die wir uns hier beziehen, auf den Spuren von Nietzsche zu wandeln, der unermüdlich auf die Bande bestand, die den Sozialismus mit dem Christentum (und der jüdischen Prophetie) verbinden. Die Dinge verhalten sich jedoch genau in entgegengesetzter Richtung. Wenn in den Augen von Löwith (ebd.) die Theorie von Marx, »der historische Materialismus [...] Heilsgeschichte in der Sprache der Nationalökonomie [ist]«, so stellen für Nietzsche die Predigt des Evangeliums oder die jüdisch-christliche Tradition, beseelt wie sie von Anfang bis Ende von einem starken sozialen Protest und sogar von einem unversöhnlichen Klassenhass sind, ein wesentliches Kapitel der Geschichte der Sklavenrevolte dar – zum Ausdruck gebracht in der Sprache der Religion. Weit davon entfernt, das revolutionäre Projekt in der apokalyptischen Literatur (ob sie nun jüdisch, christlich oder gnostisch ist) restlos zu klären, ist der Theoretiker des aristokratischen Radikalismus der Ansicht, dass »›das jüngste Gericht‹ [...] die Revolution [ist], wie sie auch der socialistische Arbeiter erwartet, nur etwas ferner gedacht« (Nietzsche o. J., S. 81). Jesus »war ein politischer Verbrecher, soweit eben politische Verbrecher in einer *absurd-unpolitischen* Gemeinschaft möglich waren« (Nietzsche 1954, S. 1188). Wir wohnen hier nicht etwa der Transkription der Geschichte der sozialistischen Bewegungen in die Sprache der heiligen Geschichte bei, sondern im Gegenteil, der Deutung eben jener religiösen Bewegungen in politisch-sozialer Lesart. Ähnlich wie Nietzsche argumentiert Engels. Wenn er auch deutlich Position zugunsten der subalternen Klassen bezieht und sich damit in diesem Punkt klar vom Theoretiker des aristokratischen Radikalismus unterscheidet, schreibt Engels, als er über den Bauernkrieg spricht: »Unter dem Reich Gottes verstand Münzer aber nichts anderes als einen Gesellschaftszustand, in dem keine Klassenunterschiede, kein Privateigentum und keine den Gesellschaftsmitgliedern gegenüber selbständige, fremde Staatsgewalt mehr bestehen« (MEW 7, S. 354). Wenn für Engels das Streben nach dem Reich Gottes nichts anderes war als der Ausdruck vager kommunistischer Forderungen bestimmter sozialer Schichten, so drücken für die Exegeten die sozialistischen und kommunistischen Losungen, von denen wir hier reden, nichts anderes aus als das traditionelle religiöse Streben nach dem Himmelreich in oberflächlich laisierter Form.

Das Nebeneinanderstellen der Bewegung, die sich auf Marx beruft, und des Christentums, ist ein Motiv, das bei Engels wiederholt auftaucht. Und es ist auch bei Gramsci zu finden (1992, Bd. 4, S. 888), der die Rolle von Paulus von Tharsus mit der Lenins vergleicht und insofern »Christentum-Paulinismus« dem Marxismus-Leninismus gegenüberstellt. Dieses Nebeneinanderstellen, das bei zahlreichen heutigen Exegeten gleichbedeutend mit der erkenntnistheoretischen Liquidation des Marxismus sein könnte, bezieht sich auf den Umfang der Massenbewegung, die von den beiden Weltanschauungen und den beiden »Parteien« jeweils inspiriert ist, auf die gefühlsmäßige Intensität der Zustimmung und die Stärke der Verbundenheit, die die Mitkämpfer zeigen, und nicht zuletzt auf den langen historischen Zyklus der Erwartungen und der Unruhe der Volksmassen im Kampf für die Emanzipation. Damit ist nichts gesagt über die Wahrheit oder Unwahrheit der miteinander verglichenen Weltsichten: Die in zeitlicher Abfolge zweite kann auf philosophisch-politischer Ebene den Erfordernissen der sozialen Befreiung eine reifere Form verliehen haben, im Vergleich zur ersten, bei der diese sich auf primitivere Art ausgedrückt haben.

Das wirkliche Problem besteht darin festzustellen, inwieweit beim Übergang von der mehr oder weniger religiösen Prophetie zum politischen Projekt die Vision des geschichtlichen Prozesses der Umsetzung und der Merkmale der neuen Ordnung reifer geworden ist. Oder, um es etwas anders auszudrücken und mit Bezug auf die postkapitalistische Gesellschaft: Bis zu welchem Punkt ist die Vollendung der »Entwicklung des Sozialismus von der Utopie zur Wissenschaft« (MEW 19, S. 189ff.) gediehen, von der Engels am Ende des 19. Jahrhunderts sprach?

Alle großen Revolutionen, oder besser gesagt, alle großen revolutionären Zyklen, haben eine mehr oder weniger religiöse Phase durchlaufen. Man denke nur an die erste Englische Revolution und die Anhänger der »Fünften Monarchie«, einer Gesellschaft, die frei war von Rechtsnormen, derer sie nicht bedurfte, aus dem einfachen Grunde, dass sich die Individuen beim Aufbau einer gerechten und egalitären Gesellschaft von der göttlichen Gnade erleuchten und leiten lassen würden. Oder man denke an den Ehrgeiz der Französischen Revolution, einen neuen Kalender herauszugeben, in welchem sie die Ereignisse wirklich mit Beginn des Jahres des Heils datierte, das aber nicht mehr in der Geburt Christi erkannt wurde, sondern in der Ankunft der Französischen Republik, mit der endlich – um es mit den Worten zu sagen, die das Projekt der Kalenderreform begleiteten – »die vulgäre Zeit, die Zeit der Grausamkeit, der Lüge, der Niedertracht, der Sklaverei« endete. Oder, um einen Blick über Europa und den Westen hinaus zu werfen, denke man an die Revolution, die Mitte des 19. Jahrhunderts China erschütterte, jene, die vom Christentum angeregt war und die das messianische Motiv der Ankunft des dauernden »Himmlischen Reichs des allgemeinen Friedens« bewegte.

Um die emphatischen und mehr oder weniger messianischen Erwartungen zu verstehen, die von den großen revolutionären Bewegungen geweckt wurden, empfiehlt es sich, sich noch einmal einer methodischen Erörterung zuzuwenden, die Engels geliefert hat, der, als er die Bilanz der Revolutionen in England und Frankreich zog, folgendes bemerkte:

> »Damit selbst nur diejenigen Siegesfrüchte vom Bürgertum eingeheimst wurden, die damals erntereif waren, war es nötig, daß die Revolution bedeutend über das Ziel hinausgeführt wurde [...] Es scheint dies in der Tat eins der Entwicklungsgesetze der bürgerlichen Gesellschaft zu sein« (MEW 22, S. 301).

Es gibt keinen Grund, diese methodische Erörterung nicht auf die Revolutionen anzuwenden, die sich auf Marx und Engels berufen sowie auf die revolutionäre Bewegung, deren Interpreten und Inspiratoren sie gleichzeitig gewesen sind. Man könnte sogar sagen, dass, je tiefer eine revolutionäre Bewegung in die tiefsten Schichten der Volksmassen Wurzeln schlägt, desto mehr wird sie verführt, Hoffnungen auf Befreiung auszudrücken, die, weil sie im Laufe der Jahrhunderte enttäuscht und frustriert worden sind, dazu neigen, eine besonders emphatische und gewissermaßen messianische Färbung anzunehmen. Deswegen muss jede große revolutionäre Bewegung, nachdem sie das alte Regime gestürzt hat, um eine neue, relativ stabile Ordnung aufzubauen, einen mühsamen Lernprozess durchlaufen, der reich an Widersprüchen ist. In diesem Sinne konnte Hegel schreiben, dass Cromwell, indem er einer Periode fruchtloser religiöser und pseudorevolutionärer Überspanntheit ein Ende setzte und einem jahrelangen Chaos einen politischen Ausweg gab, »wußte was Regieren ist« (Hegel 1919/20, S. 897): Zu wissen, wie man regiert, bedeutete, in der Lage zu sein, den großen und edlen Idealen, die sich in der Wirklichkeit noch nicht bewährt hatten, einen konkreten Inhalt zu verleihen. Oder, um eine andere Sprache zu benutzen, die aber dennoch Hegel entnommen ist, der Lernprozess und das Erlernen des Regierens sind der Übergang von der unbestimmten Negation, welche die neue Ordnung als das vollkommen Andere vorstellt – eine Darstellungsweise, die den Heilsreligionen eigen ist – zur

»bestimmten Negation« (Hegel 1969-79, Bd. 5, S. 49), welche die revolutionäre Umwälzung wieder auf dem Gebiet der Geschichte und der konkreten politischen Aktion verortet.

Der Messianismus des vollkommen Anderen

Die kommunistische Bewegung hat phasenweise versucht, sich dem Messianismus des vollkommen Anderen zu entziehen, jedoch ohne je diese Operation zu einem Ende zu bringen. Eine letztendliche Abrechnung hat es weder mit dem Populismus noch mit dem Messianismus gegeben. Ich habe schon auf die Verbindung hingewiesen, die zwischen diesen beiden Phänomenen besteht, welche beide unreifer Ausdruck der Erfordernis der Befreiung der unterdrückten Klassen und Völker sind, die, ob der objektiven Bedingungen, in denen sie leben und die sie gezwungen sind zu erleiden, dazu neigen, sich die neue Ordnung als abstrakte und undialektische Negation der bestehenden Ordnung vorzustellen. Die traditionelle Geringschätzung der herrschenden Klassen für die Niederen und die Armen kehrt sich um in die Verklärung der Niederen und Armen und die Verachtung, welche der Bequemlichkeit, dem Wohlstand und dem Reichtum als solchem entgegengebracht wird; während all das, was auf die eine oder andere Weise die Herrschaft, die Unterdrückung, die Macht, die Hierarchie in allen ihren Formen erhält, dazu bestimmt scheint, vom Nichts verschluckt zu werden. Beide Gesichtspunkte der neuen Ordnung, die man sich vorstellt und herbeisehnt, sind das Ergebnis einer abstrakten und undialektischen Negation. Was den ersten Aspekt betrifft, so reduziert sich das Neue auf sehr Weniges: Die Bedingung des Mangels wird allgemein und ist von allen voll akzeptiert (oder sollte es sein); hier haben wir es mit dem Populismus zu tun. Was den zweiten Aspekt angeht, so ist die Veränderung scheinbar wirklich radikal, aber sie ist so radikal, dass die rechtlich-politische Ordnung, statt eine Veränderung und eine Umwandlung zu erfahren, sich darauf beschränkt, sich ein für alle Mal aufzulösen, und hier sehen wir uns mit dem Problem des Messianismus konfrontiert.

Wir haben gesehen, wie Bloch sich in der ersten Ausgabe seines Werkes *Geist der Utopie* zu der messianischen Erwartung des »Umbruch[s] der Macht zur Liebe« hinreißen lässt, eines Umbruchs, der in der Realität eine Auflösung »des Bösesten im Menschen« bedeutet, ein Verschwinden der Macht, des privaten Interesses und der Normen und Institutionen, die dazu da sind, das eine wie das andere einzudämmen und zu regulieren. In der zweiten Ausgabe seines Buches streicht Bloch diese überschwänglichen Abschnitte, aber das bedeutet nicht, dass er mit dem Messianismus abzurechnen beginnt.

Damit beginnt auch nicht die kommunistische Bewegung als Ganzes. In der Sowjetunion ist die Partei, die an der Macht war, bis zum Vorabend des Zusammenbruchs, fortgefahren, gebetsmühlenartig und mit einer Glaubwürdigkeit, die gegen Null ging, den Katechismus der Abschaffung des Staates, der Nation, der Religion usw. zu predigen. Darin berief sie sich auf Marx und Engels, und in der Tat fehlt es diesen nicht an einem Hang zum Messianismus, welcher sich jedoch in der kommunistischen Bewegung, beginnend mit der apokalyptischen Erfahrung des Ersten Weltkrieges, stark zuspitzte. Während Engels die Anarchisten und die »Anti-Autoritären« verspottet, greift er, um ihren »Kreuzzug« gegen das »Autoritätsprinzip« als solches zu widerlegen, auf Argumente zurück, die in der Tat die These von der Abschaffung des Staates ins Wanken bringen. Er führt das Beispiel eines Schiffes an, welches droht, Schiffbruch zu erleiden, und dessen Rettung davon abhängt, »daß alle sofort und absolut dem Willen eines einzelnen gehorchen« (MEW 18, S. 307). Der Artikel *Von der Autorität*, den ich hier zitiere, fährt folgendermaßen fort:

> »Jedesmal, wenn ich dergleichen Argumente den wildesten Antiautoritariern unterbreitete, wußten sie mir nichts zu antworten als: ›Ah! Das ist wahr, aber hier handelt es sich nicht um eine Autorität, die wir den Delegierten verleihen, *sondern um einen Auftrag*!‹ Diese Herren glauben die Sache verändert zu haben, wenn sie deren Namen verändern« (ebd.).

Aber auch der Übergang von der politischen Macht zu rein administrativen Funktionen (worin die gewünschte Abschaffung des Staates besteht), lässt an eine einfache Veränderung des Namens denken; um so mehr, als es wieder Engels ist, der zu bedenken gibt, dass es eine Autorität gibt und sogar »eine[n] wahren Despotismus [...], der von aller sozialen Organisation unabhängig ist« (ebd., S. 306), wie nicht nur das Beispiel des Schiffes zeigt, sondern die konkrete Wirklichkeit des Funktionierens der großen Industrie und der öffentlichen Dienste des modernen Staates (vgl. ebd., S. 305ff.).

Hinsichtlich des Problems, das ich hier analysiere, kann bei Engels ein vielleicht noch bedeutenderes Anzeichen von Zweifel überraschen. Im Jahre 1884, als er vor den schweren Gefahren warnt, die dem Prozess der Militarisierung innewohnen, welcher gerade im Gang ist, stellt er fest: »man sehe nur unser heutiges Europa an, wo Klassenkampf und Eroberungskonkurrenz die *öffentliche Macht* auf eine Höhe emporgeschraubt haben, auf der sie die ganze Gesellschaft und selbst den Staat zu *verschlingen* droht« (MEW 21, S. 166). Hier droht das Verschwinden des Staates, sein Verschlungenwerden seitens einer ungeheuren Macht, die nicht der Staat selbst, sondern unmittelbarer Ausdruck der Zivilgesellschaft ist; dies ist weit davon entfernt, als ein Versprechen, sondern vielmehr als Albtraum wahrgenommen zu werden. Diese Nuancen und Schwankungen verschwinden in der Zeit, als der Kommunismus unter dem mehr oder weniger unmittelbaren Eindruck der Tragödie des Ersten Weltkrieges steht. In *Staat und Revolution* fasst Lenin den ausführlichen Abschnitt, den wir gerade zitiert haben, zusammen und in Wirklichkeit verbessert er ihn: »das ›Verschlingen‹ aller Kräfte der Gesellschaft durch die räuberische Staatsmacht« (LW 25, S. 403). In der Tat drückt Engels sich hier unklar aus. Und dennoch kann dieser Abschnitt, wenn er angemessen untersucht wird, ein ziemlich interessantes Phänomen erhellen. Es gibt Situationen, in denen der Staat, wenn auch nur teilweise, eine Bremse gegen die ausufernde Gewalt darstellen kann, die von der Zivilgesellschaft entfesselt wird. Um nur ein Beispiel zu geben, war es in den USA der *white supremacy* die von den weißen Rassisten ihrer Hegemonie unterworfene Zivilgesellschaft, die Jagd auf Schwarze machte, welche nicht selten von einer rasenden Menge aus dem Gefängnis geholt und so der staatlichen Justiz entzogen und der Folter sowie der Lynchjustiz unterzogen wurden, die als extralegale Volksjustiz ausgegeben wurde. Aber im Klima der (gerechtfertigten) Empörung über das Gemetzel des Ersten Weltkrieges und über den blutigen Moloch, zu dem die am Konflikt beteiligten Staaten geworden waren, gab es keinen Platz für sehr feinsinnige Unterscheidungen und Argumentationen.

Man kann eine allgemeine Beobachtung machen: Marx und Engels sprechen manchmal von der »Abschaffung des Staates im gegenwärtigen Sinne«, ein anderes Mal von der »Abschaffung des Staates« als solchem; lange Zeit hat die kommunistische Bewegung des 20. Jahrhunderts ausschließlich die zweite Formel benutzt, die auch jene mit deutlich messianischem Charakter ist.[16] Es handelt sich dabei um eine Utopie, die sich, unter bestimmten objektiven Bedingungen, in ihr Gegenteil verkehren kann, wie es im Laufe des 20. Jahrhunderts auch geschieht, ausgehend von einer Dialektik, die glänzend von Marx und Engels im Laufe ihrer Polemik gegen den Anarchismus vorausgesehen und beschrieben wurde. Im Extremfall läuft es darauf hinaus, dass der Antiautoritarismus, indem er jede Entscheidung nach allgemeinen und auf Konsens und demokratische Kontrolle begründeten Regeln unmöglich macht, die Ausübung einer willkürlichen Macht im Dienste einer Minderheit begünstigt; der vorgebliche »Anti-Autoritarismus« verkehrt sich so in einen »Kasernenkommunismus« (MEW 18, S. 425).

Eine ähnliche Dialektik kann sich auch in Bezug auf die nationale Frage entwickeln: Marx hat vor dem abstrakten Universalismus und Internationalismus gewarnt, der sich in einen überschwänglichen Chauvinismus verkehren kann; demzufolge können die »Negation der Nationalitäten« und ihre Anpassung an »préjugés surannés«[17] in Wahrheit bedeuten, dass die »Absorption in eine […] Musternation« (MEW 31, S. 229) verlangt wird. Ausgehend von diesen Betrachtungen und dieser Besorgnis hat Engels betont: Es gibt Nationen (und zwar die, die unterdrückt sind), die »nicht nur das Recht, sondern die Pflicht haben, national zu sein, ehe sie international sind« (ebd., 35, S. 271); genauer gesagt drückt sich ihr Internationalismus in der Förderung der Kämpfe für die nationale Befreiung aus.

16 Vgl. Losurdo 2012a, S. 89ff.

17 »veraltete Vorurteile«; (A. d. Ü)

Und trotzdem hat sich die Kommunistische Internationale jahrelang als »bolschewistische Weltpartei« (Institut für Marxismus-Leninismus (Hg.) 1959, S. 212) aufgespielt, die vielleicht sogar eine »proletarische Rote Armee« (Carr 1964, S. 95*) zur Verfügung hatte, und auch diese weltweit: Sie fragte nicht nach der Gefahr, dass ein solcher überspannter Internationalismus, der mit Geringschätzung auf Grenzen und nationale Identitäten blickte, wie auf »préjugés surannés«, in der Verherrlichung und der Weihe einer »Musternation« (um in der Sprache von Marx zu bleiben) münden würde.[18]

Der Messianismus der Erwartung

Manchmal offenbart sich der Messianismus eher als unbestimmte Erwartung des vollkommen Anderen, denn als vorweggenommene Zukunft mit mehr oder minder bestimmten Inhalten. Die emblematische Figur für die erstgenannte Form stellt Walter Benjamin dar. Um sie zu verstehen, muss man eine Vorbemerkung machen. Im *Wissenschaftlichen Sozialismus* wird der Übergang von der Utopie zur Wissenschaft durch zwei historische Wendepunkte oder zwei Revolutionen von unterschiedlicher Natur bezeugt. Die politische Revolution und insbesondere der revolutionäre Zyklus der Französischen Revolution von 1789 bis 1871, vom Sturz des *Ancien Régime* bis zur *Commune*, zeigten, dass die neuen Ideen der Emanzipation, dank der politischen Aktion realer sozialer Kräfte, konkret voranschreiten konnten. Ihrerseits verliehen die Industrielle Revolution und die damit verbundene Entwicklung der Produktivkräfte dem Projekt der Verwirklichung einer neuen politisch-sozialen Ordnung Schwung und Glaubwürdigkeit, einer Ordnung, die zwar auf einer gerechteren Verteilung, aber auch und mehr noch auf ein schnelles und unaufhörliches Wachstum des sozialen Reichtums gründete. Man war in der Lage, Elend und Mangel und darüber hinaus der Ausbeutung und der Unterdrückung ein für alle Mal ein Ende zu bereiten. Aber welchen Sinn konnte es haben, über die Emanzipation nachzudenken, indem man auf die *Wissenschaft* verwies, in einem Augenblick, als die militärischen Sie-

18 Vgl. Losurdo 2016, S. 206ff. und S. 185.

ge des Dritten Reichs und die Versklavung ganzer Völker unaufhaltsam aufeinander folgten und als sich am Horizont immer bedrohlicher der Schatten der *Endlösung* abzeichnete? Im Jahre 1940, und bevor er freiwillig in den Tod ging um seinen Verfolgern zu entkommen, warnte Walter Benjamin in seinen Thesen *Über den Begriff der Geschichte*: Industrielle Revolution und politische Revolution streben nicht gemeinsam die Verwirklichung eines komplexen Projekts wie der Emanzipation an. Die »Fortschritte der Naturbeherrschung« und in der »Ausbeutung der Natur« (aus der auch und vielleicht vor allem Hitlerdeutschland und seine außergewöhnliche Kriegsmaschinerie Nutzen zogen) konnten im Gleichschritt mit beängstigenden »Rückschritte[n] der Gesellschaft« einhergehen (Benjamin 2011b, These XI, S. 962). Auf alle Fälle musste man mit dem »Historismus« (ebd., These XVI, S. 965 und Anhang A, S. 966) brechen und sich von der Illusion befreien, »mit dem Strom« der Geschichte zu schwimmen (ebd., These XI, S. 962), was desaströse Konsequenzen gezeitigt hatte. Nein, wenn man die Dimension der »messianischen« Zeit (ebd., These XVIII, S. 966) wiedererlangt hat und sich irgendwie den jüdischen Messianismus zunutze macht, muss man sich klarmachen, dass »jede Sekunde die kleine Pforte [war], durch die der Messias treten konnte« (ebd., Anhang B, S. 966).

Die Kritik des positivistischen Evolutionismus war das Leitmotiv des Gedankens und der Tat Lenins, der die Machtlosigkeit oder, schlimmer noch, die Anpassung der Zweiten Internationale an den herrschenden Chauvinismus anlässlich des Ersten Weltkriegs brandmarkte. Und Bucharin, anlässlich der Anklage einer solchen Katastrophe, und indem er auch die Orientierung der bolschewistischen Leitung als Ganzes zum Ausdruck brachte, hatte die Aufmerksamkeit auf die Tatsache gelenkt, dass der technologische Fortschritt im Kapitalismus eine furchtbare »Leichenfabrik« nährte.[19] Andererseits richtete Benjamin seine Polemik explizit gegen die »Sozialdemokratie« und den Vulgärmarxismus (Benjamin 2011b, These XI, S. 962). Als

19 Vgl. oben Kapitel 1, *»Antitotalitarismus« und Selbstabsolution des liberalen Westens.*

er die evolutionistische »Schule« anklagt, dermaßen berauscht von der Schönheit einer unausweichlichen Zukunft zu sein, dass sie die schrecklichen Herausforderungen der Gegenwart darüber aus dem Blick verliert, die Schule, in der die Arbeiterklasse »den Hass wie den Opferwillen« (ebd., These XII, S. 963) verlernt hatte, dachte er gewiss nicht an die kommunistische Bewegung.

Und dennoch ist die Gegenüberstellung von Messianismus und Evolutionismus im Konkreten alles andere als überzeugend, zumal sie einer historisch unvollständigen Bilanz auf der Ebene des Raumes und der Zeit entsprungen ist. Wenn nicht im Westen, so entwickelten sich doch jenseits desselben in den vorangegangenen Jahrzehnten gigantische Bewegungen, die erklärtermaßen messianisch inspiriert waren. Wir wissen schon von der vom Christentum inspirierten Revolution der Taiping, die Mitte des 19. Jahrhunderts in China aufflammte und die den Anbruch eines ewigen Reiches des Friedens und der Gerechtigkeit forderte. Hat nun bei dieser Gelegenheit der Messianismus (christlichen Ursprungs) eine positive oder eine negative Rolle gespielt? Die Bewegung, von der wir hier sprechen, war beseelt von dem »Bewußtsein, das *continuum* der Geschichte aufzusprengen«, was, nach Benjamin, »den revolutionären Klassen im Augenblick ihrer Aktion eigentümlich [ist]« und was nicht zufällig »die Große Revolution« dazu brachte, »einen neuen Kalender« einzuführen (These XV, S. 964).[20] Auch die Taiping führten einen neuen Kalender ein. Hong Xiuquan proklamierte das Jahr 1851 als das Jahr I des Himmlischen Friedens. Unglücklicherweise mündete die messianische Erwartung einer gänzlich neuen Welt ohne irgendeinen Bezug zur alten Welt der Ungerechtigkeit, des Privilegs, der Ausschweifung und der Sünde in einer der größten Tragödien der Weltgeschichte.[21] Ähnliche Beobachtungen kann man für die große antikoloniale Revolution machen, die ungefähr zwei Jahrzehnte später im heutigen Sudan ausgebrochen war und die der Mahdi angeführt hatte, der Messias der islamischen Tradition, der dazu berufen war, am Ende

20 Im Originaltext zitiert der Autor fälschlicherweise These 13. (A. d. Ü.)

21 Vgl. unten Kapitel 3, *Rückkehr zum utopischen Sozialismus?*

der Zeiten das Reich des Heils und des Friedens zu bringen. In China hat dann die Befreiung dank einer kommunistischen Partei stattgefunden, die sowohl Evolutionismus als auch Messianismus zu vermeiden wusste. Im Nahen und Mittleren Osten sind das Martyrium des palästinensischen Volkes und die Tragödie der islamischen Welt insgesamt charakterisiert vom Schwanken zwischen dem (evolutionistischen) Vertrauen auf das Wohlwollen des Westens und seiner Führungsnation einerseits und andererseits der Hingabe an die beständige messianische Vision von der Rückkehr des Propheten oder zumindest des Kalifats, das letztlich von ihm begründet worden war.

Wenn man genau hinsieht, hat der Messianismus auch in Europa eine bedeutende Rolle gespielt, und zwar in der Russischen Revolution. Angeregt durch die zaristische Unterdrückung und vor allem durch den Schrecken des ersten weltweiten Konflikts, hatte sich der Messianismus schon anlässlich der Februarrevolution mit Nachdruck offenbart. Nachdem sie als ein Osterfest der Wiederauferstehung begrüßt worden war, hatten sich christliche Zirkel und wichtige Sektoren der russischen Gesellschaft von ihr eine umfassende Regeneration erwartet, mit der Herausbildung einer zutiefst geeinten Gemeinschaft und einem Ende der Spaltung zwischen Reichen und Armen, einem Ende gar des Diebstahls, der Lüge, des Spiels, des Fluchens oder der Trunkenheit (Figes 2008, S. 377f.). Wie wir wissen, ist der Messianismus mit dem Machtantritt der Bolschewiki nicht verschwunden. Aber in der Folge ist er wenigstens in gewissem Umfang überwunden worden. Den Träumen von einer universalen, umfassenden und unendlichen Erneuerung war, begleitet von Irrtümern aller Art und tragischen Konflikten, das Werk der Errichtung der postkapitalistischen Gesellschaft gefolgt. Und es war dieser Aufbau, der es überhaupt erst möglich machte, den triumphalen Vormarsch des Nazismus ein für alle Mal aufzuhalten, welchen Benjamin kurz vor seinem Tode verzweifelt angeklagt hatte: »Und dieser Feind hat zu siegen nicht aufgehört« (Benjamin 2011b, These VI, S. 959).

Nichtsdestoweniger scheinen heutzutage das fortdauernde Echo des nazifaschistischen Schreckens, die verschlungene und tragische Geschichte des *Realsozialismus* sowie sein anschließender Untergang in Osteuropa den Visionen von Benjamin wieder Aktualität zu verleihen. Daran erinnert die Erwartung des revolutionären und auf die eine oder andere Weise rettenden *Ereignisses* (*événement*), das im Zentrum des Denkens eines mutigen kommunistischen Philosophen steht. Das *Ereignis* wird im Gegensatz zur historischen Objektivität und zum historischen Prozess gedacht: »*Ereignis* gegen allgemeine Weltlage« kann auch stehen für »Ewigkeit gegen Geschichte« (Badiou 2006, S. 182*). Auch in diesem Fall, wie in dem Benjamins, fehlt es nicht an religiösen Reminiszenzen. In gewisser Weise haben das Aufkommen und die Verbreitung des Christentums paradigmatischen Charakter: »Im Herzen des Christentums steht das *Ereignis*, verortet (*situé*, in einem sehr bestimmten räumlich-zeitlichen Kontext) und exemplarisch, welches der Tod des Gottessohns am Kreuz ist« (Badiou 1988, S. 235*). Das *Ereignis*, das uns den Kommunismus vorausahnen lässt – wie Žižek noch zuspitzt –, entspricht dem *Deus absconditus* von Pascal, welcher sich nur denen offenbart, die ihn suchen und die bereits vom Glauben getragen werden.

Bedauernswerterweise haben sowohl die Erwartung des Messias als auch die Erwartung des (kommunistischen) Ereignisses formalen Charakter, den man mit den unterschiedlichsten Inhalten füllen kann. Das Ereignis kann man in der »Erhebung auf dem Tahrirplatz« sehen, die Žižek (2013, S. 166ff.*) »als ein Zeichen der (kommunistischen) Zukunft« gelesen hat. Die Volkserhebung jedoch, die im Jahre 2011 zum Sturz der jahrzehntelangen Autokratie Hosni Mubaraks in Ägypten geführt hat, hatte den profanen Verlauf der anderen Revolutionen, das heißt, sie war komplex und widersprüchlich. Dem Moment der einmütigen Einheit, der den Umsturz des alten Regimes charakterisiert, folgen zunächst die Zuspitzung und dann die Explosion der inneren Widersprüche im revolutionären Block. Es ist ein Zusammenstoß, der vorerst in die Errichtung einer Militärdiktatur gemündet ist. Aus welchen Gründen nun sollte die »Erhebung auf dem Tahrirplatz« wie ein heiliges Datum im kommunistischen Kalender interpretiert werden?

Als eine Gruppe von Teilnehmern eines Kongresses, der unter dem Vorsitz von Badiou und Žižek stattfand, sich zu Wort meldete, erinnerte sie an »ein *Ereignis* im stärksten und philosophischsten Sinne des Wortes«, das die zweite Hälfte des 20. Jahrhunderts überstrahlt hatte: Es war die Entstehung und die Durchsetzung der *Solidarnosć* in Polen, die – so wird uns versichert – zu Beginn eine authentische kommunistische Bewegung war und die gerade deswegen dem herrschenden »Staatskommunismus« entgegengesetzt war (»Goldex Poldex« 2011, S. 106ff*). Die Gründe für die anschließende Entwicklung, welche *Solidarnosc* dazu brachte, den Neoliberalismus im Innern und die selbstherrlichen Interventionen des Westens und der NATO auf internationaler Ebene zu unterstützen, werden nicht erklärt. Aber das ist nicht der wichtigste Punkt. Auf diesem Kongress hätten andere auf das *Ereignis* par excellence, bei diesem oder jenem Geschehen in dem einen oder anderen Winkel der Welt, hinweisen können, zum Beispiel bei Gorbatschows Perestroika oder dem Aufstieg von Deng Xiaoping zur Macht in China, der für hunderte Millionen Menschen den Beginn der Befreiung vom Hunger bedeutete, womit die Versprechen eingelöst wurden, die den jahrzehntelangen, heldenhaften Kampf der Kommunistischen Partei Chinas (KPCh) begleitet und in ein glänzendes Licht gesetzt hatten. Der Messianismus leidet einerseits an Formalismus, andererseits läuft er Gefahr, ein historisches Geschehen, das selbstherrlich und willkürlich als *Ereignis* par excellence identifiziert wird, mit einer heiligen Aura zu umgeben.[22]

Auch wenn sie ganz durchdrungen ist von der Verurteilung der Gewalt (und sogar der Macht an sich) sowie von der Distanzierung von der Illusion von Gewalt als »Mittel zu gerechten Zwecken« (Benjamin 2011a, S. 342ff), so schließt die Jugendschrift [Benjamins, A. d. Ü.] *Zur Kritik der Gewalt* von 1920-21 mit einem Lob »der reinen göttlichen Gewalt« (ebd., S. 361). Ihr Vorbild sei das »Gottesurteil über den Stamm von Korah« gewesen, jenes Rebellen und gewissermaßen Möchtegernaristokraten, welcher, laut der *Geschichtsbücher*

22 Zwischen dem Ende dieses Abschnittes und dem Beginn des nächsten folgt in der ursprünglichen Datei ein Freiraum, was ein Hinweis darauf ist, dass Losurdo vielleicht die Absicht hatte, eine zusätzliche Anmerkung, u. U. auch zum *Ereignis* zu machen, bevor er zu Benjamin zurückkehrt. (A. d. Hg.)

der Bibel (*Numeri* 16), Moses die Führung streitig macht und dafür samt seinem Stamm und seiner Güter von einem Schlund, der sich in der Erde auftut, verschlungen wird. Das Hohe Lied »der Gewalt [...] als reine unmittelbare«, »der reinen göttlichen Gewalt« (Benjamin 2011a, S. 361), der Gewalt »die vernichtet« (ebd., S. 358f.), ist einigermaßen beunruhigend, aber es ist eine theologische und messianische Fluchtmöglichkeit aus einer Situation, in der alles Gewalt ist, und damit Gewalt, in deren Umfeld es schwierig, wenn nicht unmöglich ist, bedeutsame Unterscheidungen zu machen.

Ach, hätte Badiou doch Togliatti gelesen![23]

Nach dem *Ende der Geschichte* und um so mehr der kommunistischen Bewegung und des Marxismus, welches eine Zeit lang leichtsinnigerweise von den Siegern des Kalten Krieges behauptet wurde, wohnen wir heute wieder einem wachsenden Interesse an Marx und einem Aufschwung der Idee des Kommunismus bei. Unglücklicherweise handelt es sich um eine Wiederbelebung und einen Aufschwung, die sich nicht darum kümmern, eine historische Bilanz zu ziehen und die den Lernprozess, der sich auf mühsame und gleichwohl unvollständige Art im Umfeld der kommunistischen Bewegung vollzogen hat, vollkommen außer Acht lassen. Wenn die objektive Situation schon schwierig genug war (die Verwüstungen des Ersten Weltkriegs, der Bürgerkrieg <im Gefolge der Russischen Revolution> und währenddessen insbesondere die ausländische Intervention, eine internationale Lage voller Gefahren), so wurde das Problem des Übergangs vom Ausnahmezustand zur Normalität sowie das der fortschreitenden demokratischen Transformation des aus der Oktoberrevolution hervorgegangenen Staates, angesichts der Erwartung der Abschaffung des Staates und der politischen Macht an sich, noch schwieriger oder gar unmöglich gemacht. Es war notwendig, eine Verfassung und eine neue Rechtsordnung zu erlassen, aber da waren gleich die Vertreter der Sozialrevolutionäre und im Übrigen vom Anarchismus

23 Die Überschrift ist identisch mit Losurdo 2021, S. 211ff., aber der Text ist unterschiedlich. (A. d. Hg.)

beeinflusste Zirkel, die verkündeten, dass »das Recht Opium für das Volk« ist (Bloch 1961, S. 253) und dass »die Idee der Verfassung eine bürgerliche Idee ist« (Carr 1964, S. 128*). Wenn man von diesen Voraussetzungen ausgeht, dann war auf der einen Seite jeder Versuch der rechtlichen und verfassungsmäßigen Reglementierung als Verrat an der ursprünglichen Idee und als Rückkehr zum alten Regime geächtet; auf der anderen Seite war es bei den Anstrengungen, dem Notstand etwas entgegenzusetzen, bequem, jedwede Maßnahme zu rechtfertigen, und sei sie noch so radikal und terroristisch. Die tragische Erfahrung des totalen Krieges und die Rolle des blutigen Molochs, die die in den gigantischen Konflikt involvierten Staaten spielten, hatten die anarchischen Tendenzen mächtig verstärkt, und diese erschwerten wiederum die Übernahme der starken Argumente einer liberaldemokratischen Tradition sehr, wenn sie sie nicht unmöglich machte. Es vollzog sich eine Dialektik, wonach der Ausnahmezustand (der vom Krieg verursacht worden war) die Utopie des Verschwindens des Staates und der Macht an sich radikalisierte, und diese abstrakte Utopie wiederum ließ den Ausnahmezustand weiter erstarren und machte ihn unüberwindbar. Aber dennoch kam schnell ein Lernprozess in Gang, wenn er auch unvollständig war und sich nicht auf allgemein theoretischer Ebene entfaltete, sondern vorwiegend in der Praxis und in den Beurteilungen der konkreten Entwicklungen in der Sowjetunion. Schon am 7. Juni 1919 würdigte Gramsci (1987, S 57f*) Lenin und die Bolschewiki nicht als Protagonisten eines Prozesses, der in der Abschaffung des Staates münden sollte, sondern als »größten Staatsmann des zeitgenössischen Europa« und als »eine Aristokratie von Staatsmännern, die keine andere Nation besitzt«. Diese hatten das Verdienst, den Staat und die Nation vor der Katastrophe und der anarchischen Auflösung zu retten, die vom Krieg und der Dummheit der herrschenden Klassen verursacht worden waren.

Einige Jahre später sehen wir Lenin selbst, wie er in der letzten Phase seiner Entwicklung und seines Lebens seine Aufmerksamkeit nicht dem Problem der Abschaffung des Staates widmet, sondern der Aufgabe, »der Verbesserung unseres Staatsapparats«, voranzuschreiten beim Aufbau des Staates, beim »Aufbau eines wirklich neuen Apparats, der wirklich den Namen eines sozialistischen, eines sowjetischen usw. verdient« (LW 33, S. 474f.). Das war ein Akt der Bewusstwerdung, der begleitet war von einer wichtigen Warnung. Wenn man die Aufgabe des Aufbaus eines neuen Staates vernachlässigen würde, dann wäre das letztlich gleichbedeutend damit, den alten zaristischen Staatsapparat zu erhalten und zu verlängern: »Wir müssen jede Spur überflüssigen Aufwands aus ihm ausmerzen, der sich in ihm vom zaristischen Rußland, von seinem bürokratisch-kapitalistischen Apparat noch in so großem Ausmaß erhalten hat« (ebd., S. 489). Oder man könnte es auch anders sagen: auf der Idee der Abschaffung des Staates zu beharren, begünstigt die Umkehrung der Utopie in eine Dystopie.[24]

Etwa ein Jahrzehnt später wies Stalin dem sowjetischen Staat die Funktion der Unterdrückung der Konterrevolution und der allgemeinen Kriminalität im Innern sowie der Verteidigung auf internationaler Ebene zu. Aber er benannte eine »dritte Funktion, und zwar die wirtschaftlich-organisatorische und kulturell-erzieherische Arbeit der Organe unseres Staates« (Stalin, Bd. 14, S. 228).

Wir sehen also, dass sich in Sowjetrussland die Regierungspraxis recht früh von der Idee einer Abschaffung des Staates verabschiedet hat. Dies gilt noch mehr für ein Land wie die Volksrepublik China, das nicht die apokalyptische Erfahrung des Ersten Weltkrieges hatte durchmachen müssen. Im Jahre 1954 rief Mao Zedong (1979, S. 170*) zum Kampf »um den Aufbau eines großen sozialistischen Staates« auf. Zwei Jahre später ging er so weit, dass er den Gedanken der Abschaffung des Staates auch auf der eigentlichen, theoretischen Ebene kritisierte:

> »Unsere Staatsorgane sind Organe der Diktatur des Proletariats. Nehmen wir zum Beispiel die Gerichte. Sie dienen dazu, die Konterrevolution in Schach zu halten, haben aber nicht ausschließlich diese Aufgabe, sondern sollen die zahlreichen Widersprüche unter Kontrolle halten, die im Schoße des Volkes entstehen. So wie

24 Vgl. Losurdo 2012b, S. 95

> es scheint, wird man Gerichte auch in zehntausend Jahren noch brauchen, weil es auch nach der Beseitigung der Klassen gegensätzliche Auffassungen darüber geben wird, was fortschrittlich und was rückwärtsgewandt ist, es wird noch Kämpfe und Streitigkeiten zwischen den Menschen geben, es werden sich noch mannigfaltige Unruhen ereignen: wo käme man also hin ohne Gerichte? Dennoch wird der Kampf seine Natur verändert haben, er wird sich vom Klassenkampf unterscheiden. Auch die Gerichte werden ihr Wesen verändern« (ebd., S. 451*).

Hier wird nicht vom Staat an sich, sondern von den »Gerichten« gesprochen, hinsichtlich derer jedoch explizit präzisiert wird, dass »es Organe unseres Staates sind« und dass diese Organe auch »in zehntausend Jahren« noch fortbestehen werden.

Ganz im Gegensatz zu gewissen oberflächlichen Interpretationen, die sich im Westen verbreitet haben, wurde die Idee der Abschaffung des Staates nicht einmal von der Kulturrevolution erörtert, welche vielmehr von der Absicht befeuert wurde, die Diktatur des Proletariats, und damit die Staatsmacht der revolutionären Klasse auch auf dem Felde der Kultur durchzusetzen. Um es mit dem Bericht des 9. Nationalen Kongresses der KPCh zu formulieren, der von Lin Piao vorgetragen wurde, aber von Mao oder unter seiner Leitung verfasst worden war, handelte es sich darum »sich jenen Teil der von der Bourgeoisie usurpierten Macht wieder anzueignen, die totale Diktatur des Proletariats im Überbau auszuüben, einschließlich aller Bereiche der Kultur« (Lin Piao 1969, S. 30*). Es stimmt aber, dass Mao sich von der These der Abschaffung des Staates am radikalsten und fast schon explizit in jenen Jahren entfernt hat, in denen er sich damit beschäftigte, die »Widersprüche im Volke« (Mao 1966-78, Bd. 5, S. 462f.) von den antagonistischen zu unterscheiden, also in den Jahren, in denen er sich darum bemüht hat, den Bereich der Repression weitestmöglich einzudämmen.[25]

Berühmt ist die glänzende Analyse, die Marx (vgl. MEW 1, S. 366f.) von jener Dialektik gemacht hat, die sich im kritischsten

25 Vgl. Losurdo 2016, S. 288ff.

Augenblick der Französischen Revolution entwickelt hatte: Als diese in Gefahr geriet, von der inneren Reaktion und von der Aggression der Mächte des *Ancien Régime* überwältigt zu werden, konnte sie sich nur retten, indem sie an die Begeisterung der Massen und an den Geist der Opferbereitschaft der Bürger appellierte, sowie durch energische Eingriffe in die Privatsphäre, die dennoch weiterhin als unverletzlich gilt, so wie auch die »privaten Interessen« der einzelnen Individuen weiterhin als unantastbar und unverletzlich betont werden. Zusammenfassend lässt sich folgendes Urteil über die Französische Revolution der jakobinischen Phase formulieren: »[...] Aber die Praxis ist nur die Ausnahme, und die Theorie ist die Regel« (ebd., S. 367).

Nicht weniger zugespitzt, aber von anderem Charakter ist der Widerspruch zwischen Theorie und Praxis in der Oktoberrevolution (und, in geringerem Maße, in den anderen Revolutionen, die sich auf den Sozialismus und auf den Kommunismus berufen). Die Theorie von der Abschaffung des Staates wurde problematisch angesichts der praktischen Notwendigkeit, dem Prozess der Balkanisierung Russlands ein Ende zu setzen, die Reaktion im Innern zu schlagen sowie die Intervention der konterrevolutionären Kräfte abzuwehren, die soziale Basis des Konsenses zu konsolidieren und zu verbreitern, indem man den Prozess der Verwirklichung einer Herrschaft des Rechts und der Demokratisierung der neuen staatlichen Institutionen einleitete. Unglücklicherweise hat die fehlende Abrechnung mit der Theorie der Abschaffung [des Staates, A. d. Ü.)] all das in der Praxis ziemlich erschwert.

Langwierig, ungewiss und nicht frei von Schwankungen war der Lernprozess. In der Geschichte des »Realsozialismus« taucht das Problem der Herrschaft des Rechts, des *rule of law*, erst viel später auf, als Deng Xiaoping die chinesische Führung übernahm – nach einer *Kulturrevolution*, die gleichfalls von der Überzeugung ausgegangen war, die liberale Freiheit habe einen »formalen« Charakter und sei wenig bedeutsam (Deng Xiaoping 1992-95, Bd. 3, S. 166f.). In den erfahreneren kommunistischen Parteien des Westens waren die Auseinandersetzungen schon weiter fortgeschritten. Man kann hier auf die schon erwähnte Polemik von Togliatti gegenüber Bobbio Bezug nehmen. Wie wir wissen, wurde die liberale Freiheit mehr noch als aufgrund ihrer Beschränktheit, welche von den materiellen Bedürfnissen und der ökonomischen Sphäre absah, hart wegen ihrer Ausschlussklauseln (zum Nachteil insbesondere der Kolonialvölker) kritisiert. Im Übrigen hob der Vorsitzende der Kommunistischen Partei hervor, dass »Freiheitsrechte und soziale Rechte« beide zum »Erbe« der kommunistischen Bewegung geworden waren.[26] Selbstverständlich hingen Zeitpunkt und Bedingungen der Verwirklichung sowohl der einen als auch der anderen von der konkreten Situation und von der größeren oder geringeren Schärfe des Konfliktes im Innern und im Äußeren ab; aber auf strategischer Ebene konnte es nicht darum gehen, eine Wahl zwischen den einen oder den anderen zu treffen.

In völliger Abstraktion von diesem lehrreichen Kapitel der Geschichte stimmt Badiou eine Hymne auf die »Abschaffung des Staates« sowie auf den »Übergang zum Nicht-Staat« an. Aber wie will man die Freiheit des Individuums garantieren ohne Staat, ohne Rechtsnormen und die Rechtspflege, ohne jene »Gerichte«, deren Existenz und Fortbestand eben von Mao gefordert und vorgesehen waren? Die Antwort auf dieses Problem ist verwirrend: »Die Gerechtigkeit ist wichtiger als die Freiheit« (Badiou 2011a, S. 38*), »die Gerechtigkeit ist das Ziel« der »klassischen revolutionären Politik« schon bei den »großen Jakobinern von 1792«, »unseren großen jakobinischen Ahnen« (ebd., S. 40 und S. 42*). Man möchte seufzen: Ach, hätte Badiou doch Togliatti gelesen und seine Huldigung nicht nur der »sozialen Rechte«, sondern auch der »Rechte der Freiheit«! Wenn dieser Standpunkt auf philosophischer Ebene einen Rückschritt darstellt, dann beweist er auf historiografischer Ebene eine bedeutende Leichtfertigkeit. Die Jakobiner sollen nur wenig Interesse an der Sache der Freiheit gehabt haben? Ende des 18. Jahrhunderts sind die »schwarzen Jakobiner« mit Unterstützung der eigentlichen Jakobiner, die in Paris regieren, die Hauptdarsteller einer der größ-

26 Vgl. oben Kapitel 2, *Marx und Lenin und die Sache der Freiheit.*

ten Freiheitsschlachten der Weltgeschichte. Sie fegen gleichzeitig die Sklaverei und die koloniale Herrschaft hinweg; und nachfolgend verteidigen sie diese Errungenschaften, indem sie dem mächtigen Heer, das Napoleon entsandt hat, eine Niederlage bereiten.

Nicht anders als Badiou argumentiert Žižek (2011a, S. 309*), der »die Staaten des real existierenden Sozialismus« schon ob der Tatsache verurteilt, dass sie Staaten seien und alleine schon deswegen den Kommunismus verraten hätten, der »anti-staatlich nach seiner eigenen Definition« sei. Dann jedoch mündet dieser emphatische Anti-Etatismus in der Verherrlichung der »göttlichen Gewalt«. Gewiss, es ist, <wie wir gerade gesehen haben,> ein Motiv, das Benjamin sehr am Herzen liegt. Die moderneren Beispiele für »göttliche Gewalt«, die von Žižek (2009b, S. 203*) in Anschlag gebracht werden, sind »die revolutionäre *Terreur* der Jahre 1792-1794« und der »Rote Terror von 1919ff.«. Es ist eine unausweichliche Gewalt, die von einer tragischen Situation aufgezwungen wird: Beide Fälle zwingen unerbittlich zu einer Wahl zwischen der Gewalt des *Ancien Régime* und der Aggression der konterrevolutionären Mächte auf der einen Seite und der Gewalt der Revolution und der nationalen Verteidigung auf der anderen. Aber handelt es sich um eine »göttliche« Gewalt? Was auch immer die Bedeutung sein mag, die man dem Adjektiv gibt, so läuft dieses immer Gefahr, das Negative und den Schrecken zu verniedlichen, die dem Substantiv innewohnen. Es ist kaum die beste Art, ihre Begrenzung oder ihre schnellstmögliche Einstellung zu befördern, wenn man der Gewalt das Attribut des Göttlichen verleiht. Darüber hinaus befeuert eine solche Zuschreibung eine manichäische Lesart des Konflikts und dies ist absolut abwegig auf der Ebene der geschichtlichen Rekonstruktion und vollkommen inakzeptabel hinsichtlich der moralischen Bewertung: Man kann sehr wohl die »revolutionäre *Terreur* der Jahre 1792-1794« als unvermeidbar und legitim betrachten, aber wir dürfen diese Beurteilung nicht ausweiten auf jeden einzelnen Gewaltakt dieser *Terreur*, was wir doch irgendwie gezwungen wären zu tun, wenn wir von »göttlicher Gewalt« sprechen würden, die *per definitionem* das Moment der Zufälligkeit, des Exzesses oder der individuellen Willkür ausschließt.

Zusammenfassend kann gesagt werden: Die Idee von der »Abschaffung des Staates«, der die »radikale Linke« weiterhin anhängt, sollte das Antidot gegen die Gewalt sein, mit der sich der Kommunismus des 20. Jahrhunderts befleckt hat; es ist jedoch gerade diese Abschaffung, die einer »göttlichen Gewalt« Tür und Tor öffnet, die sich schon bei Benjamin als unfähig erwies, zu Differenzierungen und Beschränkungen zu gelangen.

Das Fehlen einer historischen Bilanz, der Wille, fortzufahren, als ob nie eine kommunistische Bewegung existiert hätte mit ihren Irrtümern, mit ihren Tragödien, aber auch mit ihrem reichen Lernprozess, all das erweist sich nur als Quelle von Katastrophen. Und das gilt nicht nur für das Problem des Staates und seiner Abschaffung. Man nehme nur die nationale Frage. Wir haben bereits gesehen, wie Marx und Engels betonen, dass der emphatische aber abstrakte Internationalismus sich in den Chauvinismus einer »Musternation« umkehren kann. Nun lesen wir, wie die »radikale Linke« heute dazu argumentiert: Notwendig ist »eine proletarische oder volkstümliche, unmittelbar internationale politische Kraft. Wir finden hier einen ursprünglichen Punkt von Marx, den wir absolut wieder aufleben lassen müssen. Die nationale Begrenzung der Revolutionen des 20. Jahrhunderts ist eine der großen Schwächen der kommunistischen Idee gewesen« (Badiou 2011b, S. 20*). Stattdessen soll ein »radikaler Internationalismus« implementiert werden: »Der Augenblick ist gekommen, subjektiv planetarische Aktivisten zu werden« (ebd., S. 22*). Tatsächlich fühlen wir uns dabei an ein Kapitel der Geschichte der III. Kommunistischen Internationale erinnert, die sich in den ersten Jahren ihrer Existenz, als sie sich noch nicht der Bedeutung der nationalen Frage bewusst war, selbst als »bolschewistische Weltpartei« definierte, gerade so als seien die Unterschiede zwischen den Nationen und selbst die nationalen Identitäten verschwunden. In der Vorstellung des französischen Philosophen nehmen die »planetarischen Aktivisten« den Platz der Kämpfer der »bolschewistischen Weltpartei« ein, ohne sich einmal Rechenschaft darüber abzulegen, warum letztere an einem bestimmten Punkt es für notwendig hielten, der nationalen Frage mehr Aufmerksamkeit zu schenken und mit dem »nationalen Nihilismus« abzurechnen, den Dimitroff im Jahre 1935 auf dem VII. Weltkongress (dem letzten) der III. Kommunistischen Internationale angeklagt hatte. Es waren jene Jahre, in denen der Nazismus, begeistert wie er war von der Kolonisierung und Versklavung Osteuropas, die nationale Frage auch außerhalb der eigentlichen kolonialen Welt zuspitzte. Fast zu jener selben Zeit, forderte Gramsci aus dem Gefängnis heraus dazu auf, eine wesentliche Wahrheit nicht aus den Augen zu verlieren: Ein Kommunist musste es verstehen »den Internationalismus von jedem vagen und rein ideologischen Element zu reinigen« (Gramsci 1996, S. 1692) und »zutiefst national« zu sein (Gramsci 1975, S. 866*).

Das war eine großartige Erkenntnis. Und dennoch schwang sich in der Sowjetunion Jahrzehnte später Leonid Breschnew zum Meister der Theorie auf, wonach, wenigstens im Bereich des *Sozialistischen Lagers*, das enge Prinzip des Respekts der nationalen Souveränität endgültig durch den proletarischen und kommunistischen Internationalismus überwunden worden war. Es war dies eine These, die *de facto* das Recht der UdSSR zur *brüderlichen* Intervention in diesen oder jenen *Bruderstaat* bestätigte. Und auch hier kehrte sich, auf der Grundlage der von Marx glänzend analysierten Dialektik, der vorgebliche Internationalismus wieder in Großmachtchauvinismus um. Unmittelbar nach Auflösung des *Sozialistischen Lagers* und der Sowjetunion gelangte Fidel Castro zu folgendem Schluss: »Wir Kommunisten haben einen Fehler begangen, als wir die Kraft des Nationalismus und der Religion unterschätzten« (in Schlesinger Jr. 1992, S. 25*). Man muss sich vor Augen halten, dass eben jene Religion ein wesentliches Moment bei der Konstruktion der nationalen Identität darstellen kann, wie es zum Beispiel in Polen geschehen ist, das sich als erstes Land gegen die sowjetische »Musternation« erhoben hat.

Badiou ist nicht der Einzige, der so argumentierte, wie wir es gesehen haben. Zu Beginn unseres Jahrhunderts haben zwei Bücher, die von vier Händen geschrieben worden waren, außergewöhnlich guten Anklang gefunden. Dort erfahren wir von der These, wonach sich eine im Wesentlichen weltweit vereinte Bourgeoisie einer *Multitude* gegenübersähe, die ihrerseits durch das Verschwinden der staatlichen und nationalen Schranken vereint sei (Hardt/Negri 2002 und 2004b). Aber es ist interessant zu sehen, wie sich einer der beiden Autoren anlässlich des Krieges gegen Jugoslawien offenbart hat:

> »Wir müssen zugeben, dass dies keine Aktion des amerikanischen Imperialismus ist. Tatsächlich ist es eine internationale (oder, um die Wahrheit zu sagen, eine supranationale) Operation. Und ihre Ziele sind nicht von den begrenzten nationalen Interessen der Vereinigten Staaten geleitet: Sie ist vielmehr darauf ausgerichtet, die Menschenrechte zu wahren (oder, um die Wahrheit zu sagen, menschliches Leben zu schützen)« (Hardt 1999*).

Auf diese Weise wurde ein Krieg legitimiert, der ohne Zustimmung des Weltsicherheitsrates vom Zaun gebrochen worden war. Und dieses absolute Recht wird ausschließlich den USA und dem Westen zugestanden. Der vorgebliche Theoretiker des Internationalismus entpuppt sich in Wirklichkeit als Verfechter des US-amerikanischen (und westlichen) Chauvinismus.

Rückkehr zum utopischen Sozialismus? – *Ein donquijoteskes Unterfangen*

Gerade weil er Ausdruck von Klassen und Völkern in einer privilegierten oder dominanten Position ist, ist der Liberalismus weitgehend immun gegen Populismus und Messianismus; insofern können und müssen die Bewegungen der sozialen und nationalen Emanzipation von ihm lernen, aber selbstverständlich nicht, um sich selbst zu verleugnen, sondern um eine größere Reife und Wirksamkeit zu erlangen. Es gibt jedoch nach den Tragödien des 20. Jahrhunderts und der Niederlage des Sozialismus in Osteuropa nicht wenige, die fordern, man solle zur Utopie zurückkehren, sich mithin an eine Denktradition klammern, die den Einfluss sowohl des Messianismus erkennen lässt (welcher sich eine leuchtende Zukunft vorstellt, die völlig frei von Widersprüchen und Konflikten ist), als auch des Populismus (wonach das Volk endlich ein Reich des Friedens und der Gerechtigkeit errichten kann, indem es sich von aufgeblähten staatlichen und politischen Strukturen befreit und indem es die Möglichkeit bekommt, sich in seiner spontanen moralischen Überlegenheit zu artikulieren). Im Grunde ist es die Aufforderung, den seinerzeit von Engels theoretisch begründeten und gewünschten Weg vom utopischen hin zum wissenschaftlichen Sozialismus, in umgekehrter Richtung einzuschlagen.

Der erste Schritt sollte danach sein, dem Staat und der Macht an sich abzuschwören, dieser Quelle der Korrumpierung, von der man sich fernhalten sollte. Es ist dies ein Ansatz, der sowohl Massenbewegungen, wie jener von Subcomandante Marcos in Mexiko geleiteten, wie auch bekannten Philosophen gemeinsam ist: Zu Beginn des 21. Jahrhunderts genießt in der westlichen Linken ein Buch großen Erfolg, das bereits im Titel dazu auffordert, »[d]ie Welt zu verändern, ohne die Macht zu übernehmen« (Holloway 2004). An einer solchen Vision nehmen in gewisser Weise Badiou (2010, S. 112*) teil, der mit einem Seufzer der Erleichterung den »Zusammenbruch des Staatskommunismus« begrüßt, sowie Žižek (2009b, S. 258*), der Zuneigung für die Bewegungen empfindet, die die »Abschaffung des Staates« fordern.

Leider fehlt auch in diesem Falle eine Frage gänzlich, die eigentlich grundlegend und unumgehbar sein sollte: Haben im Laufe der Geschichte diejenigen sozialistischen Experimente, die von unten und, zumindest scheinbar, außerhalb des Staates und in Auseinandersetzung mit ihm durchgeführt wurden, zu besseren Ergebnissen und geringeren sozialen und menschlichen Kosten geführt? Bevor man auf eine solche Frage antwortet, sollte man darauf achten, dass die Unterscheidung zwischen Sozialismus und »Staatskommunismus« sowie Sozialismus und Kommunismus, der kein »Staatskommunismus« ist, mitnichten offensichtlich ist und ohne Erklärungen auskommt, wie es auf den ersten Blick scheinen mag. Man nehme nur die große Erhebung, von der wir bereits gesprochen haben: in China begehren die Taiping gegen die Macht der Mandschu auf, treten aber ihrerseits in den nach und nach eroberten Territorien als Staat auf, der dem schon existierenden entgegengesetzt wird. Der Sozialismus, als dessen Vorkämpfer sie sich verstehen, nimmt den Staat (der umzustürzen ist) ins Visier, wobei er gleichzeitig »staatlich« ist (im Sinne eines Staates, der erst errichtet wird); es handelt sich um einen Sozialismus, der einerseits von unten, andererseits aber auch von oben im Werden begriffen ist. Wenn man genau hinsieht, erkennt man darin die Charakteristik des chinesischen Sozialismus in den beiden Jahrzehnten, die der Machteroberung durch die kommunistische Partei auf nationaler Ebene vorausgehen. Das, was die Periode der Taiping (1851-64) und die erste Phase des maoistischen Chinas (1928-49) voneinander unterscheidet, ist also nicht die Abwesenheit oder die Gegenwart des Staates. Wenn man so will, dann können wir im ersten Fall von utopischem Sozialismus reden und im zweiten von wissenschaftlichem Sozialismus (der, eher als der erste, sein Augenmerk darauf richtet, jene sozialen und politischen Kräfte zu erkennen und an sich zu binden, die fähig sind, die Revolution zu unterstützen und zum Sieg zu führen). Sehen wir nun, wie die Praxis der Taiping ausgesehen hat. Diese machen sich zum Verfechter des Prinzips der Gleichheit (auch von Mann und Frau) und »errichten ein gemeinschaftliches Regime, wo niemand Privatbesitz hat, wo das Individuum streng eingegliedert ist, wo, nach der Abschaffung jedweden privaten Handels, die unerlässlichen individuellen Bedürfnisse vom Kollektiv sichergestellt werden, wo die Macht auf der Theokratie fußt«. Während diese Theokratie mutige und einschneidende Reformen beschließt, bestraft sie diejenigen gnadenlos, die sich weiterhin dem Luxus und dem Konsum von Genussmitteln (nicht nur dem Opium, sondern auch dem Tabak und dem Tee), dem zügellosen sexuellen Leben (Prostitution, Homosexualität, Ehebruch), der Häresie und dem Götzendienst im Bereich der Religion hingeben. In dem Maße, wie dieses konsequent egalitäre System die »Feindseligkeit der mittleren und der kleinen Eigentümer« hervorruft, so höhlt der puritanische Eifer noch mehr die soziale Basis des Konsenses aus, umso mehr als es den revolutionären Führern, die auf Grund der Machtausübung stärker den Versuchungen ausgesetzt sind, nicht gelingt, den strengen Normen zu entsprechen, die sie selbst erlassen haben (Gernet 1978, S. 514-520*; Mirsky 1996, S. 39-42*).

Ganz anders ist die Orientierung, die in China die Regierung der »befreiten«, sprich der von der kommunistischen Partei noch vor der Gründung der chinesischen Volksrepublik kontrollierten Gebiete leitet: Der von den Taiping geächtete Handel wird nun maximal entwickelt, auch mit dem Ziel, die von Chiang Kai-shek verfügte Belagerung zu durchbrechen (Snow 1967, S. 285); die unterschiedlichsten Eigentumsformen existieren nebeneinander (die private, die genossenschaftliche und die öffentliche); Mao kritisiert hart das, was er den »absoluten Egalitarismus« nennt. Es handelt sich hier um Probleme, mit denen ich mich weiter unten ausführlicher befassen werde.[27] Vorläufig beschränke ich mich darauf, die Aufmerksamkeit auf die Tragödie zu lenken, in die der Aufstand der Taiping und der darauf folgende Bürgerkrieg mündeten: Sie bestand in 20 Millionen Toten! Wenn wir uns vergegenwärtigen, dass sich in China zu dieser Zeit die Bevölkerungszahl auf weniger als ein Drittel der aktuellen belief, müssen wir schließen, dass das Experiment des utopischen Sozialismus, in dem die unmittelbare moralische (und religiöse) Eingebung die Oberhand über das politische Projekt hat, vielleicht das katastrophalste Kapitel in der tausendjährigen Geschichte des großen asiatischen Landes darstellt.

Wollen wir uns nur mit dem utopischen Sozialismus befassen, der immer weit entfernt war von der Ausübung der Macht? Wir haben gesehen, wie die Schüler Fouriers sich daran machten, eine Gemeinschaft zu errichten, die gekennzeichnet war von der gemeinsamen Teilhabe an den Gütern und von gegenseitiger Solidarität, dies aber in Algerien, auf der den Arabern entrissenen Erde, wo diese enteignet, deportiert und oft dezimiert oder vernichtet wurden. Diese französischen Anhänger des utopischen Sozialismus machten sich, wahrscheinlich ohne es zu wissen und ohne es zu wollen, zum Komplizen der Politik des Raubes und des Terrors, die vom kolonialen Expansionismus der Regierung in Paris in Szene gesetzt wurde.

Unglücklicherweise haben aber die prinzipiellen Feinde des Sozialismus und des »Staatskommunismus« aus diesem tragischen Un-

---

27 Das passiert dann aber nicht: sehr wahrscheinlich, dem ersten Inhaltsverzeichnis des Bandes nach zu deuten, handelt es sich um Themen, die dem vierten Kapitel anvertraut werden sollten. Wie schon in der Einleitung erläutert, gibt es dieses Kapitel aber weder im Originalfile noch in der gedruckten Kopie (die der letzten Version des Files vorausgeht). (A. d. Hg.)

glück nichts gelernt. Zu diesen zählen vollberechtigt zwei von der radikalen Linken gefeierte Autoren, die ihre grenzenlose Begeisterung für »die Tradition des Kibbuz, die auf gemeinschaftlichen Beziehungen basiert«, zum Ausdruck bringen (Hardt/Negri 2012, S. 66*). Zweifelsohne handelte es sich um »gemeinschaftliche Beziehungen«, die man mit spiritueller Intensität erlebt hat und die mit edlen Absichten verbunden waren; aber diese entwickelten sich im Zeichen eines »Herrenvolk-Sozialismus«, der die Rechte der Araber ignorierte, welche enteignet, marginalisiert und ethnischer Säuberung ausgeliefert waren.[28] Die Jünger der »Tradition des Kibbuz« waren im Wesentlichen nichts anderes als die Jünger von Fourier in algerischen Gefilden: In beiden Fällen entpuppt sich der utopische Sozialismus, von dem man annimmt, er sei spontan und frei aus gewissen Sektoren der Zivilgesellschaft entsprungen, als keineswegs besser als der verachtete Sozialismus oder »Staatskommunismus«.

Aber wir haben uns die wesentliche Frage noch nicht gestellt: Existiert überhaupt ein Sozialismus oder Kommunismus, der nicht »staatsgetragen« ist? Der Sozialismus, der von den Anhängern Fouriers oder von den Zionisten realisiert worden war, die in Kibbuzim organisiert waren, war errichtet worden auf Land, das dank staatlicher Gewalt den Arabern entrissen worden war. Er war daher immer ein Staatssozialismus, um genau zu sein, war er ein Sozialismus, der dank eines Staates errichtet worden war, der sich der kolonialen Expansion verpflichtete, während andererseits der Protagonist des sowjetischen Sozialismus ein Staat war, der dazu berufen war, die Nation vor der halbkolonialen Herrschaft oder der gnadenlosen kolonialen Versklavung zu retten, zu der ihn der liberale Westen beziehungsweise das nazistische Deutschland bestimmt hatten.

Gewiss kann es vorkommen, dass der Sozialismus, zumindest in der Anfangsphase, in Gegensatz zum existierenden Staat errichtet wird (aber dann auch immer mit der impliziten Tendenz, eine neue staatliche Macht zu verwirklichen, um diese selbst zum Staat

28 Vgl. oben Kapitel 2, *Kommunismus, Liberalsozialismus, Sozialismus für das Herrenvolk*.

zu machen). Auch ein solcher Sozialismus stellt mitnichten ein Antidot gegen Gewalt und Repression dar. Wie im Übrigen mit besonderer Klarheit die Erfahrung der spanischen Revolution bestätigt. In diesem Falle sehen wir uns konfrontiert mit einer Gewalt, die nicht gegen koloniale Völker (die Araber) angewendet wird, sondern gegen die gut situierten Klassen. Die Militärrevolte von 1936, die von Francisco Franco entfesselt und geführt worden war, rief in den niedrigeren Volksschichten eine »Explosion blinder millenaristischer Rache (die in Jahrhunderten der Unterdrückung aufgestaute Wut)« hervor, befeuerte den »unorganisierten Terror« von unten, der »trotz, nicht wegen der republikanischen Autorität« organisiert wurde. Es war eine in weiten Teilen spontane Gewalt, deren Protagonisten Massen waren, verzweifelt wegen des Elends, der Erniedrigung, der Demütigung, die sie über einen schier endlosen Zeitraum erfahren hatten. Wer dabei Öl ins Feuer goss, war die »anarchistische Bewegung«, die mit der staatlichen Macht aneinandergeriet, auf einen Kollektivismus zielte, der jede Form rechtlicher Regulierung verachtete und das erträumte, was wir einen utopischen Sozialismus nennen könnten. Diejenigen, die von der Gewalt ins Visier genommen wurden, waren nicht nur Kräfte des Militärs und der Polizei, die im Verdacht standen, Komplizen der faschistischen Revolte zu sein. Es waren darüber hinaus auch »die Reichen, die Bankiers, die Industriellen und die Landbesitzer«; besonders getroffen – »mit großer Grausamkeit« – war der Klerus, die tragende Struktur einer Kirche, die außerordentlich reich war und bereit, die Sache des Reichtums an sich zu verteidigen (Preston 2012, S. XIIIf.*). Die Ablehnung des Staates blieb nicht auf halbem Wege stehen; die Überzeugung war verbreitet, wonach »die Volksjustiz weder Anwälte noch Richter« brauchte. Die Gebäude der Justizverwaltung wurden mit »Schlangennestern« verglichen und zusammen mit den Justizarchiven in Brand gesteckt; die Öffnung der Gefängnistore und die Befreiung der Häftlinge vollzog sich zeitgleich mit der Bestrafung derjenigen, die vermeintlich für solche Ungerechtigkeit und solche Unterdrückung verantwortlich waren: »Mehr als hundert Richter wurden ermordet«. Die Gewalt entfesselte sich unmittelbar. Tatsache ist, dass »die Anarchisten die sofortige physische Vernichtung des Feindes, ohne die üblichen Formalitäten des Prozesses, als die Basis einer neuen, revolutionären utopischen Ordnung sahen, eines »libertären Kommunismus«, der sich nicht nur »auf die Abschaffung des Geldes und des Eigentums«, sondern darüber hinaus des Staates gründete« (ebd., S. 238-240, 248f. und 259*).

Das Mindeste, was man sagen kann, ist, dass der utopische Sozialismus kein Synonym für Unschuld ist. Der kritische Hinweis bezüglich eines möglichen Umschlagens der Utopie in Dystopie, auch wenn er meist von Theoretikern des Konservatismus stammt, darf nicht auf die leichte Schulter genommen werden. Wenn überhaupt, dann muss ihm insgesamt Geltung verschafft werden, und insbesondere für die Utopie, die dem heutigen Imperialismus so teuer ist, der sich anmaßt, den ewigen Frieden durch eine Reihe von Kriegen zu erreichen, einer zerstörerischer als der andere, sowohl in materieller als auch in geistiger Hinsicht, und dabei immer die nächsten und umfangreicheren Kriege ankündigend. Auf jeden Fall kann sich diesem kritischen Hinweis nicht einmal der Sozialismus von unten entziehen, der mit dem Staat nichts zu schaffen haben und vor ihm geschützt sein möchte. Schon aus diesem Grund ist es zulässig und angebracht, skeptisch gegenüber dem Schlagwort von der Rückkehr zum utopischen Sozialismus zu sein.

Kritische Elemente dieser Denktradition können wir, außer bei Marx und Engels, auch bei Benjamin finden, der, in seinen Thesen *Über den Begriff der Geschichte*, die problematischsten Aspekte im Denken eines der wichtigsten Vertreter des utopischen Sozialismus folgendermaßen zusammenfasst:

> »Nach Fourier sollte die wohlbeschaffene gesellschaftliche Arbeit zur Folge haben, daß vier Monde die irdische Nacht erleuchteten, daß das Eis sich von den Polen zurückziehen, daß das Meerwasser nicht mehr salzig schmecke und die Raubtiere in den Dienst des Menschen träten« (Benjamin 2011a, S. 962).

Wenn man diesen Text liest, wird man von einem Zweifel befallen: Sind wir nun Zeugen einer Utopie oder einer Dystopie? Die Tatsache, dass man sich heute der Dramatik der ökologischen Frage bewusst ist, lässt uns die gigantische Manipulation der Natur, die hier dargelegt wird, als unvernünftig und verhängnisvoll erscheinen. Im Vergleich zu den Zeiten Fouriers erlauben uns die Fortschritte der Naturwissenschaften und die wohltuenden oder schmerzhaften historischen Erfahrungen, die mit diesen Fortschritten verbunden sind, exakter voneinander abzugrenzen, was machbar ist und was nicht, was Transformationen mit positiven Merkmalen oder mit entschieden negativen Merkmalen sind. Oder mit anderen Worten ausgedrückt, stellt die proklamierte Rückkehr zum utopischen Sozialismus ein donquijoteskes Unterfangen dar, das nicht nur keine Wiedererlangung der verlorenen Unschuld, sondern auch eher vagen und unbestimmten Inhaltes ist: Wir können nicht in die Vergangenheit zurückkehren, und auf keinen Fall würde es uns gelingen, uns des in der Zwischenzeit erworbenen wissenschaftlichen und historischen Wissens zu entäußern.

Der wissenschaftliche Sozialismus hat zwei Revolutionen oder die volle Entfaltung der Wirkungen zweier Revolutionen im Gepäck: Die Industrielle Revolution (und die damit verbundene starke Entwicklung der Produktivkräfte) und die politische Revolution, die in Frankreich zu einer bislang nicht gekannten Transformation der politisch-sozialen Beziehungen geführt hatte. Davon ausgehend war es möglich, die endgültige Überwindung des Elends und der Massenarmut zu erwägen, welche, noch bei Autoren wie Tocqueville, von der Natur oder gar von der Vorsehung auferlegt waren. Der konkrete historische Prozess hatte gezeigt, dass man zur Erreichung dieses Ziels sowohl über das produktive Potenzial (das die Industrielle Revolution hervorgebracht hatte) als auch über das politische Potenzial (das offenbar geworden war durch die politische Aktion und das Eingreifen der Massen während des revolutionären Zyklus in Frankreich) verfügte. Nach den beiden Revolutionen (der industriellen und der politischen) erschien die radikale Emanzipation des Menschengeschlechts als eine vollkommen realistische Zielsetzung: Man musste nur die Zeitspannen und die Wege des Emanzipationsprozesses erkunden. Wenn es sich dabei auch um eine Erforschung handelte, die sich nicht leicht gestaltete und die vielmehr einen langen, mühsamen und widersprüchlichen Lernprozess mit sich brachte sowie eine andauernde, wiederholte historische Bilanz der Kämpfe erforderte, die im Laufe der Zeit geführt worden waren, und der Erfahrungen, die nach und nach gemacht worden waren, so war doch immerhin der Übergang des Befreiungsprojekts von der Utopie zur Wissenschaft erreicht. Der Augenblick der Krise einer solchen Vision trat zwischen den beiden Weltkriegen ein. Welchen Sinn hatte es, in den Jahren, als die Entfesselung des imperialistischen Krieges und dann der Aufstieg des Nazifaschismus sich der Zustimmung der Massen erfreuten, über wissenschaftlichen Sozialismus zu reden? Das Leben von Benjamin endete auf tragische Art gerade in dem Augenblick, als sich die von Carl Schmitt (1985, S. 88f.) schon in den Zwanzigerjahren formulierte Analyse und Vorhersage auf unglückselige Weise als genau zutreffend erwies: Wie der Sieg des Faschismus in Italien bewies, war der »Mythos vom Klassenkampf« dazu bestimmt, von einer »nationalen« Bewegung bezwungen zu werden, in welcher außer der Sprache, der Kultur und der Tradition, »*Rasse und Abstammung*« eine wesentliche Rolle spielten. Wo war das politische Potenzial des Befreiungsprozesses, das durch den Zyklus der Französischen Revolution offenbar geworden war, in dem Augenblick, als die schwärzeste Reaktion triumphierte? Und welchen Sinn ergab es, in jenen Jahren vom wissenschaftlichen Sozialismus zu reden, in denen die Industrielle Revolution ihren Hauptvertreter und Nutznießer im Dritten Reich gefunden zu haben schien, welches, von einem Sieg zum nächsten eilend, die Versklavung ganzer Völker vorantrieb? Gerade im Jahr 1940, als Benjamin, nachdem er seine Thesen *Über den Begriff der Geschichte* verfasst hatte, seinem Tod entgegenging, konnte Heidegger (1975, S. 205) triumphierend verkünden, dass die Erfolge von Hitlers Blitzkrieg keinesfalls Zufall waren: Das Land habe den Sieg erlangt, das, dank seines vollständigen Nihilismus, in der Organisierung der »Maschinenwirtschaft« weiter als alle anderen gegangen war und das folglich danach trachten konnte, »die unangefochtene Herrschaft auf der Erde zu errichten«. Zusammen mit dem politischen Potenzial war auch das Produktivpotenzial des Emanzipationsprozesses verschwunden.

Es ist dieser Kontext, in den man die Überlegungen Benjamins stellen muss. Seine Thesen *Über den Begriff der Geschichte* schlagen den wissenschaftlichen Sozialismus positivistischer Provenienz, wie ihn die Zweite Internationale vertrat, in Stücke, aber sie bedeuten nicht die Rückkehr zum utopischen Sozialismus und zu den »Phantastereien, die so viel Stoff zur Verspottung eines Fourier gegeben haben« (Benjamin 2011b, S. 962). Unabhängig davon, ob sich der Autor dieser Thesen dessen vollkommen bewusst ist oder nicht, wohnen wir hier keiner Flucht in eine unvermeidlich abgelaufene Vergangenheit bei, sondern der Entfaltung eines Lernprozesses mit Ergebnissen, die manchmal überzeugend sind und manchmal nicht. Wenn die tragische Erfahrung des Nazifaschismus ein für alle Mal den evolutionistischen und positivistischen Entwurf widerlegt hat, so haben andere tragische historische Erfahrungen (wie z. B. der Aufstand der Taiping in China) den vergeblichen und verhängnisvollen Charakter des Aufschubs auf »messianische Zeiten« oder den Messianismus offenbart. Die grundlegende Schwäche der historischen Bilanz, die Benjamin gezogen hatte, war, dass er einen zu engen geografischen Raum und eine zu geringe Zeitspanne in die Betrachtung einbezog. Über den ersten Punkt habe ich schon gesprochen. Was den zweiten Punkt angeht, bleibt festzustellen, dass Heidegger schon nach Stalingrad seine Überheblichkeit verlor; und in den Jahren, in denen der antifaschistische Widerstand sich weltweit entwickelte, schien die Emanzipationsbewegung wieder das Gehen erlernt zu haben und verspürte nicht das Bedürfnis, ihre Hoffnungen auf das plötzliche Erscheinen des Messias zu richten.

Auf jeden Fall sind wir mit den Thesen *Über den Begriff der Geschichte* in den historischen Prozess und in den Lernprozess, der seinerseits wieder historisch ist, eingetreten, der Zeiten und Wege einer Transformation der politisch-sozialen Wirklichkeit. Aus diesem doppelten Prozess gibt es kein Entkommen. Wir können den utopischen Sozialismus, noch jenseits der Industriellen Revolution und der politischen Revolution, als ein Anfangsstadium des Lernprozesses betrachten; aber selbst wenn wir es wollten, wären wir nicht in der Lage, zu einem solchen Stadium zurückzugehen oder uns dorthin zurückzuentwickeln. Der Versuch das zu tun, indem wir all das ignorieren und ablehnen würden, was uns die industrielle und die politische Revolution, sowie Jahrhunderte von Geschichte gelehrt haben, würde nicht etwa bedeuten, zum Beginn des Lernprozesses zurückzukehren, sondern einen solchen Prozess in seiner Gesamtheit zu negieren. Es würde in letzter Konsequenz ein irrationalistisches Abgleiten bedeuten, das mitnichten vergleichbar wäre mit den ersten Versuchen des utopischen Sozialismus, sich auf einem gänzlich unbekannten Gebiet zu bewegen und zu orientieren. Ein Erwachsener kann sehr wohl davon träumen, in die Kindheit zurückzukehren, aber dieser Traum wäre kein Anzeichen seiner Verjüngung, sondern seiner beschleunigten Vergreisung.

Ein Sozialismus, der fortführe, die Utopie einer Zukunft zu erörtern, die bar jedes Widerspruchs und jedes Konflikts wäre und die nichts aufgenommen hätte von den realen Versuchen und den realen Erfahrungen des Aufbaus einer postkapitalistischen Gesellschaft, wäre kein Ausdruck von jugendlicher Frische, sondern ihres Gegenteils. Den Lernprozess ernstzunehmen und fortzuentwickeln bedeutet auch, sich von der These zu verabschieden, die wir in einem berühmten Gedicht von Brecht lesen können, wonach der Kommunismus »das Einfache [ist], das schwer zu machen ist«. Es ist eine Vision, in der wir Spuren oder Rückstände von Populismus und Messianismus wahrnehmen: Den Gemeinsinn und die Weisheit und die Moralität des Volkes erkennt man mit Leichtigkeit in einem Reich der Gerechtigkeit und des Friedens, dessen Verwirklichung nur verhindert oder behindert wird durch die Hartnäckigkeit einer kleinen Minderheit von Ausbeutern und Unterdrückern. In Wirklichkeit zeigt die historische Erfahrung, dass der Kommunismus schwer zu denken und zu planen ist, noch bevor er verwirklicht werden kann. Wir werden sehen, dass nach der Oktoberrevolution in sich sehr verschiedene und widersprüchliche kapitalistische Sozialsysteme in konfliktbeladener und dramatischer Weise aufeinander folgen.[29]

29 Dieser Satz spielt an auf Inhalte des vierten Kapitels, entsprechend dem ersten Index des Bandes. (A. d. Hg.)

Heute noch stellen Länder wie Kuba, Vietnam und vor allem China, die sich auf den Sozialismus berufen, für die vielfältige und verstreute internationale marxistisch-kommunistisch orientierte Bewegung eher ein Element der Spaltung als eines der Einheit dar.

Die Vision von Brecht ist auch aus einem anderen Grunde nicht überzeugend. Wenn wir von der Voraussetzung ausgehen, wonach die Idee des Sozialismus und des Kommunismus eine »einfache« sei, dann kann der Abstand zwischen den Gesellschaften, die sich auf eine solche Idee berufen haben und sich noch berufen, und dem Modell von Sozialismus und Kommunismus, das jeweils gewählt wird, von jedem von uns entweder mit der intellektuellen Unzulänglichkeit der Führer jener Gesellschaften, oder, wie es bequemer ist und häufiger passiert, mit ihrem »Verrat« erklärt werden. Wie es scheint, ist diese unglückliche Kategorie, nachdem sie obsessiv von den unterschiedlichen Konfliktparteien im Laufe der Geschichte des 20. Jahrhunderts benutzt wurde, nicht mehr gebräuchlich. Aber dem ist nicht so. Wenn man die in China, nicht nur von Deng Xiaoping, sondern auch von einer großen Gruppe der Parteileitung und von einer Partei mit langer Erfahrung an kommunistischem Aktivismus, beschlossenen Reformen gleichsetzt mit der Restauration des Kapitalismus, bezieht man sich in der Tat von neuem auf die These des »Verrats«. Wenn man sich bei der Analyse der Wende, die sich 1979 in China vollzogen hat, in keiner Weise weder auf die objektiven Bedingungen bezieht (der Tod des großen historischen Führers machte den Versuch, die wirtschaftliche Entwicklung durch Aufrufe zur Mobilisierung und an die Begeisterung der Massen zu fördern, weniger denn je plausibel) noch auf den mühevollen Lernprozess, wie man eine postkapitalistische Gesellschaft aufbaut (die Kollektivierung der Wirtschaft in großem Maßstab hatte ein allgemeines Phänomen der Entfremdung bei den Bauern und des fehlenden Engagements oder sogar der regelrechten Verweigerung in der Industrie hervorgerufen), dann eröffnet sich auf theoretischer Ebene eine Leere, die nur noch mit der Kategorie des »Verrats« gefüllt werden kann.

4. Kapitel

Kommunismus als Flucht und als »wirkliche Bewegung«

Populismus, Messianismus, Rebellismus

Der nahezu vollständige Bruch mit dem Sozialismus chinesischer Prägung und mit dem Marktsozialismus ist nur der deutlichste Beweis für das Gewicht, das populistische und messianische Tendenzen innerhalb des »libertären westlichen Marxismus« weiterhin haben.[1] Man denke an die Aufmerksamkeit, die den Migranten geschenkt wird. Um nicht missverstanden zu werden, ist diese nicht nur geboten, sondern sie muss sogar noch verstärkt werden. Und doch haben jene Vertreter des »libertären westlichen Marxismus« eine schlechte Figur gemacht, die, nachdem sie die Zerstörung Libyens und Syriens unterstützt oder stillschweigend hingenommen haben, sich nun über das Schicksal der Flüchtlinge aus diesen Ländern bestürzt zeigen. Wir können uns nur zu leicht die Ströme von Tränen vorstellen, die Populisten und eine gewisse Linke vergossen hätten, wenn China, nachdem es ein ähnliches Schicksal wie so viele »gescheiterte Staaten« erlitten hätte oder wenn es zur Aufgabe gezwungen worden wäre, die Welt mit Dutzenden oder Hunderten von Millionen von vor Hunger und Verzweiflung fliehenden Migranten überflutet hätte; aber es sind eben jene Populisten, die jedes Jahr am 4. Juni unkritisch und manichäisch des »Zwischenfalls auf dem Platz des Himmlischen Friedens« gedenken, d. h. des tragischen Endes eines Konflikts, den

---

1 Es ist klar, dass dieser erste Satz des Kapitels sich unmittelbar auf das bezieht, was in dem später gestrichenen Kapitel zum Ausdruck gebracht wurde. In jedem Fall wird für den »libertären westlichen Marxismus« auf Žižek (2009b, S. 255) verwiesen. (A. d. Hg.)

der Westen und die USA, wo nicht gefördert, so doch dazu beigetragen haben, ihn zu verschärfen und unlösbar zu machen, in der Hoffnung, dass dies das Land, das aus der größten antikolonialen Revolution der Geschichte hervorgegangen war, in einen »gescheiterten Staat« oder besser noch in eine Reihe gescheiterter Staaten verwandelt hätte. Man fühlt sich an die von Hegel verspotteten Christen erinnert, die, um ihrer Verpflichtung zur Armenfürsorge nachkommen zu können, die unbegrenzte Dauerhaftigkeit des Zustands der Armut benötigen. Die Hilfe für die Armen ernstzunehmen, bedeutet aber in Wirklichkeit, sich für soziale Beziehungen und politische Institutionen einzusetzen, die in der Lage sind, die Geißel der Armut ein für alle Mal auszurotten. Wenn man sich die Sache der Migranten wirklich zu Herzen nimmt, bedeutet dies gewiss dementsprechend, dass man die beschämende Diskriminierung bekämpft, der sie in den Ländern, in denen sie ankommen, häufig ausgesetzt sind, aber auch und vor allem heißt das, dass man die Entwicklung des Landes fördert, aus dem sie fliehen oder aus dem sie fliehen würden, wenn sich die wirtschaftlichen und sozialen Bedingungen dort nicht wesentlich verbesserten. Stattdessen könnte man sagen, dass Populisten erst dann vom Schicksal der Armen und Migranten bewegt werden, wenn diese infolge der Zerstörung oder drastischen Verelendung ihres Landes zur Verzweiflung verurteilt worden sind!

Der Populismus erkennt den Ort der moralischen Vollkommenheit in der Welt der Elenden und Unterdrückten, sprich derer, die weit weg von der Macht sind. Wenn diese jedoch zu Protagonisten einer siegreichen Revolution werden, hören die Elenden und Unterdrückten auf, solche zu sein, und die Populisten geraten in eine Krise. Man lese nur die folgenden Aussagen von Hardt und Negri (2002, S. 147 und 122): »Von Indien bis Algerien, von Kuba bis Vietnam – der Staat ist das vergiftete Geschenk nationaler Befreiung«. Ja, die Palästinenser können auf unsere Sympathie zählen, aber ab dem Moment, ab dem sie »institutionalisiert sind«, kann man nicht mehr »auf ihrer Seite« sein. Denn es ist eine Tatsache: »Sobald die Nation die Gestalt eines souveränen Staates annimmt, verschwinden ihre progressiven Funktionen vollständig«. Mit anderen Worten:

Man kann mit den Vietnamesen, den Palästinensern oder anderen Völkern nur so lange sympathisieren, wie sie unterdrückt und gedemütigt werden; man kann einen nationalen Befreiungskampf nur so lange unterstützen, wie er nicht siegreich beendet wird! In die gleiche Richtung gehen die Liebeserklärungen an den Sozialismus und den Kommunismus, vorausgesetzt, sie sind nicht »Staatssozialismus oder -kommunismus«, vorausgesetzt, sie sind der Ausdruck subalterner Klassen, die <ihn> nicht erobert haben und ihn nicht erobern können und sich damit abfinden sollen, subaltern zu bleiben. Die Niederlage oder die Erfolglosigkeit einer revolutionären Bewegung ist die Voraussetzung dafür, dass sich die Populisten als Verfechter der Sache der Elenden selbst bejubeln und sich daran erfreuen können! Es ist dieselbe Haltung, die Hegel bei den Christen kritisiert hat, eine Haltung, die, um sich verewigen zu können, eigentlich die Niederlage jener Sache voraussetzt, die sie zu verteidigen vorgibt, sei es die Sache der Armen, der Migranten, der Subalternen oder der Kolonialvölker.

Andererseits erscheint die bestehende Macht, selbst wenn sie aus einer großen Revolution hervorgegangen und Protagonistin eines ehrgeizigen Emanzipationsprozesses ist, in den Augen derer, die in der Betrachtung oder in der messianischen Erwartung des gänzlich Anderen leben, als ausgesprochen verwerflich oder im besten Falle als hoffnungslos mittelmäßig. Aus diesem Grund sind Populismus und Messianismus untrennbar mit dem Rebellismus verwoben, der *per definitionem* unfähig ist, sich mit einer konkreten und bestimmten politischen und sozialen Realität zu identifizieren. Es handelt sich auch hier um eine Tendenz, die den untergeordneten Klassen eigen ist, in diesem Fall vor allem dem intellektuellen Kleinbürgertum, dem es an Erfahrung im Umgang mit der Macht fehlt und das oft kaum daran interessiert ist, sie zu erlangen. Die kommunistische Bewegung hatte diese Tendenz bis zu einem gewissen Grad überwunden, aber nach der Krise von 1989/91 war sie bei jenen Autoren wieder deutlich spürbar, denen gegenwärtig das Verdienst zukommt, die revolutionäre und kommunistische Idee wieder aufzunehmen und neu zu beleben. Badiou (2010, S. 10*) prangert »die bestialische Form des amerikanischen Militarismus und seiner Handlanger« an.

Auch Žižek erkennt die Brutalität der imperialistischen Politik Washingtons an, wenn auch eher schwankend. In Bezug auf Salvador Allendes Chile berichtet er über die Anweisung von Henry Kissinger an die CIA: »Macht, dass die Wirtschaft schreit vor Schmerz«, und er betont, wie diese Politik nach wie vor gegen das »bolivarische« Venezuela eingesetzt wird (Žižek 2011b, S. 130; 2012, S. 85*). Folgt bei den beiden Philosophen auf die Verurteilung des »Militarismus« und des Imperialismus auch eine echte Anerkennung der Gründe jener Länder, die alles versuchen, um Widerstand zu leisten? Wir werden die äußerste Verachtung sehen, mit der Žižek von China spricht. Aber wie man sieht, bleibt China nicht die einzige Zielscheibe: »Venezuelas ›bolivarisches‹ Experiment entwickelt sich immer schneller zu einem caudillistischen Populismus zurück« (Žižek 2013, S. 163*). Und doch haben wir gerade erst gesehen, wie der slowenische Philosoph zu dem Schluss kam, dass die Abläufe in Venezuela nicht das Ergebnis einer ausschließlich inneren Entwicklung sind. Die Berücksichtigung des internationalen Kontextes bedeutet nicht, auf Kritik zu verzichten, sondern sie zu konkretisieren, anstatt sie auf eine scholastische Übung zu reduzieren. Der Rebell ist jedoch in erster Linie darauf bedacht, seine Überlegenheit in Bezug auf jeden bestimmten politischen Inhalt zu behaupten. Indem er sich so verhält, bekennt er sich zum Anti-Dogmatismus; in Wirklichkeit wird der gefürchtete und ordinäre Dogmatismus des Objekts durch einen offensichtlichen und koketten Dogmatismus des Subjekts ersetzt.

Dasselbe Ergebnis erreichen wir, wenn wir von der internationalen Politik zur Innenpolitik übergehen. Im Namen des Kampfes gegen den *étatisme* und gegen jedweden vom Staat ausgeübten Zwang, zögert Žižek (ebd., S. 145-147*) nicht, die progressive Besteuerung zu verurteilen, ohne die die wirtschaftlichen und sozialen Rechte nicht verwirklicht werden können. Selbst wenn die »revolutionäre Linke« gegen den Neoliberalismus polemisiert, scheut sie den Vorwurf oder den Verdacht, einen Kompromiss mit der Staatsmacht einzugehen, und erweist sich daher als unfähig, einen ideologisch und unmittelbar politisch konsequenten Kampf gegen den Abbau des Sozialstaates zu führen.

In den Vereinigten Staaten lieben es die erklärten Feinde des Sozialstaates, sich als *libertarians* zu bezeichnen. Ja, sie sind »libertär«, wenn es darum geht, die politische und staatliche Macht anzugreifen, wenn diese sich für die Einführung progressiver Steuern oder auch nur für die Bekämpfung der Steuerhinterziehung einsetzt. Aber sie haben nichts gegen die gigantische finanzielle (und politische) Macht einzuwenden, die zum Beispiel – man denke an einen multinationalen Konzern wie Walmart – gewerkschaftliche Organisierung an den Arbeitsplätzen verbietet und sklavische oder der Sklaverei ähnliche Arbeitsbedingungen durchsetzt. Und nichts haben sie gegen die absolute Macht über Leben und Tod einzuwenden, die durch außergerichtliche Hinrichtungen aus der Luft durch Drohnen oder durch die einseitige Entfesselung von verheerenden Kriegen ausgeübt wird.

Als »Libertärer« in der europäischen Variante kann der Philosoph Peter Sloterdijk angesehen werden, der sich heutzutage durch seinen Kampf gegen den unerträglichen staatlichen Zwang, der der progressiven Besteuerung innewohnt, und gegen den Sozialstaat als solchen hervortut. Es ist bedauerlich, dass er sich auf die Sympathie oder das Verständnis von Žižek berufen kann. Aber wenngleich die Sache auch bedauerlich ist, so überrascht sie doch nicht. Der formalistische Kult des »Rebellen« ist auch dem slowenischen Philosophen nicht fremd. Das zeigt seine Polemik gegen den Etatismus und den Staat als solchen; ein Symptom dafür ist auch der Titel eines seiner (verdientermaßen) bekanntesten Bücher: *In Verteidigung der verlorenen Fälle*.[2] Die Figur des Verteidigers der verlorenen Fälle ist eine weitere Version der Figur des »Rebellen« oder des »Dissidenten«. Nach der Niederlage im Sezessionskrieg gaben sich die Ideologen des sklavenhaltenden Südens gerne als unerschrockene Anhänger der *Lost Cause* aus, einer Sache, die von der Macht, ja von der industriellen und militärischen Übermacht der Union bezwungen worden war, aber deswegen nicht weniger edel erschien. In Wirklichkeit gelang es den Verfechtern des Rassenstaates trotz ihrer militärischen Nieder-

2 Es handelt sich um die Übersetzung des englischen Titels; der deutsche Titel lautet *Auf verlorenem Posten*. (A. d. Ü.)

lage, ihr politisches Programm im Wesentlichen zu retten: Sie setzten im Süden ein Regime der *white supremacy* durch, das nicht nur gegen die Schwarzen, sondern auch gegen die »Gelben« wütete; auf die eigentliche Sklaverei der Afroamerikaner folgte die Halbsklaverei der *Kulis* aus China und Indien; alles in allem feierte die »Demokratie für das Herrenvolk« ihre Triumphe. Es war die Art der Pose, die auch Nietzsche liebte: Der Theoretiker des aristokratischen Radikalismus und der Lobredner der alten und »neuen« Sklaverei griff auf die Geste der (aristokratischen) Distinktion zurück, indem er stolz seine eigene »Unzeitgemäßheit« <(Losurdo 2009a, S. 360; 2009a, S. 580-600)> behauptete, die sich im Gegensatz zur Macht sah, die nun von den plebejischen und vulgären Massen ausgeübt wurde; dies hinderte ihn jedoch nicht daran, Ziele zu propagieren, die oft in vollem Einklang mit der Reaktion und der antidemokratischen Macht standen, die gerade dabei war sich durchzusetzen; und in vollem Einklang mit der herrschenden Ideologie am Ende des 19. Jahrhunderts waren die Theoretisierung des Sozialdarwinismus und die Verherrlichung der Eugenik in Nietzsches Werk sehr gegenwärtig.[3]

So schreibt Žižek in ähnlicher Weise sein Buch *In Defense of Lost Causes*, aber dort entspricht dieser Geste des koketten Nonkonformismus ein politischer und ideologischer Inhalt, der genau in die entgegengesetzte Richtung geht. Es geht nicht nur darum, dass der slowenische Philosoph für Sloterdijk und gegen die Steuerprogression eintritt, also in Zeiten des triumphierenden Neoliberalismus eine Sache verteidigt, die alles andere als »lost« (verloren) ist. Und es geht auch nicht nur um die Darstellung Chinas als eines Landes mit »autoritärem Kapitalismus« und brutaler Arbeiterfeindlichkeit: Ein Allgemeinplatz, der in vollkommenem Einklang mit der vorherrschenden Ideologie steht (und der gegenwärtigen Ideologie des Krieges, die insbesondere vom Führungsland des Westens hochgehalten wird), und wiederum nichts mit »verlorenen Fällen« (Žižek 2009a/b) zu tun hat.[4] Mehr noch: Wir haben gesehen, dass sich bei

3 Vgl. Losurdo 2009a, S. 358-361 und 580-600.

4 Vgl. Losurdo 2021, S. 204-208.

seinem Hin-und-Her-Schwanken dasselbe Urteil über das »bolivarische« Venezuela bisweilen so verflacht, dass es dem der Feinde dieses Landes entspricht, die im Westen sehr zahlreich und in der Tat deutlich in der Überzahl sind.

Bei Marx und Engels fehlt ganz und gar die kokette Geste derer, die, unabhängig von den konkreten Inhalten, »verlorene« oder jedenfalls »inaktuelle« Fälle verteidigen wollen, die dabei aber oft die Motive, Gewissheiten und sogar die Dogmen der herrschenden Ideologie aufgreifen. Hinter den Autoren des *Manifests der Kommunistischen Partei* wirkt eine ganz andere Tradition. Aus einem Werk, das die Revolution, die 1820 das *Ancien Régime* in Spanien gestürzt hatte, analysierte und verteidigte, übertrug Hegel in Berlin einen Kommentar, mit dem er sich vollkommen im Einklang fühlte: »Der Mut besteht heute nicht mehr darin, die Regierungen anzugreifen, sondern sie zu verteidigen« (Hegel 1956, S. 699). Die Regierung, die in Madrid an die Macht gekommen war, mochte mittelmäßig sein und hatte sicherlich nicht alle ihre Versprechen erfüllt, aber sie war immer noch der reaktionären Revolte und dem Rebellismus der Sanfedistenbanden vorzuziehen, die von den Mächten des *Ancien Régime* unterstützt oder gefördert wurden.[5]

Etwa zwei Jahrzehnte später verhielt sich der junge Marx nicht anders. Noch kein Kommunist, aber schon revolutionär, leitete er die *Rheinische Zeitung*, die sich als »liberale Zeitung« bezeichnete. Es handelte sich aber um einen Liberalismus, der keinesfalls mit dem »*gewöhnlichen Liberalismus*« verwechselt werden durfte. Während letzterer »alles Gute auf Seite der Stände und alles Böse auf Seite der Regierung« sah, zeichnete sich die *Rheinische Zeitung* dagegen durch ihre Bemühungen aus, die Beziehungen von Herrschaft und Unterdrückung in ihrer konkreten Form zu analysieren und unter bestimmten Umständen nicht zu zögern, »die allgemeine Weisheit der Regierung gegen den Privategoismus der Stände« (oft monopolisiert von den feudalen Klassen und einer Großbourgeoisie, mit ihnen durch ein Bündnis und sogar Unterordnung verbunden) zu betonen;

5 Vgl. Losurdo 1989, S. 260.

im Gegensatz zum »vulgären Liberalismus« und weit davon entfernt, »einseitig die Bürokratie [zu bekämpfen]«, hatte Marx keine Schwierigkeiten, die Verdienste ihres Kampfes gegen die »romantische Richtung« oder romantisch-feudale Tendenz anzuerkennen (MEW, Erg. Bd. 1, S. 424). Auf der anderen Seite war es der junge Bismarck, der die Bürokratie oder vielmehr die bürokratische Allmacht ins Visier nahm, die in seinen Augen für die Durchsetzung der »Nivellierung« (d.h. die Zerschlagung der feudalen Privilegien) verantwortlich war, »jakobinische« Tendenzen nährte und sogar den Traum von einer Art »roten Demokratie« hegte! (Losurdo 1989, S. 451ff.). Wenn wir den großen Revolutionär mit dem zukünftigen *Eisernen Kanzler* vergleichen, war es eher der Letztere, der antibürokratische und rebellische Posen einnahm.

Von Deutschland begeben wir uns nun in das England der Jahre, in denen sich der Kampf der Arbeiter für die Verkürzung und die rechtliche und staatliche Regulierung der Arbeitszeit entwickelt. Neben der Anerkennung der positiven Rolle, die der Staat unter dem Druck des Arbeiterkampfes spielen konnte, auch wenn es ein Staat war, der von den Ausbeuterklassen kontrolliert wurde, zeigte sich beim reifen Marx auch die Anerkennung der positiven Rolle, die die Bürokratie bei der Eindämmung der Übermacht nun nicht mehr der Feudalbarone, sondern der kapitalistischen Herren spielen konnte. *Das Kapital* zeichnete ein Porträt voller Bewunderung für einen Beamten, der die Einhaltung der *Factory Acts* besonders gewissenhaft einforderte:

> »[…] Fabrikinspektor, in der Tat Fabrikzensor, bis 1859, hat unsterbliche Verdienste um die englische Arbeiterklasse gewonnen. Außer mit den erbitterten Fabrikanten führte er einen lebenslangen Kampf mit den Ministern, für die es ungleich wichtiger war, die ›Stimmen‹ der Fabrikherrn im Unterhaus als die Arbeitsstunden der ›Hände‹ in der Fabrik zu zählen. (MEW 23, S. 238, Fn 32).

Nicht anders als Bismarck verhielten sich dagegen – wie *Das Kapital* auch hier betonte – die englischen Kapitalisten: »Sie denunzierten die Fabrikinspektoren als eine Art Konventskommissäre« (des Jakobinerkonvents, A.d.Ü.) (ebd., S. 301). Und im Vergleich zwischen dem großen Revolutionär und den englischen Kapitalisten waren es wiederum die Letzteren, die sich einer antistaatlichen und antibürokratischen Rhetorik bedienten und eine rebellische Haltung einnahmen, auch wenn sie damit den Despotismus der Fabrikpatrone und die Lohnsklaverei in ihren gröbsten Formen verteidigten. Und in der Tat bezeichnet Marx sie als »*Proslavery-Rebellen*«, die Protagonisten einer »*Proslavery Rebellion*«, ähnlich derjenigen, die in den USA dazu führte, dass sich die Sklavenhalter des Südens gegen eine Regierung erhoben, von der sie befürchteten, dass sie die Freiheit des Eigentums an menschlichem Vieh in Frage stellen würde (ebd., S. 305 und 302).

Selbst in einer Gesellschaft, die in Klassen gespalten ist, ist die Macht nicht unbedingt auf der Seite des Unrechts und die Opposition auf der Seite des Rechts. Und, um es mit Engels zu sagen, es gibt auch »Revolutionen von oben« (ebd., S. 7 und 517) oder fortschrittliche Reformen, die von oben durchgeführt werden, beides oft als Reaktion auf den Druck des Volkes oder sogar, um einer möglichen Revolution von unten zuvorzukommen. Es ist diese Komplexität des historischen Prozesses und des sozialen Konflikts, die dem Populisten entgeht.

Vor diesem Hintergrund kann man Gramscis spätere Analyse des »reaktionären Subversivismus« verstehen. Der Führer der *Kommunistischen Partei Italiens* antwortete in einem Artikel vom 22. Juni 1921 auf Mussolini, der beim Faschismus gelandet war und sich trotzdem auch weiterhin damit brüstete, ein Anhänger Blanquis und ein aus der »orthodoxen Kirche« des Sozialismus ausgestoßener Rebell und »Häretiker« gewesen zu sein. Er unterschied dabei Blanquis Position vom »Mussolinischen Subversivismus«, der klar und eindeutig reaktionär war, aber er fügte hinzu: Als »soziale Theorie des Staatsstreichs«, des blinden Rebellismus kann »der Blanquismus [...] in seiner Materialität heute subversiv, morgen reaktionär, aber niemals revolutionär sein« (Gramsci 1966, S. 205f.*). Später wird in den Gefängnisheften hervorgehoben: Trotz des ultrarevolutionären Anscheins sind »die Phrasen des primitiven und elementaren ›Rebellentums‹, des ›Umstürzlertums‹, der ›Staatsabgewandtheit‹« in Wirklichkeit Ausdruck einer »unpolitischen Haltung«, also einer

Flucht vor der Realität des sozialen Konflikts und eines substanziellen Verzichts auf die Veränderung des Bestehenden. Im Gegensatz zu dem, was der Rebell gerne denkt, bedeutet »geringes Verständnis des Staates [...] geringes Klassenbewusstsein«. Bestenfalls können Rebellismus und prinzipieller Anti-Etatismus einen populären »Subversivismus« anregen, der nicht in der Lage ist, eine neue sozial-politische Ordnung zu schaffen; manchmal können sie sogar den Weg für einen »›Subversivismus‹ von oben« der herrschenden Klassen ebnen (Gramsci 1991-2002, S. 368 und 2036), einen »Subversivismus von oben«, wie zum Beispiel den von Mussolini, der, wie wir gesehen haben, auch als furchtloser »Häretiker« auftrat, bereit, jede »orthodoxe Kirche« herauszufordern.

Wie sich der Rebellismus in sein Gegenteil verkehrt

Die Kategorie des »Rebells« ist rein formaler Art, wobei sie unterschiedliche und gegensätzliche politische Inhalte annehmen kann. Es gelten meine Bemerkungen, die ich in Bezug auf die Figur des »Dissidenten« bei anderer Gelegenheit gemacht habe <(Losurdo 2017, S. 261-265)>. Bei Bedarf stellt ihn die herrschende Ideologie als unerschrockenen Kämpfer dar, der jede Befleckung mit der Macht vermeidet und der obendrein nicht zögert, sie herauszufordern; es wird hingegen die Tatsache verschwiegen, dass der »Dissident« eine Staatsmacht ins Visier nehmen kann – und aufgehetzt wird, dies zu tun –, die ihrerseits »dissident« gegenüber einer weitaus mächtigeren und beunruhigenderen weltweiten Macht ist. Nehmen wir einen Vertreter der prowestlichen Opposition in Kuba: Dieser ist gewiss ein »Dissident« gegenüber der in seinem Land herrschenden Macht, diese ist aber ihrerseits »dissident« gegenüber jener Macht, die von den USA auf globaler Ebene und besonders streng in Lateinamerika ausgeübt wird. Wenn man die Freiheitsstrafe kritisiert, die dem ersten »Dissidenten« auferlegt wurde, muss man erst recht den Versuch kritisieren, den zweiten »Dissidenten« durch eine bewaffnete Invasion der Insel und die Ermordung seines Führers zum Schweigen zu bringen. Sollten im Libyen des Jahres 2011 diejenigen als »Rebellen« oder »Dissidenten« bezeichnet werden, die sich gegen

Gaddafi erhoben und den Sieg nur dank der Unterstützung durch den gigantischsten Militärapparat der Geschichte errungen haben, oder waren es Gaddafi und seine Verbündeten, die Protagonisten einer antikolonialen Revolution, vom Westen und der NATO seit geraumer Zeit zum Tode verurteilt, weil sie es gewagt hatten, letztere herauszufordern? Sicher, das Ganze wurde als Kreuzzug zur Verteidigung der Menschenrechte inszeniert, aber heute wissen wir, dass dieser Kreuzzug viele Opfer, viel mehr als die jenes »Völkermords« gefordert hat, den er zynischerweise zu verhindern vorgab. Ganz zu schweigen davon, dass der Krieg mit dem bestialischen Lynchmord an Gaddafi und dem unverschämten Triumphgeschrei von Außenministerin Clinton endete: »Wir kamen, wir sahen, er starb!« (*we came, we saw, he died!*) (ebd., S. 41f.). Und doch konnte sich diese eindeutige und rücksichtslose koloniale Barbarei, wenn nicht auf die Komplizenschaft, dann doch zumindest auf das Schweigen der angeblichen westlichen »Rebellen« stützen, welche entschlossen waren, sich nicht gegen andere angebliche »Rebellen« zu positionieren, und bereit dazu, einen infamen neokolonialen Krieg zu unterstützen oder zu tolerieren, nur um nicht als Komplizen einer (noch dazu diktatorischen) Staatsmacht zu erscheinen.

Heutzutage gibt es im Westen keinen Intellektuellen, der »rebellischer« oder »dissidenter« ist als Slavoj Žižek. Zumindest auf den ersten Blick. In Wirklichkeit lösen sich Rebellion und Dissidenz schnell in Luft auf, wenn wir die Vision des slowenischen Philosophen mit der vorherrschenden Ideologie vergleichen. Die historische Bilanz, die er bezüglich des vergangenen Jahrhunderts zieht, lässt keinen Raum für Zweifel: »Das große Scheitern des kommunistischen Projekts, das das Unterscheidungsmerkmal des 20. Jahrhunderts war«, ja »die katastrophalen Ergebnisse der kommunistischen Bewegung des 20. Jahrhunderts« liegen vor aller Augen (Žižek 2012, S. 53 und 83*). Ist wirklich alles so klar? Es fehlt wirklich nicht an Autoren, die, obwohl sie der kommunistischen Bewegung fernstehen, deren Beitrag am Aufbau des Sozialstaates im Westen anerkennen. Ist das eine Kleinigkeit von geringer Relevanz? Sicher keine Kleinigkeit ist die Auflösung des weltweiten Kolonialsystems: Sie wäre ohne die kommunistische Bewegung und die »ideologische und sogar militärische sowjetische Unterstützung« der aufständischen Kolonialvölker undenkbar gewesen, die »die Unterdrückung zu kostspielig« gemacht hätte (Brzezinski 2012, S. 14 und 34*). Es handelt sich um ein Kapitel der Geschichte, das von der herrschenden Ideologie ignoriert und verdrängt wird, das jedoch aus der Analyse eines führenden US-Strategen, der seinerzeit ein maßgebliches Mitglied der Carter-Administration war, hervorgeht. Nun, wer ist im Vergleich zum Katechismus der herrschenden Ideologie eher »rebellisch« oder »dissident«, Žižek oder Brzezinski? Der erste fährt unbeirrt fort:

> »Waren Faschismus und Stalinismus nicht die Zwillingsmonster des zwanzigsten Jahrhunderts, der erste aus den verzweifelten Überlebensversuchen der alten Welt hervorgegangen, der zweite aus einem schlecht durchdachten Bemühen, eine neue zu bauen?« (Žižek 2012, S. 125*).

Es ist ein Rätsel, wie man einerseits die »alte Welt« des Kapitalismus, der Ausplünderung, der kolonialen Massaker und der imperialistischen Kriege und andererseits das »schlecht durchdachte Bemühen«, diesen Schrecken hinter sich zu lassen, auf die gleiche Stufe stellen kann. Diese beiden völlig unterschiedlichen Dinge werden nicht nur auf die gleiche Ebene gestellt, sondern bis zu dem Punkt einander angeglichen, an dem sie sich als »Zwillingsmonster« darstellen, definitionsgemäß nicht unterscheidbar oder schwer zu unterscheiden. Hitler greift die koloniale Tradition auf und radikalisiert sie, er will die Slawen explizit versklaven, wird aber schließlich von Stalin besiegt, der von Anfang an vor den Gefahren einer kolonialen Unterwerfung der Sowjetunion warnt. So viele und so schwer die Verbrechen auch gewesen sein mögen, die vom sowjetischen Führer begangen wurden, können die beiden Antagonisten deshalb wirklich als »Zwillingsmonster« betrachtet werden? Kolonialismus und Antikolonialismus, Sklaverei und Antisklaverei werden austauschbar. Mit der gleichen Logik müssen wir auch Toussaint Louverture und Charles Leclerc als »Zwillingsmonster« ansehen, der eine Protagonist der epischen antikolonialistischen Revolution von Saint-Domingue (Haiti), die die Sklaverei beendete, der andere Kommandant der mächtigen französischen Armee, die die Insel erneut dem Kolonialismus und der Sklaverei unterwarf.

Die Theorie der »Zwillingsmonster« greift klar die Staatsdoktrin des »Antitotalitarismus« wieder auf, der, während er die Antagonisten eines entscheidenden Kapitels der Geschichte des 20. Jahrhunderts zusammenwirft, die Tatsache negiert, dass einer von ihnen, Hitler, sich immer wieder auf die koloniale Tradition des Westens berufen hat und, wobei er sich Großbritannien und die USA zum Vorbild nahm, Osteuropa als den Ort betrachtete, wo das »Germanische Indien« aufzubauen war, oder als den neuen Wilden Westen, der von den »Indianern«, d. h. den »Eingeborenen«, zu säubern war und wo man ein kontinentales Kolonialreich errichtet.[6]

Schwimmt Žižek denn wenigstens dann gegen den Strom, wenn er das China vor Deng Xiaopings Reformen betrachtet, dem er manchmal zu huldigen scheint und das er immer wieder positiv dem heutigen China entgegenhält? Insbesondere im Buch *In Defense of Lost Causes* kann man etwas lesen über die »rücksichtslose Entscheidung Maos, zehn Millionen Menschen Ende der 1950er Jahre verhungern zu lassen« (Žižek 2009b, S. 212*). Als ich zum ersten Mal auf diese Aussage stieß, war ich etwas verwirrt: War die italienische Übersetzung vielleicht ungenau oder zu pathetisch? Nichts davon, auch das Original war unmissverständlich: »Mao's ruthless decision to starve tens of millions to death in the late 1950s« (Žižek 2009a, S. 169). Nicht einmal das *Schwarzbuch des Kommunismus* geht so weit! Natürlich wird es nicht müde zu bekräftigen und zu wiederholen, dass der »Große Sprung« eine Katastrophe war, die kolossalere Ausmaße hatte als die katastrophalen Hungersnöte, die die Geschichte des großen asiatischen Landes kennzeichnen, und dennoch erkennt es an, dass »Maos Ziel nicht war, seine Landsleute massenhaft zu töten« (Margolin 1998, S. 456*).[7]

6 Hier fährt Domenico Losurdo im Hauptteil des Textes ein Stück weit mit einer anderen als der normalerweise verwendeten Schriftart fort. Wir behalten sie im Text bei und markieren Anfang und das Ende. (A. d. Hg.)

7 Hier endet der Teil in einer anderen Schriftart als der, die normalerweise im Textkörper verwendet wird. (A. d. Hg.)

In der Zwischenzeit ist die Staatsdoktrin des Westens in ihrem unablässigen Bemühen fortgefahren, jedes Kapitel der Geschichte jener großen Emanzipationsbewegung, die die kommunistische Bewegung war, in einen Haufen Blut und Schlamm zu verwandeln. Und es ist diese Staatsdoktrin, die der slowenische Philosoph in Wirklichkeit wieder aufgreift. Weitaus vorsichtiger zeigt sich Helmut Schmidt, der in einer Auseinandersetzung mit einem Journalisten, der ihn interviewt, den unbeabsichtigten Charakter der Tragödie unterstreicht, in die der »Große Sprung« mündet.[8] Wenn es jemanden gegeben hat, der die »Entscheidung« getroffen hat, Millionen von Menschen zum Tode durch Verhungern zu verurteilen, dann muss er nicht in Peking, sondern in Washington gesucht werden, er muss im Kreis derer gesucht werden, die einem Land und einem Volk, das bereits von der Geißel des Hungers heimgesucht wird, ein Embargo aufzwingen, das ausdrücklich darauf abzielt, so verheerend wie möglich zu sein. Es bleibt die Tatsache, dass es der ehemalige Kanzler der Bundesrepublik Deutschland ist, der Mao in gewisser Weise verteidigt, indem er sich von einer infamen und unsinnigen Verleumdung distanziert, die jedoch inzwischen zum Dogma der antikommunistischen Staatsreligion des Westens geworden ist, und es ist nicht der rebellische Philosoph, der sich im Gegenteil diesem Dogma problemlos beugt. Man kann sogar eine Bemerkung allgemeinen Charakters machen. Gegen das Land, das aus der größten antikolonialen Revolution der Geschichte hervorgegangen ist, führen die Vereinigten Staaten eine Kampagne nicht nur auf politischer, diplomatischer und militärischer Ebene, sondern auch auf kultureller Ebene: Es geht darum, die Volksrepublik China im gesamten Laufe ihrer Entwicklung zu dis-

8 Hier fährt Domenico Losurdo im Textkörper mit einer anderen Schriftart als der üblichen fort. Diese Passage kann als Anmerkung gewertet werden, deshalb führen wir sie hier an. (A. d. Hg.) Obwohl er [»der Große Sprung« (A. d. Ü.)] – füge ich jetzt hinzu – auf einen Voluntarismus fern der Realität zurückgriff, war sein Ziel, das große asiatische Land von der Tragödie zu befreien (endemischer Mangel, wiederkehrende Hungersnöte und – damit verbunden – Hungertote in großem Maßstab), die ihm in erster Linie durch die koloniale Aggression und das »Jahrhundert der Demütigungen« zugefügt worden war und die weiterhin durch das von den USA verhängte rücksichtslose Embargo genährt wurde.

kreditieren, indem Mao am Baum des »Großen Sprungs« und Deng am Baum des Tienanmen-Platzes und des »Autoritarismus« gehängt wird. Geht Žižek hier grundsätzlich anders vor?

Kommen wir nun zur Gegenwart. Am 12. Juni 2009 fanden im Iran Präsidentschaftswahlen statt, einem Land das bereits von einem durch die USA und Israel ausgelösten *cyberwar* betroffen war und in dem Wissenschaftler, die sich mit dem Nuklearprojekt oder der Militärindustrie im Allgemeinen befassten, Opfer von häufig nicht allzu mysteriösen Anschlägen wurden. Sie brachten nicht die von Washington und Brüssel erhofften Ergebnisse, worauf diese sogleich den »Wahlbetrug« verurteilten. Es war der brasilianische Präsident Lula, der diese Anschuldigung in Frage stellte und verspottete. Selbst die *Washington Post* räumte ein, dass es keine Beweise für die These des Betrugs gab: Im Gegenteil, alles deute darauf hin, dass der »klare Sieg« des amtierenden Präsidenten Ahmadinedschad echt war. Tatsächlich wiesen die Prognosen, die am Vorabend der Wahlen von der Agentur *Reuters* verbreitet worden waren, einen noch deutlicheren Vorsprung als den tatsächlich erzielten auf (Dimaggio 2009, S. 293*). Žižek (2013, S. 87f.*) hingegen wird von keinerlei Zweifel berührt. Er geht davon aus, dass es sich um »manipulierte Wahlen« handelte, und drückt sein Bedauern für »das traurigste Schauspiel« aus, das von der »Linken« mit einer anderen Ausrichtung als der seinen geboten wird. Aber warum war es erlaubt (oder geboten), die Ehrlichkeit und Aufrichtigkeit der iranischen Führung in Frage zu stellen, aber nicht die der westlichen Regierungen? Warum waren gerade diejenigen über jeden Verdacht erhaben, die auf ihrem Kreuzzug gegen die Regierung in Teheran nicht einmal gezögert haben, auf Terrorismus zurückzugreifen?

Nun machen wir einen Sprung von weiteren fünf Jahren, um uns mit den Protesten zu befassen, die, beginnend mit der paramilitärischen Besetzung des Maidan in Kiew im Februar 2014, zu jenem *regime change* in der Ukraine führen, erwünscht und gefördert von den USA und der Europäischen Union, die auch physisch mit Politikern ersten Ranges vor Ort sind, welche einerseits die rechtmäßige Regierung einschüchtern und ihr mit schweren politischen und wirtschaftlichen Sanktionen drohen und andererseits die Randalierer ermutigen und aufhetzen. Und wieder stoßen wir auf ein Paradoxon: Während Žižek die »Helden« des Maidan lobt, haben die weniger konformistischen westlichen Analysten keine Schwierigkeiten, über einen Staatsstreich zu sprechen, der in erster Linie in Washington orchestriert worden war. In einem renommierten italienischen Magazin für Geopolitik kann man lesen, dass es »dank der Geschicklichkeit der CIA, der Arbeit der befreundeten NGOs und der finanziellen Aggression« (»George Soros, nur allzu bekannter Wall-Street-Bankier, gibt zu, dass er Maidan stark beeinflusst hat«) den USA gelang, »den Sturz der gewählten Regierung herbeizuführen und in Kiew einen mehr oder weniger amerikafreundlichen Oligarchen zu etablieren«. Und nicht nur das:

> »Am 16. April kommt John Brennan, der Direktor der CIA, in die ukrainische Hauptstadt, um sich mit den Spitzen der Streitkräfte zu treffen und die Räumlichkeiten zu besuchen, die den amerikanischen 007 im Hauptquartier des ukrainischen Geheimdienstes zugewiesen sind […] Anfang Mai tritt Hunter Biden, Sohn von Vizepräsident Joe, in den Verwaltungsrat des größten privaten Unternehmens für Kohlenwasserstoffe der Ukraine, der Burisma Holdings, ein und bringt Devon Archer, ehemaliger Berater von Außenminister John Kerry, mit« (Fabbri 2014, S. 193f.*).

Geopolitische Expansion und persönliche sowie familiäre Bereicherung gingen Hand in Hand.

Es ist erforderlich, nun zwei besonders wichtige Stimmen zu Wort kommen zu lassen. Die erste stammt vom ehemaligen italienischen Botschafter in Moskau: Nicht nur in Kiew hat ein Staatsstreich stattgefunden, der Staatsstreich beschränkt sich nicht darauf, die Ukraine zu schlucken, sondern zielt auf das Herz Russlands (Romano 2014, S. 115*). Die zweite Stimme ist die eines Generals im Ruhestand, der sehr wichtige Ämter innehatte (unter anderem war er Chef des Generalstabs des NATO-Kommandos für Südeuropa). Nachdem er die These eines Staatsstreichs in Kiew bekräftigt hat, der durch gut dokumentierte Analysen gerade seit den Ereignissen auf dem Maidan gestützt war, und mit offensichtlichem Bezug auf die Serie von

Staatsstreichen, die sich als »Farben-Revolutionen« tarnen, kommt der ehemalige General zu einer allgemeinen Schlussfolgerung:

> »[Das] US State Department [...] leitet nicht mehr die Diplomatie des Zweispitzes[9] und der Partys und sollte sich im Einklang mit dem Wiener Übereinkommen jeglicher Einmischung in die inneren Angelegenheiten anderer Länder enthalten. In Wirklichkeit führt es nicht einmal Diplomaten. Die Botschafter verhalten sich wie Spione und haben die Techniken der CIA aus den Zeiten Pinochets [und seines Staatsstreichs] und der Narcos übernommen und greifen direkt in die Politik und die Angelegenheiten der Akkreditierungsländer ein. Sie setzen alle verfügbaren Instrumente des Drucks und der Subversion ein: Alte und neue, weiche und harte, öffentliche und private, sie manipulieren und beeinflussen Menschen und Meinungen mit sozialen Medien, durch Korruption von Beamten, der Intervention von Söldnern, Nichtregierungsorganisationen, Drittstaaten« (Mini 2014, S. 61*).

In den oben genannten Analysen und Beiträgen wird wiederholt auf die Rolle der NGO bei den von Washington geförderten Aktionen der Destabilisierung und des *regime change* hingewiesen. Selbst ein erfolgreicher britischer Historiker, der das US-Imperium ausdrücklich rühmt, räumt ein, dass es oft auf die Unterstützung von Nichtregierungsorganisationen zählen kann (Ferguson 2005, S. 11-13 und 15*). Für Žižek (2012, S. 63*) bedeutet Misstrauen gegenüber der Rolle, die sie beispielsweise bei der Verurteilung der »Leiden in Tibet« gespielt haben, dem »universellen Humanismus« den Rücken zuzuwenden! Auch in diesem Fall hat der kokette Rebellismus keine Schwierigkeiten, sich in den unkritischsten und grauesten Konformismus zu stürzen.

Wie der Messianismus zum Kapitulantentum wird

Neben dem Rebellismus kann sich auch der Messianismus leicht in sein Gegenteil verkehren. Exemplarisch ist eine Begebenheit, die sich in Italien abspielt. Auch Dank der Lektionen von Gramsci

---

9 Feluca = Zweispitz – im journalistischen Bereich, Begriff für einen Diplomaten, mit Anspielung auf die charakteristische Kopfbedeckung der Uniform. (A. d. Ü.)

verabschiedete sich die Kommunistische Partei recht bald von der messianischen Erwartung einer Welt, die so frei von Widersprüchen und Konflikten wäre, dass die Institution des Staates und selbst der Rechtsnormen überflüssig würden – oder sie dämpfte sie zumindest. In der theoretischen und politischen Ausarbeitung von Palmiro Togliatti waren dagegen »progressive Demokratie« und »italienischer Weg zum Sozialismus« dazu bestimmt, in der gewünschten postkapitalistischen Gesellschaft Macht und Hegemonie der Arbeiter und des Volkes einerseits und Rechtsstaat andererseits miteinander zu verbinden. Das bedeutete auch, mit der »marxistischen« Vulgata[10] Schluss zu machen, die die von der bürgerlich-demokratischen Revolution garantierten »formalen« Freiheiten als irrelevant abtat. Der von Togliatti geführte PCI griff das große Thema des Erbes der vorangegangenen revolutionären Traditionen auf, das die kommunistische Bewegung übernehmen und sich aneignen sollte, nachdem sie es von jeglichem Exklusivismus von Rasse und Klasse befreit hatte. Er verstand dabei die *Resistenza*, die antifaschistische Revolution, als Weiterentwicklung des *Risorgimento*, d.h. jener Revolution, die in Italien das Ende des *Ancien Régime* und den Beginn eines mehr oder weniger demokratischen liberalen Systems bedeutet hatte, auf einer qualitativ höheren Ebene.

Nachdem man den Messianismus hinter sich gelassen hatte, der das anfängliche Merkmal einer jeden großen Revolution ist, in der untergeordnete Klassen oder unterdrückte Völker die Protagonisten sind, begann sich die postkapitalistische Zukunft während eines Lernprozesses, der sich langsam vortastete und noch lange nicht abgeschlossen war, in einer Weise abzuzeichnen, die neu und nüchterner war. Aber es dauerte nicht lange, bis dies auf eine starke Opposition stieß.[11]

---

10 Vulgata, lat.: allgemein gebräuchlich(e) (Fassung)

11 Nach diesem Absatz fährt Domenico Losurdo im Textkörper mit einer anderen Schriftart als der normalerweise verwendeten fort; da diese Passage im Vergleich zum vorherigen und zum nächsten Abschnitt absolut folgerichtig ist, integrieren wir sie, indem wir den Anfang und das Ende im Textkörper anzeigen. (A. d. Hg.)

1965 klagte ein führender Intellektueller der »revolutionären« Linken, Alberto Asor Rosa, die vom PCI während des Widerstands verfolgte Politik an, »diese Strategie, die später dazu führen wird, den italienischen Weg zum Sozialismus als notwendigerweise mit der Umsetzung der Verfassung und bürgerlicher Reformen verbunden zu betrachten«. Die »togliattianischen und gramscianischen Kommunisten« wurden in ihrer Gesamtheit für ihren »Demokratismus« verspottet: Sie waren »die letzten verspäteten Vertreter« des »demokratischen, garibaldinischen, mazzinianischen, carduccianischen Risorgimento« (Asor Rosa 1969, S. 156f. und Fußnote*). Etwa zehn Jahre später war es Rossana Rossanda, die gegen Togliatti wetterte, dem sie den »formalen Charakter des Diskurses der progressiven Demokratie« und das beharrliche Festhalten am »konstitutionellen politischen Garantismus« vorwarf, die Enge, die ihn in den »klassischen Horizont des Rechtsstaates« einschloss (Rossanda 1976, S. 271f.*).

In seiner Anklage ging Asor Rosa noch weiter. 1946 hatte ein angesehener Intellektueller und Führer des PCI, Lucio Lombardo-Radice, geschrieben: »Die Welt entwickelt sich, aber die Wahrheiten der untergehenden Welt werden von der neuen Welt aufgehoben«. Die Arbeiterbewegung musste etwas von der politisch-konstitutionellen Welt zu erben verstehen, die sie dennoch radikal in Frage stellte; auf diese Weise wurde das Thema des Erbes der zurückliegenden revolutionären Tradition (das bei Engels, Lenin und ganz besonders bei Gramsci sehr präsent ist) aufgegriffen, das das Proletariat in dem Moment zu übernehmen berufen ist, in dem es sich anschickt, die postkapitalistische Gesellschaft aufzubauen. Aber das war sicherlich nicht die Ansicht von Asor Rosa, der, davon abgestoßen, die Aufmerksamkeit auf die »ausdrückliche Resonanz eigentlich stalinistischer Behauptungen« lenkte. In seinen Augen war es der PCI in seiner Gesamtheit, der, indem er »den italienischen Weg zum Sozialismus als notwendigerweise mit der Umsetzung der Verfassung und der bürgerlichen Reformen verbunden betrachtete«, gleichzeitig »Demokratismus« und »Stalinismus« unter Beweis stellte. Man könnte meinen, dass hier »Demokratismus« und »Stalinismus« eins sind. Die Anspielung bezog sich auf einen wichtigen Abschnitt der Rede Stalins auf dem XIX. Parteitag der KPdSU:

> »Das Banner der bürgerlich-demokratischen Freiheiten ist über Bord geworfen. Ich denke, daß Sie, die Vertreter der kommunistischen und demokratischen Parteien, dieses Banner werden erheben und vorantragen müssen, wenn Sie die Mehrheit des Volkes um sich versammeln wollen. Es gibt sonst niemand, der es erheben könnte« (Stalin 1979, S. 393).

Es war die Zeit, als im Westen antikommunistische Verfolgungen wüteten und in den Vereinigten Staaten der McCarthyismus seine Triumphe feierte, wobei die Hexenjagd auch gegen liberale und progressive Kreise entfesselt wurde. Wenn man heute diese wahrscheinlich von Togliatti inspirierte Passage der Rede Stalins wieder liest, kann das nur einen Seufzer hervorrufen: Ach, wenn beide konsequent an der Orientierung festgehalten hätten, die ihnen von Asor Rosa so heftig vorgeworfen wurde!

Ähnliche Überlegungen könnte man im Zusammenhang mit Rossandas Ironie gegenüber der Rechtsstaatlichkeit anstellen. Sie fielen ungefähr in die Zeit, als sich in China ein radikaler Wandel abzuzeichnen begann: Obwohl scharf gegen den »Realen Sozialismus« polemisierend, hatte die Kulturrevolution von ihm ein grundlegendes Motiv übernommen, die Verspottung der »formalen« Freiheiten und der Herrschaft des Rechts. Mit dieser Vision brechend unterstrich Deng Xiaoping 1979, dass die Erweiterung und Festigung des »Rechtssystems« die Voraussetzung für eine echte Entwicklung der »Demokratie« war (Deng Xiaoping 1985, S. 219). Es war notwendig, die »Herrschaft des Rechts« in der Partei und »in der Gesellschaft insgesamt« einzuführen; natürlich fehlte in China eine solide gesetzliche Tradition, aber die Kommunisten mussten eben »dem Volk helfen, die Herrschaft des Rechts zu verstehen« (Ders. 1992-95, Bd. III, S. 166f.*).

Es waren erste wichtige Schritte in die richtige Richtung; aber diese Problematik als Ganzes kann nicht anders als trivial und kleinlich erscheinen gegenüber einer messianischen Vision, die die postkapitalistische Zukunft als das Herannahen eines völlig Anderen versteht, das per Definition von der zurückliegenden Geschichte nichts zu lernen und nichts zu erben hat.[12]

Jahrzehnte sind vergangen seit der ernsten Warnung vor der Vision, die dem »Demokratismus« und dem »Rechtsstaat« so viel Gewicht beimisst, und inzwischen hat sich in der Welt alles verändert! Einen gewissen Eindruck machte die schrille Stellungnahme von Asor Rosa, die er am 16. Oktober 2007 gegenüber *La Repubblica* abgegeben hatte. Der »kapitalistisch-demokratische Westen« hätte der Regierung in Peking ein *Ultimatum* stellen sollen: Die Olympischen Spiele des folgenden Jahres hätten boykottiert werden müssen, wenn sie sich nicht verpflichtet hätte, am Eröffnungstag der Spiele in »allen chinesischen Presse- und Fernsehorganen« »ein Dokument zugunsten universeller Rede- und Vereinigungsrechte« zu veröffentlichen! Dieser Text war aus mindestens zwei Gründen beeindruckend: Zu den »universellen Rechten« zählten nicht die wirtschaftlichen und sozialen Rechte (für die sich die Volksrepublik China durch die Befreiung von Hunderten von Millionen Menschen vom Hunger positiv auszeichnete); nur diejenigen, die zuvor als bourgeois verachtet worden waren, tauchten auf. Und das war noch nicht alles. Asor Rosa räumt ein, dass in dem bevölkerungsreichsten Land der Welt nur »eine Minderheit« so dachte wie er; um die neoliberal verkürzte Charta der Rechte in einem imperialen Akt geltend zu machen, wurden von ihm dennoch jene Großmächte aufgerufen, die im Opiumkrieg und in der Tragödie des »gedemütigten China« die Hauptakteure waren.

Aber führte diese Kapitulation gegenüber dem liberalen Westen zumindest zur Assimilierung des Erbes des liberalen Denkens? Sicherlich nicht seiner Höhepunkte. Wir haben bereits die Liquidation der sozialen und wirtschaftlichen Rechte, die dem Liberalsozialismus am Herzen liegen, gesehen. Wir kennen auch die große methodische Lektion von Hamilton, wonach die Durchsetzung der Herrschaft des Rechts eine Situation der geopolitischen Ruhe voraussetzt <(2001b,

12 Hier endet der Teil in einer anderen als der normalerweise im Textkörper verwendeten Schriftart. (A. d. Hg.)

S. 192)>.[13] Stattdessen vertraut Asor Rosa den Sieg des Rechts in China denselben Mächten an, die das Land seit den Opiumkriegen angegriffen haben und es weiterhin mit einem beängstigenden Arsenal bedrohen, das unmittelbar an seinen Grenzen stationiert ist (Militärbasen, Flugzeuge und Kriegsschiffe, konventionelle und nukleare Raketen). Bei Adam Smith (2001, S. 527 = Buch IV, Kap. VII) kann man die verhängnisvollen Auswirkungen der »globalen Ungleichheit« studieren, jene die sich im planetarischen Maßstab manifestiert: »Zur Zeit als man beide Entdeckungen [Amerikas] gemacht hat, war das Übergewicht an Macht auf Seiten der Europäer so groß, dass sie sich jede Art Ungerechtigkeit in diesen fernen Gebieten erlauben konnten«. Asor Rosa hingegen hielt nur Worte der Verachtung für den Wettlauf um die »Entwicklung« bereit, mit dem die Volksrepublik China den Rückstand gegenüber den fortgeschritteneren kapitalistischen Ländern zu verkürzen suchte (und versucht). Schließlich haben wir gesehen, dass, wenn die Versklavung eines Volkes auf dem Spiel steht (wir könnten hinzufügen, seine koloniale Unterwerfung oder sogar seine nukleare Vernichtung), eine »despotische Regierung« die beste Option sein kann, wenn sie dazu dient, solche Gefahren abzuwehren; offenbar gab es keinen Platz für das Thema des Konflikts der Freiheiten in Asor Rosas manichäischer Vision. Von der liberalen Tradition übernahm er lediglich das Schwenken des Freiheitsbanners im Sinne einer kriegerischen Ideologie und die Ablehnung der Demokratie in den internationalen Beziehungen. Es hätte nicht der Mühe gelohnt, bei diesem kleinen Kapitel der Geschichte der Ideen zu verweilen, wenn aus ihm nicht mit besonderer Klarheit die Dialektik ersichtlich würde, der zufolge sich der Messianismus, der in großen historischen Krisen auszubrechen pflegt, sich in Zeiten der Normalität erschöpft, und dazu neigt, sich in die Kapitulation gegenüber der herrschenden Ideologie umzukehren. Auf jeden Fall können weder der Messianismus noch die Kapitulation das Problem

13 Der Satz impliziert einen Verweis, der in der uns vorliegenden Textversion nicht vorhanden ist; wir haben jedoch auf den Hamilton-Abschnitt hingewiesen, auf den sich Losurdo bezieht. (A. d. Hg.)

des Erbes der Höhepunkte der liberalen Tradition lösen; dieser fehlende Lernprozess hat auch sehr negative Folgen für die Kämpfe in der kapitalistischen Gesellschaft.

Unvorhersehbarkeit des historischen Prozesses und ...

Populismus und Rebellismus sind nicht in erster Linie Ausdruck der individuellen Grenzen dieses oder jenes Autors. Sie verweisen, wie wir wissen, auf die objektiven Lebensbedingungen der untergeordneten Klassen und der unterdrückten Völker. Aber es gibt noch einen Umstand, den wir untersuchen sollten. Für eine Bewegung wie die kommunistische, die sich über den gesamten Planeten erstreckte, die ein Projekt von beispiellosem Ehrgeiz (die politische und soziale Emanzipation der gesamten Menschheit) verfolgte und die gerade deshalb gezwungen war, über einen langen Zeitraum hinweg zu denken und ihr Engagement zu entfalten, gilt das, was ein allgemeines Merkmal des historischen Prozesses ist, in ganz besonderer Weise: die ständige Diskrepanz zwischen dem revolutionären Projekt der sozialen Transformation und dem tatsächlichen historischen Verlauf. Egal wie reif und durchdacht es auch sei, so erweist sich das von einer Partei und einem revolutionären Führer formulierte Projekt im Lichte der weiteren Ereignisse regelmäßig als »vereinfachend«. Es ist ein Problem, das bereits im Laufe des Lebens und der Entwicklung von Marx auftritt.

Ich beschränke mich hier auf ein Beispiel, das ich als erhellend ansehe. Ende der fünfziger Jahre des 19. Jahrhunderts, als sich in Russland die Bauernunruhen verstärkten, die bald dazu führen sollten, dass Zar Alexander II. die Leibeigenschaft abschaffte, wurden in den USA die Warnzeichen des nahenden Bürgerkriegs immer deutlicher. In der Nacht vom 16. auf den 17. Oktober 1859 brach John Brown, ein glühender Abolitionist aus dem Norden, in Virginia zu einem verzweifelten und erfolglosen Versuch auf, die Sklaven aus dem Süden zu befreien. Am 11. Januar des folgenden Jahres schrieb Marx an Engels:

> »Nach meiner Ansicht ist das Größte, was jetzt in der Welt vorgeht, einerseits die amerikanische Sklavenbewegung, durch Browns

Tod eröffnet, und andererseits die Sklavenbewegung in Russland […] Ich sehe eben aus der ›Tribune‹ dass in Missouri ein neuer Sklavenaufstand war, der natürlich unterdrückt. Aber das Signal ist einmal gegeben. Wird die Sache by und by ernsthaft, was wird dann aus Manchester?« (MEW 30, S. 6f.).

Damit wurde das Szenario einer Revolution in nahezu weltweitem Maßstab heraufbeschworen: Mehr oder weniger gleichzeitig würden schwarze Sklaven in den USA, Leibeigene in Russland und Lohnsklaven bzw. die Arbeiter in England jeweils gegen die Sklavenhalter, die Feudalaristokratie und die kapitalistische Klasse rebellieren. Vielleicht hatte Marx von Anfang an Zweifel an der Gültigkeit dieses binären Schemas. Tatsächlich veröffentlichte er bereits zu Beginn des Jahres 1859 einen Artikel, der für Russland ein ganz anderes Szenario beschwor: Die Verflechtung des Krimkrieges mit dem Aufstand der Leibeigenen, die den Vormarsch der französisch-englischen Truppen ausnutzen wollten, um sich gegen die feudale Unterdrückung zu erheben (ebd., 12, S. 681f.). In diesem Fall wurde die Revolution aus der Verflechtung zwischen internationalem Krieg und innerem sozialen Konflikt in Russland erwartet: Das lässt uns an den Oktober 1917 denken. Wir können eine erste Schlussfolgerung ziehen: Die von Populismus oder Rebellismus Angesteckten sind diejenigen, die es im Gegensatz zu Marx nicht schaffen, auf das binäre Schema der allgemeinen Konfrontation zwischen Arm und Reich zu verzichten, und die, von der Komplexität des historischen Prozesses erschreckt, bei jeder historischen Wende lauthals den Verrat an der ursprünglichen Reinheit des revolutionären Ideals verkünden.

Der historische Prozess ist für alle komplex, verwickelt und unvorhersehbar; aber für diejenigen, die ihn nicht passiv so akzeptieren, wie er ist, sondern ihn lenken oder beeinflussen wollen, erweist sich die Kluft zwischen den ursprünglichen Plänen und Hoffnungen auf der einen Seite und den späteren Entwicklungen auf der anderen Seite als besonders groß und manchmal schmerzhaft. Was waren die wichtigsten historischen Wendepunkte, die die kommunistische Bewegung überraschten?

a) Die Herangehensweise von Marx und Engels an das Problem der revolutionären Dialektik ist alles andere als doktrinär. Gegen Ende des 19. Jahrhunderts, als die Kriegsgefahren immer akuter wurden, beschwor Engels folgendes Szenario: Das zaristische Russland hätte Deutschland angegriffen, das Land an der Spitze der revolutionären Bewegung: »Gegenüber der Feigheit« und der Unsicherheit der herrschenden Klassen wäre es die revolutionäre Sozialdemokratie gewesen, die zur Rettung der »nationalen Existenz« des Landes aufgerufen und damit eine ähnliche Rolle gespielt hätte wie die Jakobiner in Frankreich 1793/94; nur dass das Endergebnis nicht die Rettung der bürgerlichen Republik gewesen wäre, sondern die Ankunft der deutschen sozialistischen Republik (ebd., 38, S. 176). Die Aussicht auf die antikoloniale Revolution fehlt gewiss in Marx' Gedanken nicht, der bereits 1853 die Hypothese formulierte, dass die Inder »stark genug geworden sind, um das englische Joch ein für allemal abzuwerfen« (ebd., 9, S. 224). Mit Bezug auf Irland und damit auf eine in Europa gelegene Kolonie betonte Marx, dass sich die »soziale Frage« als »nationale Frage« darstellen könne und dass sich die soziale Revolution daher als nationale Revolution gestalten könne. Zumindest in der letzten Phase ihrer Entwicklung fehlte bei den beiden revolutionären Philosophen und Kämpfern nicht einmal die Aussicht auf die Revolution in einem Land wie Russland, obwohl es sich am Rande der entwickelten kapitalistischen Welt befand. Nicht wenige der Widersprüche und Konflikte, die das 20. Jahrhundert kennzeichnen würden, wurden also vorhergesehen. Aber für Marx und Engels blieb das Epizentrum der Revolution Europa oder jedenfalls der Westen: Nachdem die Pariser Kommune in einem Strom von Blut ertränkt worden war, sahen sie die Ablösung Frankreichs durch Deutschland bezüglich der Vorhut der revolutionären Bewegung; selbst die Russische Revolution war als Auftakt zur europäischen Revolution gedacht. Und folglich war die Verlagerung des Epizentrums der Revolution von West nach Südost sowie das Auftreten der sozialen Revolution fast immer als nationale Revolution, wie es im Laufe des 20. Jahrhunderts geschah, ganz und gar jenseits des Horizonts von Marx und Engels. Das ist nicht nur durch die Unvorhersehbarkeit des historischen Prozesses im Allgemeinen erklärbar. Es gibt etwas Spezifischeres, bestehend aus den Schritten, derer sich die Gegner des von einer revolutionären Bewegung verfolgten emanzipatorischen Projekts bedienen: Bereits 1868 wies Ernest Renan in Frankreich auf den kolonialen Expansionismus als »den einzigen Ausweg« hin, um dem Sozialismus zu entkommen (Renan, Bd. 1, S. 12).[14] Etwa drei Jahrzehnte später bekräftigte Cecil Rhodes in Großbritannien: »Wenn Sie den Bürgerkrieg nicht wollen, müssen Sie Imperialisten werden« (LW 22, S. 261). Es war eine Lektion, die in vielen Ländern Schule machte; dem Abklingen des sozialen Konflikts in der kapitalistischen Metropole entsprach jedoch einerseits die Erweiterung und Verschärfung des Widerspruchs zwischen den Kolonialvölkern und den kolonialistischen sowie imperialistischen Mächten und andererseits die extreme Verschärfung des Widerspruchs zwischen den kolonialistischen und den imperialistischen Mächten selber, die in den Weltkrieg mündeten. Es handelte sich um die Verflechtung dieser beiden Widersprüche mit dem lang andauernden Kampf zwischen untergeordneten Klassen und herrschenden Eliten. Diese unvorhergesehene und unvorhersehbare Wende verwirrt Teile und Persönlichkeiten der sozialistisch und marxistisch inspirierten Bewegung, die die Nase rümpfen angesichts der Versuche, eine postkapitalistische Gesellschaft in einem Land aufzubauen, das noch weitgehend vorbürgerlich ist, wirtschaftlich und politisch zurückgeblieben, vom Krieg darüber hinaus verarmt und verwüstet. Es sei »die letzte der bürgerlichen Revolutionen«, und sicherlich nicht die glücklichste, urteilte Kautsky, der die laufenden Ereignisse in Russland als grundlegend fremd gegenüber der Sache des Kampfes für den Sozialismus betrachtete, der er mehr denn je treu zu sein glaubte. Für die breite Masse hingegen stellte sich damals der Kampf für oder gegen den Sozialismus als Kampf für oder gegen Sowjetrussland dar.

b) Es war Lenin, der die Aufmerksamkeit auf Rhodes' Erklärung lenkte. Und doch, obwohl er sich der »ungeheuren Bedeutung der nationalen« und kolonialen Frage (LW 21, S. 90f.) bereits zu Beginn

14 Vgl. Losurdo 2016, S. 189.

des 20. Jahrhunderts bewusst geworden war, konnte sich der große russische Revolutionär bei der Ausarbeitung einer Vision, die eindeutig über die von Marx und Engels hinausging, nicht vorstellen, dass die Konfrontation zwischen Kolonialismus und Antikolonialismus Europa selbst betreffen würde und dass sie hier sogar ihr Epizentrum finden würde. Der bolschewistische Oktober 1917 schien das Vorspiel der sozialistischen Revolutionen im Westen zu sein; die Aufteilung der Kolonien war abgeschlossen, jeder Versuch einer neuen Aufteilung der Welt würde einen tödlichen Kampf zwischen den kolonialistischen und imperialistischen Mächten bedeuten und die Dialektik der Umwandlung des imperialistischen Krieges in einen revolutionären Bürgerkrieg reaktivieren, der zur Entstehung Sowjetrusslands geführt hatte. Hitler jedoch hatte einen neuen, unerwarteten Zug getan: Ja, die Aufteilung der traditionellen kolonialen Welt war abgeschlossen, aber nichts hinderte daran, Länder, die bereits in die »zivilisierte Welt« kooptiert worden waren und sogar eine imperialistische Vergangenheit hinter sich hatten, in Kolonien zu verwandeln. Das Dritte Reich löste einen barbarischen Krieg aus, der darauf abzielte, die Slawen Polens und der Sowjetunion zu unterwerfen und zu versklaven; ebenso ging das Reich der aufgehenden Sonne (Japan, A. d. Ü.) gegen China vor, und etwas Ähnliches versuchte das faschistische Italien auf dem Balkan. Insbesondere jene gegen die Sowjetunion und China waren die beiden größten Kolonialkriege der Geschichte. Ergebnis: Die nationale Frage gewann weltweit wieder an Bedeutung und Stellenwert; die Niederlage der Achsenmächte gab, trotz der Bildung eines »sozialistischen Lagers« in Osteuropa im Gefolge des Vormarschs der Roten Armee, nicht den Anstoß zu einer Reihe sozialistischer Revolutionen, sondern zu einer gigantischen Welle antikolonialer Revolutionen, die im Übrigen häufig von Kommunisten geleitet oder beeinflusst wurden und daher eine sozialistische Ausrichtung hatten. Auch diese neue historische Wende war geprägt von Widersprüchen und akuten Konflikten innerhalb der kommunistischen Bewegung: Der Klassenkampf überließ dem nationalen Kampf den Platz; in der Sowjetunion und in China trat an die Stelle der Leninschen Losung von der Verwandlung des imperialistischen Krieges in einen revolutionären Bürgerkrieg der Aufruf, den Großen Vaterländischen Krieg gegen das Dritte Reich und den Widerstandskrieg gegen den japanischen Imperialismus zu Ende zu führen. Man kann die Orientierungslosigkeit, die Ratlosigkeit, das Misstrauen und sogar den Widerwillen, die in bestimmten Bereichen der kommunistischen Bewegung zum Ausdruck kommen, gut verstehen; es bleibt jedoch die Tatsache, dass in jenen Jahren die Trennlinie zwischen Kommunismus und Antikommunismus weitgehend mit der Trennlinie zwischen denjenigen übereinstimmte, die die epischen antikolonialen Kämpfe unterstützten, in denen das sowjetische und das chinesische Volk die Protagonisten waren, und denjenigen, die sie bekämpften oder behinderten.

c) Der Hauptdarsteller in dieser neuen Situation war Mao Zedong, der 1938 in Bezug auf China, das von kolonialer Unterwerfung und Versklavung durch Japan bedroht war, von der »Identität des nationalen Kampfes und des Klassenkampfes« sprach (Mao 1956, Bd. 2, S. 251). Und diese Identität charakterisierte im Prinzip die gesamte antikoloniale Revolution. Und Mao hatte gleichfalls recht, wenn er darauf hinwies, dass das Epizentrum des Klassenkampfes sich in jenen Jahren von Westen nach Osten verlagert hatte und dass es als Hauptakteure nicht die Arbeiter der kapitalistischen Metropole hatte, sondern die Völker der Kolonien oder Halbkolonien, die um ihre Befreiung kämpften. Obwohl diese These in gewissem Maße von einem unglückseligen Kampf um die Hegemonie in der kommunistischen Bewegung inspiriert war, spiegelte sie die neue internationale Lage richtig wider.[15] Der Kalte Krieg, der in Indochina heiß und sogar glühend wurde und sich in Kuba in einen nuklearen Holocaust hätte verwandeln können, war weitgehend der Versuch des Westens, die antikoloniale Weltrevolution zu ersticken. Diese wurde in erster Linie von zwei Ländern, der Sowjetunion und China, unterstützt, die in erbittertem Wettbewerb miteinander standen, wobei aber beide gerade einen epischen antikolonialen Kampf gegen das Dritte Reich und das Imperium der aufgehenden Sonne hinter sich hatten. Und

15 Vgl. Losurdo 2016, S. 195-198.

doch fehlte es auch in diesem Falle nicht an Kreisen und Persönlichkeiten der kommunistischen Bewegung, die zum Beispiel im Namen des »Operaismus« mit Verachtung auf die profane Geschichte blickten, die aus der Sicht des reinen Klassenkampfes und des echten Kampfes für den Kommunismus als irrelevant betrachtet wurde.

d) Nicht einmal die antikoloniale Revolution hatte einen einheitlichen Kurs. Auch hier hat die Initiative der Antagonisten dazu beigetragen, dass es holprig und unberechenbar wurde. Zusammen mit Lin Piao dachte Mao, dass sich eine ununterbrochene Reihe revolutionärer Bewegungen von unten entwickeln würde und dass ihr Sieg die endgültige Einkreisung der kapitalistischen und imperialistischen Stadt durch das antikoloniale und drittweltliche Land bedeuten würde. Dies war auch die Vision von Fidel Castro und noch mehr von Che Guevara, der hoffte, in anderen Ländern Lateinamerikas den Sieg der kubanischen Revolution wiederholen zu können. Die siegreichen Revolutionen von unten stellten jedoch eher die Ausnahme als die Regel dar. Die traditionellen Kolonialmächte machten sich die Lektion aus der totalen Niederlage der Achsenmächte, die die koloniale Tradition wieder aufnehmen und radikalisieren wollten, zu eigen und förderten von oben eine Reihe passiver Revolutionen, die Länder aus der Taufe hoben, die zwar formal politisch unabhängig waren, aber aufgrund der anhaltenden wirtschaftlichen Abhängigkeit oder der Präsenz bedrohlicher Militärbasen auf ihrem Territorium oder in der unmittelbaren Umgebung zu Halbkolonien reduziert wurden. Für alle Fälle war ein gewaltiger Militärapparat unter der Leitung der nordamerikanischen Republik bereit, den Übergang von der passiven zur aktiven Revolution zu verhindern. Dieser Logik folgend erlangten die Philippinen, die zu Beginn des 20. Jahrhunderts eine große antikoloniale Revolution erlebt hatten, die von den USA mit rücksichtslosen und bisweilen völkermörderischen Methoden unterdrückt wurde, 1946 formell ihre Unabhängigkeit, die von Washington aufmerksam überwacht wurde. Ein Jahr später, also noch vor der Gründung der Volksrepublik China, erlangte Indien seine Unabhängigkeit dank einer passiven Revolution, die auch durchgeführt wurde, um zu verhindern, dass das von Mao Zedong bevorzugte Modell im anderen großen asiatischen Land Schule machte. Manchmal wurde die Gefahr des Übergangs von einer passiven zu einer aktiven Revolution durch eine präventive Konterrevolution vereitelt, die im Falle Indonesiens das präventive Abschlachten von Hunderttausenden von Kommunisten beinhaltete. Selbst Länder, die eine siegreiche antikoloniale Revolution hinter sich hatten, konnten durch eine Politik der wirtschaftlichen Eindämmung, noch vor der militärischen, und durch verheerende Embargos neutralisiert werden, die in der Lage waren, ihre tatsächliche Unabhängigkeit ins Wanken zu bringen, ihre gesellschaftliche Konsensbasis im Inland und ihre Attraktivität auf internationaler Ebene zu untergraben. Dies war die Politik, die jahrzehntelang gegen China[16] angewandt wurde und noch immer gegen Kuba in Kraft ist.

Es war Deng Xiaoping, dem die neue Wende bewusst wurde. Mao hatte bis zum Schluss wiederholt (und mit ihm Lin Piao): »Was das Problem des Weltkrieges betrifft, so gibt es nur zwei Möglichkeiten; die eine ist, dass der Krieg die Revolution auslöst [wie es bei den beiden Weltkriegen der Fall war], und die andere ist, dass die Revolution den Krieg verhindert« (in Lin Piao 1969, S. 84*). Im Gegensatz zu 1914 und 1939 sollte die revolutionäre Bewegung eine Kraft entfalten können, die es unmöglich machte, einen Krieg auszulösen. Der neue chinesische Führer ging dagegen von einer ganz anderen Annahme aus: Die USA und der Westen hatten es geschafft, die Welle der antikolonialen Revolution zu stoppen und die internationale Situation zu stabilisieren. Es war möglich, eine längere Zeit des Friedens oder, genauer gesagt, ohne Kriege von großer Tragweite vorauszusehen. Diese Pattsituation war zwar einerseits das Ergebnis einer Niederlage, andererseits konnte sie aber auch eine Gelegenheit für einen gewaltigen Vorstoß sein: Anstatt Ressourcen in Erwartung eines unwahrscheinlichen Brandes zu verschwenden, konnte ein Land wie China die ihm zur Verfügung stehende Zeit nutzen, um die Produktivkräfte mächtig zu entwickeln, um neben der politischen auch wirtschaftli-

16 … und gegenüber der Volksrepublik China erneut in Angriff genommen wird. (A. d. Ü.)

che und technologische Unabhängigkeit zu erreichen, und so ein Bezugspunkt für die gesamte Dritte Welt zu werden. Auch die Länder, die ihre Unabhängigkeit durch eine passive Revolution erlangt hatten oder, wie in Lateinamerika, eine teilweise Freiheit genossen, die immer kurz davor stand, durch eine militärische Intervention von Washington vollständig ausgelöscht zu werden. Auch diese Länder konnten den Weg der unabhängigen Entwicklung und des Kampfes gegen den Hegemonismus gehen, den Hegemonismus, der durch die Monroe-Doktrin und andere ähnliche Doktrinen geheiligt sein sollte. Mit anderen Worten: die antikoloniale Revolution ging weiter, aber in anderen Formen; sie war von der politisch-militärischen zur politisch-ökonomischen Phase übergegangen. Die Ergebnisse dieser neuen Phase der antikolonialen Revolution fehlten und fehlen nicht und sind sogar sehr bedeutsam. Als töricht haben sich die Hoffnungen erwiesen, China in ein halbkoloniales Land zu verwandeln; im Gegenteil, die *great divergence*, die auf internationaler Ebene die absolute Vorherrschaft des Westens und seines führenden Landes sicherte, ist dabei, sich drastisch zu verringern; in Lateinamerika ist der Versuch, die Monroe-Doktrin zu bestätigen, grandios gescheitert; die in Washington für eine gewisse Zeit gehegte Hoffnung, dass der im Kalten Krieg erzielte Sieg die substantielle Kontrolle über das immense Energieerbe Russlands und die Rückführung dieses Landes in einen halbkolonialen Zustand bedeuten könnte, hat sich nicht erfüllt; die Welle der Destabilisierungen und der *regime changes*, die sich als »Farben-Revolutionen« getarnt haben, scheint erschöpft zu sein; der Anspruch des Westens und seines führenden Landes, in allen Teilen der Welt auch ohne Genehmigung des UN-Sicherheitsrates selbstherrlich Kriege zu entfesseln, ist Gegenstand einer immer breiteren Kontroverse; die Glaubwürdigkeit der USA als »von Gott erwählter Nation« mit der Pflicht, die Welt zu führen, ist auf einem historischen Tiefpunkt.

Aber gerade die in der zweiten Etappe der weltweiten antikolonialen Revolution erzielten Erfolge könnten zu einer Verkürzung der Periode relativer Stabilität und relativen Friedens führen, jener Periode, die von Deng Xiaoping richtig vorhergesagt und geschickt genutzt worden ist. Es wird immer deutlicher, dass es in den Vereinigten Staaten Kreise gibt, die mit einem bösen Traum liebäugeln: Die noch für eine Weile einzige Supermacht könnte versuchen, ihre Vormachtstellung zu festigen und endgültig zu machen und die Krise und ihren eigenen Niedergang zu überwinden, indem sie ihren bis heute beispiellosen militärischen Apparat nutzt. Es besteht kein Zweifel: Die Kriegsherde nehmen zu, die Kriegsgefahren spitzen sich in großem Maßstab zu. Wird der verheerende Konflikt, der sich nun am Horizont abzeichnet, diesseits der nuklearen Schwelle zum Stillstand kommen?

Sicherlich nicht beruhigend ist die von unverdächtigen Analysten (z. B. dem ehemaligen italienischen Botschafter in Moskau) hervorgehobene Tatsache, dass die USA seit einiger Zeit bestrebt sind, »sich die Möglichkeit eines ungestraften Erstschlags zu sichern« (Romano 2014, S. 29*).

Aus dem Kampf gegen den Ersten Weltkrieg hervorgegangen, sollte die kommunistische Bewegung an vorderster Front stehen, vereint und geschlossen im Kampf für die Verteidigung des Friedens. Und eingedenk ihrer Geschichte sollte sie auch – vereint und geschlossen – in der ersten Reihe im Kampf für die neue Etappe der weltweiten antikolonialen Revolution stehen. Unglücklicherweise ist das nicht der Fall. Auch heute, vielleicht mehr denn je, fehlt es nicht an Kreisen und Persönlichkeiten, die diese Aufgaben für zu mittelmäßig und zu vulgär halten, in jedem Fall für viel zu profan in Bezug auf die von ihnen imaginierte heilige Geschichte der Emanzipation und des revolutionären Heils, die sie – und nur sie – so verehren.

… die doppelte Definition von »Kommunismus«

Die Kommunisten sind aufgerufen, eine Wahrheit anzuerkennen, so schmerzhaft sie auch sein mag: Auch das Ideal des Kommunismus kann sich als Mittel der Flucht, ja als Religion der Flucht darstellen. Hinsichtlich der strahlenden Zukunft bzw. des Paradieses der Gläubigen scheinen die konkreten Kämpfe, die von Zeit zu Zeit durch die objektiven Entwicklungen des Klassenkampfes und die einzelnen Etappen des Emanzipationsprozesses aufgezwungen werden, integraler Bestandteil eines Tales der Tränen, gänzlich ohne Wert, zu sein. Marx zeigt, dass er sich dieser Gefahr bereits zu Beginn seines Bildungsprozesses als revolutionärer Philosoph und Kämpfer voll bewusst ist. Man muss von den »*wirklichen* Kämpfen« ausgehen. Es sei darauf hingewiesen, dass schon bei Marx die Stelle in kursiv zu finden sind, und er führt weiter aus:

> »Wir treten dann nicht der Welt doktrinär mit einem neuen Prinzip entgegen: Hier ist die Wahrheit, hier kniee nieder! [...] Wir sagen ihr nicht: Laß ab von deinen Kämpfen, sie sind dummes Zeug; wir wollen dir die wahre Parole des Kampfes zuschrein. Wir zeigen ihr nur, warum sie eigentlich kämpft, und das Bewusstsein ist eine Sache, die sie sich aneignen *muß*, wenn sie auch nicht will« (MEW 1, S. 345).

Vernachlässigt man die »*wirklichen* Kämpfe« oder, um es mit dem *Manifest der Kommunistischen Partei* zu sagen, die »unter unseren Augen vor sich gehende [...] geschichtliche [...] Bewegung«, verwandelt sich der Kämpfer und Theoretiker der Revolution schließlich in einen »Weltverbesserer« (ebd., 4, S. 474f.). Während man einerseits die heutige *Marx-Renaissance* und die heutige Entwicklung der »libertären kommunistischen Bewegung« herzlich begrüßen muss, muss man andererseits die Gefahr erkennen, dass dort der »Weltverbesserer« die Oberhand über den Kämpfer und Theoretiker der Revolution gewinnt. Ja, die Flucht vor den konkreten Kämpfen gegen den Abbau des Sozialstaates, zur Verteidigung der staatlichen Souveränität, der nationalen Unabhängigkeit und des Rechts auf Entwicklung, das alles wird manchmal damit gerechtfertigt, dass man auf das Ideal des Kommunismus verweist. Wie begrenzt und kleinlich erscheinen die heutigen Kämpfe im Vergleich zur so beschworenen leuchtenden Zukunft doch! In dieser Hinsicht ist der Kommunismus ein Mittel zur Flucht aus der Realität, wie jede andere Religion auch.

Gerade um dieser Gefahr zu begegnen, gibt uns die *Deutsche Ideologie*, in der es eine emphatische Vision der kommunistischen Zukunft gibt, gleichzeitig eine ganz andere Definition des Kommunismus: Es ist nicht »ein *Zustand*, der hergestellt werden soll, ein *Ideal* wonach die Wirklichkeit sich zu richten haben wird«, sondern

»die *wirkliche* Bewegung, welche den jetzigen Zustand aufhebt« (ebd., 3, S. 35). Es wäre verheerend, wenn die erhabene Schönheit der kommunistischen Zukunft die Aufmerksamkeit von den sich in der Gegenwart aufdrängenden Kämpfen ablenken würde.

Es geht keineswegs darum, die Formulierung, die Bernstein so am Herzen lag (»Das Ziel ist nichts, die Bewegung ist alles«), wiederaufzunehmen, der sich weigerte, das Wesentliche, nämlich die politische Macht der Bourgeoisie und die imperialistische Arroganz der Großmächte in Frage zu stellen (bekanntlich betrachtete der Führer der deutschen Sozialdemokratie die »zivilisatorische« Mission des Kolonialismus mit Wohlwollen). Das Ziel, das Bernstein hätte auslöschen wollen (und damit die national und international bestehenden politischen und sozialen Beziehungen verewigen), besteht in Wirklichkeit fort: Es geht darum, eine postkapitalistische und postimperialistische Gesellschaft aufzubauen, aber eine Gesellschaft, die man sich nicht mehr in den Farben einer Utopie vorstellen kann und darf, einer Utopie, die mit ihrer ätherischen Schönheit die Aufmerksamkeit von den »wirklichen Kämpfen« und der »realen Bewegung« ablenkt.[17] Wie in der Vergangenheit werden auch in der Gegenwart die Konkretheit und Glaubwürdigkeit des kommunistischen Engagements an seiner Fähigkeit gemessen, die doppelte Definition des »Kommunismus« in Theorie und Praxis zu verstehen und zur Geltung zu bringen, wie wir sie bei Marx und Engels finden.

17 Vgl. Losurdo 2009, S. 105-109.

Schlussfolgerungen

Die abenteuerliche Reise des Kolumbus als Metapher für die Revolution

Lenin und die Führer der Kommunistischen Internationale strebten nach einer sowjetischen Weltrepublik, mit dem Verschwinden der Klassen, der Staaten, der Nationen, des Marktes, der Religionen. Nicht nur, dass man sich diesem Ziel nie genähert hat, man hat es auch nie geschafft, in diese Richtung zu marschieren. Wir stünden folglich vor einem offensichtlichen und totalen Scheitern. In Wirklichkeit ist die Diskrepanz zwischen Programmen und Ergebnissen für jede Revolution charakteristisch. Die französischen Jakobiner haben die antike *Polis* nicht realisiert oder restauriert; die amerikanischen Revolutionäre haben keine Gesellschaft der Kleinbauern und Produzenten hervorgebracht, ohne Polarisierung von Reichtum und Armut, ohne stehendes Heer und ohne starke Zentralmacht; die englischen Puritaner haben die von ihnen mythisch verklärte biblische Gesellschaft nicht wieder zum Leben erweckt. Die Geschichte von Christoph Kolumbus, der sich auf die Suche nach Indien macht, dann aber Amerika entdeckt, kann als Metapher dienen, um die objektive Dialektik revolutionärer Prozesse zu verstehen. Diesen Punkt unterstreichen gerade Marx und Engels: Bei der Analyse der Französischen oder der Englischen Revolution gehen sie nicht vom subjektiven Bewusstsein ihrer Protagonisten oder der Theoretiker aus, die diese gefordert und ideologisch vorbereitet haben, sondern von der Untersuchung der objektiven Widersprüche, die diese Revolutionen hervorgerufen haben, und der tatsächlichen Merkmale jener politisch-sozialen Welt, der durch die Umwälzungen, die sich ereignet haben, aufgedeckt oder ans Licht gebracht wurde; die beiden Theoretiker des Historischen Materialismus betonen daher die Diskrepanz zwischen dem subjektiven Plan und dem objektiven Ergebnis und erklären schließlich die Gründe für das Auftreten und die Notwendigkeit dieser *décalage.*[1] Warum sollten wir bei der Oktoberrevolution anders vorgehen?[2]

1 Décalage (frz.) bezeichnet Unterschied, Differenz, Diskrepanz. (A. d. Ü.)

2 Hier ist der Text unterbrochen. Die Schlussfolgerung hat – aller Wahrscheinlichkeit nach – nur die Form eines Hinweises. Es handelt sich um eine Wiederaufnahme eines Textes, der auch anderswo vorkommt; zum Beispiel in Losurdo (2000c, S. 113-117). Da sich darin Themen entwickeln, die nicht eng mit dem gesamten Diskurs über die kommunistische Frage verbunden sind, wurde beschlossen, hier nichts hinzuzufügen. Es kann übrigens auch nicht ausgeschlossen werden, dass Losurdo hier in voller Absicht mit dieser Frage geschlossen hat. In jedem Fall wird die Schlussfolgerung in ihrer ursprünglichen Form wiedergegeben, da die Form, in der der Text zu uns gelangt ist, das Leitkriterium für die Ausgabe ist. (A. d. Hg.)

Bibliografie

Aly, Götz (2005): Hitlers Volksstaat. Raub, Rassenkrieg und nationaler Sozialismus, Frankfurt am Main.

Arendt, Hannah (2019): Der Zionismus aus heutiger Sicht (1945), in Die Verborgene Edition, Kritische Gesamtausgabe, Göttingen.

Arndt, Ernst Moritz (1840): Erinnerungen aus dem äußeren Leben, Leipzig.

Asor Rosa, Alberto (1969): Scrittori e popolo. Il populismo nella letteratura italiana contemporanea (1965), 3. Aufl., Roma.

Badiou, Alain (1988): L'être et l'événement, Paris.

Ders. (2006): Il secolo (2005), Milano.

Ders. (2009): L'hypothèse communiste, Circonstances, 5, Paris.

Ders. (2010): Second manifeste pour la philosophie, Paris.

Ders. (2011a): La relation énigmatique entre philosophie et politique, Paris.

Ders. (2011b): Le socialisme est-il le réel dont le communisme est l'idée?, in Alain Badiou / Slavoj Žižek: L'idée du communisme, Bd. II, Paris.

Beaumont, Gustave de (1989): L'Irlande sociale, politique et religieuse (1839), 2 Bde., Reprint, Villeneuve-d'Ascq.

Bebel, August (1979): Die Frau und der Sozialismus (1879), Frankfurt am Main.

Benedetto, Enrico (1995): L'anniversario dimenticato, in »La Stampa«, 19. Oktober.

Benjamin, Walter (2011a): Zur Kritik der Gewalt (1920-21), in ders.: Gesammelte Werke, Bd. I, Frankfurt am Main.

Ders. (2011b): Über den Begriff der Geschichte (1940), in ders.: Gesammelte Werke, Bd. II, Frankfurt am Main.

Berlin, Isaiah (1989): Quattro saggi sulla libertà (1969), Milano.

Bernstein, Eduard (1896-97): Die deutsche Sozialdemokratie und die türkischen Wirren, in »Die Neue Zeit« 4, S. 108-116.

Ders. (1900): Der Sozialismus und die Colonialfrage, in »Sozialistische Monatshefte« 9, S. 549-562.

Bloch, Ernst (1961): Naturrecht und menschliche Würde, Frankfurt am Main.

Ders. (1971): Geist der Utopie (1918), Frankfurt am Main.

Bobbio, Norberto (1977a): Invito al colloquio (1951), in ders.: Politica e cultura, Torino, S. 15-31.

Ders. (1977b): Difesa della libertà (1952), in ders.: Politica e cultura, Torino, S. 47-57.

Ders. (1977c): Della libertà dei moderni paragonata a quella dei posteri (1954), in ders.: Politica e cultura, Torino, S. 160-194.

Ders. (1977d): Libertà e potere (1954), in ders.: Politica e cultura, Torino, S. 269-282.

Ders. (1990a): L'utopia capovolta, Torino.

Ders. (1990b): Caro Badaloni, solo due domande…, in »l'Unità«, 28. Januar.

Ders. (1991), Stuart Mill liberale e socialista, in »La Lettera del Venerdì«, Suppl. der »l'Unità«, 31. Mai.

Ders. (1994): L'eterno duello. Democrazia senza fascisti né comunisti, in »La Stampa«, 11. Dezember.

Ders. (1997): Autobiografia, Roma/Bari.

Boffa, Giuseppe (1997): L'ultima illusione. L'Occidente e la vittoria sul comunismo, Roma/Bari.

Bouglé, Célestin (1938): Préface, in É. Halévy, L'ère des tyrannies. Études sur le socialisme et la guerre, Paris.

Brecht, Bertolt (1955-68): Stücke, Bd. V (1957), Berlin.

Brzezinski, Zbigniev K. (2012): Strategic Vision: America and the Crisis of Global Power, New York.

Bucharin, Nicolai Iwanowitsch (1984): Scritti sullo Stato e la guerra, 1915-1917, Milano.

Burke, Edmund (1793): Betrachtungen über die französische Revolution (1790), in zwei Theilen; erster Theil, Berlin.

Cahen, Janine / Pouteau, Micheline (1964): Una resistenza incompiuta. La guerra d'Algeria e gli anticolonialisti francesi, 1954-1962, 2 Bde., Milano.

Calhoun, John C. (1992): Union and Liberty: The Political Philosophy, hg. von Ross M. Lence, Indianapolis.

Caillé, Alain (2013): Per un manifesto del convivialismo (2011), Lecce/Brescia.

Calogero, Guido (1972): Difesa del liberalsocialismo ed altri saggi, Milano.

Campe, Joachim Heinrich (1977): Briefe aus Paris zur Zeit der Revolution geschrieben (1790), Nachdruck, Hildesheim.

Carr, Edward H. (1964): La rivoluzione bolscevica (1950), 4. Aufl., Torino.

Catherwood, Christopher (2004): Churchill's Folly: How Winston Churchill Created Modern Iraq, New York.

Clark, Christopher (2013): Die Schlafwandler: Wie Europa in den Ersten Weltkrieg zog, München.

Comito, Vincenzo (2014): La Cina è vicina?, Roma.

Crèvecoeur, Hector St. John de (1904): Letters from an American Farmer (1782), New York.

Croce, Benedetto (1950): L'Italia dal 1914 al 1918. Pagine sulla guerra, Laterza, 3. Aufl., Bari.

Ders. (1959): Discorsi di varia filosofia, 2 Bde., Bari.

Ders. (1967): Storia d'Italia dal 1871 al 1915 (1928), Bari.

Ders. (1973): Materialismo storico ed economia marxistica (1899), Roma/ Bari.

Ders. (1993): Scritti e discorsi politici (1943-1947), 2 Bde., Napoli.

Dahrendorf, Ralf (1963): Classi e conflitti di classi nella società industriale (1959), Bari.

Del Boca, Angelo (2006). Italiani, brava gente? (2005), 3. Aufl., Vicenza.

Deng Xiaoping (1985): Ausgewählte Schriften (1975-1982), Beijing; online verfügbar auf ge.theorychina.org.cn.

Deng Xiaoping (1992-95): Selected Works, Beijing.

Diamond, Jared (1998): Armi, acciaio e malattie. Breve storia del mondo negli ultimi tredicimila anni (1997), Torino.

Dimaggio, Anthony (2009): When Media Goes to War, New York.

Duverger, Maurice: Mafia e inflazione uccidono la Russia, in »Corriere della Sera«, 18.10.1993

Fabbri, Dario (2014): L'autogol di Obama, in »Limes. Rivista italiana di Geopolitica« 8, S. 191-198.

Ferguson, Niall (2005): Colossus: The Rise and Fall of the American Empire (2004), London.

Ders. (2008): Ventesimo secolo, l'età della violenza (2006), Milano.

Ders. (2011): Civilization: The West and the Rest, London.

Fichte, Johann Gottlieb (1788): Zufällige Gedanken in einer schlaflosen Nacht, in ders.: Briefwechsel, Bd. I.

Figes, Orlando (2008): Die Tragödie eines Volkes. Die Epoche der russischen Revolution 1891-1924, Berlin.

Fishman, Ted C. (2005): China SpA. La superpotenza che sta sfidando il mondo, Bologna.

Fontaine, André (1968): Storia della guerra fredda. Dalla guerra di Corea alla crisi delle alleanze (1967), 2 Bde., Milano.

Franklin, Benjamin (1987): Writings, hg. von J. A. Leo Lemay, New York.

Furet, François (1995): Il passato di un'illusione. L'idea comunista nel XX secolo, Milano.

Gandhi, Mohandas K. (Mahatma) (1969-2001): The Collected Works of Mahatma Gandhi, Neuausgabe in 100 Bänden, Publications Division, Ministry of Education and Broadcasting, Government of India, New Dehli.

Ders. (2009): Eine Autobiografie oder Die Geschichte meiner Experimente mit der Wahrheit, 9. Aufl., Gladenbach.

Genovese, Eugene D. (1995a): The Southern Front. History and Politics in the Cultural War, Columbia / London.

Ders. (1995b): The Slaveholders' Dilemma. Freedom and Progress in Southern Conservative Thought, 1820-1860 (1992), Columbia.

Gentile, Giovanni (1991): Il fascismo e la Sicilia (1924), in ders.: Politica e cultura, Bd. I (Opere, Bd. XIV), Firenze.

Gernet, Jacques (1979): Die Chinesische Welt. Die Geschichte Chinas von den Anfängen bis zur Jetztzeit, Frankfurt am Main.

Gingrich, Newt (1995): America, perché sei così grande?, in »La Stampa«, 26. Januar.

Gobetti, Piero (1983): La rivoluzione liberale. Saggio sulla lotta politica in Italia (1924), Torino.

»Goldex Poldex« (2011): L'événement dans la chambre froide: le Carnival de Solidarnosc (1980-1981), Explosion de l'imaginaire politique, in Alain Badiou / Slavoj Žižek: L'idée du communisme, Bd. II, Paris.

Gramsci, Antonio (1966): Socialismo e fascismo. »L'Ordine Nuovo«, 1921-1922, Torino.

Ders. (1982): La città futura 1917-1918, hg. v. S. Caprioglio, Turin.

Ders. (1991-2002): Gefängnishefte, Gesamtausgabe in 10 Bänden, Hamburg.

Ders. (1984): Il nostro Marx, 1918-1919, Torino.

Ders. (1987): »L'Ordine Nuovo«, 1919-1920, Torino.

Gumplowicz, Ludwig (1883): Der Rassenkampf. Soziologische Untersuchungen, Innsbruck.

Halévy, Élie (1938): L'ère des tyrannies. Études sur le socialisme et la guerre, Paris.

Hamilton, Alexander (2001): Writings, New York.

Ders. (2001b): The Federalist, Nr. 8 vom 20.11.1778.

Hardt, Michael (1999): La nuda vita sotto l'Impero, in »il manifesto«, 15. Mai.

Hardt, Michael / Negri, Antonio (2002): Empire. Die neue Weltordnung, Frankfurt/New York.

Dies. (2004a): Moltitudine. Guerra e democrazia nel nuovo ordine imperiale, Milano.

Dies. (2004b): Multitude. Krieg und Demokratie im Empire. Frankfurt/New York.

Dies. (2012): Questo non è un manifesto, Milano.

Hegel, Georg Wilhelm Friedrich (1840): Grundlinien der Philosophie des Rechts, hg. v. Eduard Gans, 2. Aufl., Berlin.

Ders. (1956): Berliner Schriften, hg. v. J. Hoffmeister, Hamburg.

Ders. (1919-20): Vorlesungen über die Philosophie der Weltgeschichte, Leipzig.

Ders. (1969-79): Werke in zwanzig Bänden, Frankfurt am Main.

Heidegger, Martin (1975): Nietzsche: Der europäische Nihilismus (1940), in ders.: Gesamtausgabe, Bd. XIVIII, Frankfurt am Main.

Herold, Jean Christopher (1981): Amante di un secolo. Vita di Madame de Staël (1958), Milano.

Hobhouse, Leonard Trelawny (1909): Democracy and Reaction (1905), 2. Aufl., London.

Ders. (1921): The Metaphysical Theory of the State: A Criticism (1918), 2. Aufl., London.

Ders. (1977): Liberalism (1911), Oxford.

Hobson, John Atkinson (1901): Socialistic Imperialism, in »International Journal of Ethics«, 12,1, S. 44-58.

Ders. (1915): Towards International Government, London.

Ders. (1917): The Fight for Democracy, Manchester/London.

Ders. (1974): L'imperialismo (1902; 2. Aufl. 1938), Milano.

Hofbauer, Hannes (2011): Verordnete Wahrheit, bestrafte Gesinnung. Rechtsprechung als politisches Instrument, Wien.

Hoffmeister, Johannes (Hg.) (1936): Dokumente zu Hegels Entwicklung, Stuttgart.

Holloway, John (2006): Die Welt verändern ohne die Macht zu übernehmen, Münster.

Ignatieff, Michael (2002): Lehrer Atta, Big D und die Amerikaner, in »Die Zeit«, 15. August (im Original im »The New York Times Magazine«).

Institut für Marxismus-Leninismus beim ZK der SED (Hg.) (1959): Der I. und II. Kongreß der Kommunistischen Internationale, Berlin.

Jardin, André (1984): Alexis de Tocqueville 1805-1869, Paris.

Jefferson, Thomas (1984): Writings, The Library of America, New York.

Jessen, Jens (2011): Unterwegs zur Plutokratie, in »Die Zeit«, 1. September.

Jünger, Ernst (1978): Die totale Mobilmachung (1930), in ders.: Sämtliche Werke, Bd. VII, Stuttgart.

Kant, Immanuel (1900): Gesammelte Schriften, hg. von der Deutschen Akademie der Wissenschaften, Berlin/Leipzig.

Kelley, Robin Davis Gibran (1990): Hammer and Hoe: Alabama Communists during the Great Repression, Chapel Hill/London.

Kershaw, Ian (1995): Che cos'è il nazismo? Problemi interpretativi e prospettive di ricerca (1985), Torino.

Kissinger, Henry (2011): On China, New York.

Koss, Stephen (1973): The Pro-Boers: The Anatomy of an Antiwar Movement, Chicago/London.

Lacouture, Jean (1967): Ho Chi Minh, Milano.

Lafargue, Paul (1888): Die Legende von Victor Hugo, in »Neue Zeit. Revue des geistigen und öffentlichen Lebens«, VI (1887-88).

Lasky, Harold J. (1948): Liberty in the Modern State, Neuauflage, London.

Lenin, Wladimir Iljitsch (1955-70): Werke, Berlin 1956-1972 (hier zitiert mit der Sigle LW).

Lévi-Strauss, Claude (1972): Rasse und Geschichte, Frankfurt am Main.

Ders. (2002): *Razza e storia. Razza e cultura* (2001), Torino.

Lewis, Anthony (2002): Bush and Iraq, in »The New York Review of Books«, 7. November.

Lin Piao (1969): Rapporto al IX Congresso Nazionale del partito comunista cinese, Peking.

Losurdo, Domenico (1989): Hegel und das deutsche Erbe. Philosophie und nationale Frage zwischen Revolution und Reaktion, Köln.

Ders. (1995): Die Gemeinschaft, der Tod, das Abendland. Heidegger und die Kriegsideologie, Stuttgart/Weimar.

Ders. (2000): Hegel und die Freiheit der Modernen (1992), Frankfurt am Main.

Ders. (2007/2009): Kampf um die Geschichte. Der historische Revisionismus und seine Mythen, Köln.

Ders. (2008): Demokratie oder Bonapartismus. Triumph und Niedergang des allgemeinen Wahlrechts, Köln.

Ders. (2009a): Nietzsche. Der aristokratische Rebell. Intellektuelle Biografie und kritische Bilanz, Bd. I, Die Kritik der Revolution von den jüdischen Propheten bis zum Sozialismus, Hamburg.

Ders. (2009b): Flucht aus der Geschichte? Die russische und die chinesische Revolution heute, Essen.

Ders. (2011a): Freiheit als Privileg. Eine Gegengeschichte des Liberalismus, 2. Aufl., Köln.

Ders. (2011b): Die Sprache des Imperiums. Ein historisch-politischer Leitfaden, Köln.

Ders. (2012a): Der Marxismus Antonio Gramscis. Von der Utopie zum »kritischen Kommunismus«, Hamburg.

Ders. (2012b). Stalin Geschichte und Kritik einer schwarzen Legende, Köln.

Ders. (2015): Gewaltlosigkeit. Eine Gegengeschichte, Hamburg.

Ders. (2016): Der Klassenkampf oder die Wiederkehr des Verdrängten. Eine politische und philosophische Geschichte, Köln.

Ders. (2017): Wenn die Linke fehlt. Gesellschaft des Spektakels, Krise, Krieg, Köln.

Ders. (2021): Der westliche Marxismus. Wie er entstand, verschied und auferstehen könnte, Köln.

Ders. (2022): Eine Welt ohne Krieg. Die Friedensidee von den Verheißungen der Vergangenheit bis zu den Tragödien der Gegenwart, Köln.

Löwith, Karl (1961): Weltgeschichte und Heilsgeschehen. Die theologischen Voraussetzungen der Geschichtsphilosophie (1953), 4. Aufl., Stuttgart.

Ludendorff, Erich (1935): Der totale Krieg, München.

Macaulay, Thomas B. (1850): Critical and Historical Essays, Contributed to The Edinburgh Review, 5 Bde., Leipzig.

Mao Zedong (Mao Tse-tung) (1969-75), Opere scelte, 4 Bde., Peking.

Ders. (1956): Ausgewählte Schriften, 4 Bde., Berlin.

Ders. (1966-78): Ausgewählte Werke, 5 Bde., Beijing.

Ders. (1979): Rivoluzione e costruzione. Scritti e discorsi 1949-1957, Torino.

Margolin, Jean-Louis (1998): Cina: una lunga marcia nella notte, in S. Courtois et al., Il libro nero del comunismo. Crimini, terrore, repressione (1997), Milano.

Martineau, Harriet (1857): British Rule in India: A Historical Sketch, London.

Marx, Karl (1953): Grundrisse der Kritik der politischen Ökonomie (Rohentwurf) 1857-1858, Berlin (in der Übersetzung zitiert nach MEW Bd. 42).

Marx, Karl / Engels, Friedrich (1955-89): Werke, Berlin (auf diese Ausgabe bezieht sich die Abkürzung MEW, gefolgt von der Angabe des Bandes und der Seite).

Dies. (1975ff./1990ff.): Gesamtausgabe, Dietz-IMES, Berlin/Amsterdam (auf diese Ausgabe bezieht sich die Sigle MEGA, gefolgt von der Angabe des Bandes und der Seite).

Miliband, Ralph (1968): Il laburismo. Storia di una politica (1964), 2. Aufl., Roma.

Mill, John Stuart (1946): Considerazioni sul governo rappresentativo (1861), Milano.

Ders. (1963): Collected Works, 33 Bde., Toronto/London.

Ders. (1972): Utilitarianism, Liberty, Representative Government, hg. von H. B. Acton, London.

Ders. (2011): Autobiographie; übersetzt und mit einer Einleitung hg. von Jean-Claude Wolf, Hamburg.

Ders. (2021): Ausgewählte Werke in fünf Bänden, hg. v. Ulrike Ackermann und Jörg Schmidt, Kiel/Hamburg.

Mini, Fabio (2014): La strana coppia Russia-Cina figlia delle manipolazioni e degli errori di Obama, in »Limes. Rivista italiana di Geopolitica«, Nr. 8, S. 51-64.

Mirsky, Jonathan (1996): River of Fire, God's Chinese Son: The Taiping Heavenly Kingdom of Hong Xiuquan, in »The New York Review of Books«, 29. Februar, S. 39-42.

Molinari, Maurizio (1999): 1948, guerra civile a Roma, in »La Stampa«, 14. September.

Ders. (2002): Un coro attraversa l'America: no alla guerra, in »La Stampa«, 8. Oktober.

Ders. (2013): Parigi sogna un posto in prima fila nel mondo multipolare di Obama, in »La Stampa«, 31. August.

Mosca, Gaetano (1953): Elementi di scienza politica (1923), 2 Bde., 5. Aufl., Bari.

Mosse, George L. (1975): La nazionalizzazione delle masse. Simbolismo politico e movimenti di massa in Germania dalle guerre napoleoniche al Terzo Reich (1974), Bologna.

Munzi, Ulderico (1995): Vendetta 34 anni dopo?, in »Corriere della Sera«, 19. Oktober.

Nietzsche, Friedrich (o. J.): Götzendämmerung oder Wie man mit dem Hammer philosophiert, 2. Aufl., Leipzig.

Nietzsche, Friedrich (1954): Der Antichrist, Werke in drei Bänden, München, Bd. 2, S. 1180-1192.

Nolte, Ernst (1987): Der europäische Bürgerkrieg 1917-1945. Nationalsozialismus und Bolschewismus, Frankfurt am Main/Berlin.

Panaccione, Andrea (2006): Postfazione, in Z. A. Medvedev / R. A. Medvedev: Stalin sconosciuto. Alla luce degli archivi segreti sovietici (2003), Milano.

Paquet, Alfons (1919): Im Kommunistischen Rußland. Briefe aus Moskau, Jena.

Passarini, Paolo (2001): Skinner: »Afghanistan? Non è una guerra, somiglia alla vendetta«, in »La Stampa«, 16. September.

Piketty, Thomas (2013): Le capital au XXIe Siècle, Paris.

Pipes, Richard (1992): La Russia. Potere e società dal Medioevo alla dissoluzione dell'»ancien régime« (1974), Milano.

Popper, Karl R. (1974): La società aperta e i suoi nemici (1943), 5. Aufl. 1966, 2 Bde., Roma.

Ders. (1992a): La lezione di questo secolo, Marsilio, Venezia.

Ders. (1992b): »Kriege führen für den Frieden« (Interview), in »Der Spiegel«, 23. März.

Ders. (1992c): Io, il Papa e Gorbaciov (Interview), in »La Stampa«, 9. April.

Poursin, Jean-Marie / Dupuy, Gabriel (1974): Malthus (1972), Roma/Bari.

Preston, Paul (2012): The Spanish Holocaust: Inquisition and Extermination in the Twentieth Century Spain, London.

Proudhon, Pierre-Joseph (1875): La Pornocratie, ou les femmes dans le monde moderne, Paris.

R. E. (1997): Clinton: »Usammo i neri come cavie umane. Una vergogna americana«, in »Corriere della Sera«, 10. April.

Ratzel, Friedrich (1893): Politische Geographie der Vereinigten Staaten von Amerika unter besonderer Berücksichtigung der natürlichen Bedingungen und wirtschaftlichen Verhältnisse, München.

Rawls, John (1982): Una teoria della giustizia (1971), Milano.

Renan, Ernest (1947ff.): Œuvres complètes, hg. v. H. Psichari.

Romano, Sergio (2014): Il declino dell'Impero americano, Milano.

Rosenberg, Alfred (1937): Der Mythus des 20. Jahrhunderts (1930), Hoheneichen/München.

Rossanda, Rossana (1976): I limiti della democrazia progressiva, in AA.VV., Da Togliatti alla Nuova Sinistra, Roma.

Rosselli, Carlo (1988): Scritti politici, Napoli.

Ders. (1989-92): Scritti dell'esilio, 2 Bde., Torino.

Rothbard, Murray N. (1974): Hoover's 1919 Food Diplomacy in Retrospect, in L. E. Gelfand (Hg.): Herbert Hoover, The Great War and its Aftermath 1917-23, Iowa City.

Rousseau, Jean-Jacques (1964): Œuvres complètes, hg. v. B. Gagnebin und M. Raymond, Paris.

Schelling, Friedrich Wilhelm Joseph (1856-61a): Stuttgarter Privatvorlesungen (1810), in ders.: Sämmtliche Werke, Bd. VII, Stuttgart/Augsburg.

Ders. (1856-61b): Philosophie der Mythologie, in ders.: Sämmtliche Werke, Bd. XI, Stuttgart/Augsburg.

Schlesinger, Arthur M. Jr. (1992): Four Days with Fidel: A Havana Diary, in »The New York Review of Books«, 26. März.

Schmid, Alex P. (1974): Churchills privater Krieg. Intervention und Konterrevolution im russischen Bürgerkrieg, November 1918 – März 1920, Zürich.

Schmidt, Helmut (2002): Europa braucht keinen Vormund, in »Die Zeit«, 1. August.

Schmitt Carl (1985): Die geistesgeschichtliche Lage des heutigen Parlamentarismus (1923; 2. Ausg. 1926), Berlin.

Schneider, James J. (1994): The Structure of Strategic Revolution: Total War and the Roots of the Soviet Warfare State, Novato.

Schoelcher, Victor (1998): Des colonies françaises. Abolition immédiate de l'esclavage (1842), Paris.
Smith, Adam (2001): Der Wohlstand der Nationen (1776), München.
Ders. (1982): Lectures on Jurisprudence (1762-63, 1766), Indianapolis (= Bd. V der Ausg. der Oxford University Press, Glasgow 1978).
Snow, Edgar (1970): Roter Stern über China (1938), Frankfurt am Main.
Spencer, Herbert (1981): The Man versus the State: With Six Essays on Government, Society, and Freedom (1843-84), Indianapolis.
Ders. (1996): The Life and Letters of Herbert Spencer (1908), Reprint, hg. von David Duncan, London.
Spengler, Oswald (1921): Preußentum und Sozialismus (1919), München.
Stalin, Josef W. (1955): Werke, Bd. 13, Berlin.
Ders. (1976): Werke, Bd. 14, Dortmund.
Ders. (1979): Rede auf dem XIX. Parteitag der Kommunistischen Partei der Sowjetunion, 14. Oktober 1952, in ders.: Werke, Bd. 15, Dortmund.
Sternhell, Zeev (1978): La droite révolutionnaire. Les origines françaises du fascisme, 1885-1914, Paris.
Taine, Hippolyte (1986): Le origini della Francia contemporanea. L'antico regime (1876), Milano.
Tocqueville, Alexis de (1866): Correspondance et œuvres posthumes, Paris.
Ders. (1951ff.): Œuvres complètes, hg. von Jacob Peter Mayer, Paris.
Ders. (1836): Über die Demokratie in Nordamerika, (ins Deutsche nur teilweise übersetzt: 2 Teile, Teil 3 fehlt), Leipzig.
Todorov, Tzvetan (2012): La guerra impossibile, in »la Repubblica«, 26. Juni.
Togliatti, Palmiro (1973-84): Opere, 6 Bde., Roma.
Torri, Michelgulielmo (2000): Storia dell'India, Roma/Bari.
Trotzki, Leo D. (1988): Schriften. Sowjetgesellschaft und stalinistische Diktatur, hg. v. H. Dahmer et al., Hamburg.
Tucker, Robert C. (1990): Stalin in Power: The Revolution from Above, 1928-1941, New York/London.
Valli, Bernbardo (2014): Tra Stalin e nazismo l'Ucraina risveglia gli incubi del passato, in »la Repubblica«, 13. März.
Wade Wyn Craig (1997): The Fiery Cross: The Ku Klux Klan in America, New York/Oxford.

Weber, Max (1968): Der Sinn der »Wertfreiheit« der soziologischen und ökonomischen Wissenschaften (1917), in ders.: Methodologische Schriften, Studienausgabe, Frankfurt am Main.

Werth, Nicolas (2007): La terreur et le désarroi. Stalin et son système, Perrin, Paris.

Wilberforce, Samuel / Wilberforce, Robert Isaac (1838): The Life of William Wilberforce by His Sons, London.

Young-Bruehl, Elisabeth (1990): Hannah Arendt, 1906-1975. Per amore del mondo (1982), Torino.

Žižek, Slavoj (2009a): In Defense of Lost Causes (2008), London/ New York.

Ders. (2009b): In difesa delle cause perse (2008), Milano.

Ders. (2011a): L'idée du communisme comme universel concret, in Alain Badiou / Slavoj Žižek, L'idée du communisme, Bd. II, Paris.

Ders. (2011b): Welcome to Interesting Times! (2010), in AA.VV., Revolution and Subjectivity, Madrid, S. 125-136.

Ders. (2012): Benvenuti in tempi interessanti (2010), Milano.

Ders. (2013): Un anno sognato pericolosamente (2012), Milano.

Personenregister